natürlich oekom!

Mit diesem Buch halten Sie ein echtes Stück Nachhaltigkeit in den Händen. Durch Ihren Kauf unterstützen Sie eine Produktion mit hohen ökologischen Ansprüchen:

- mineralölfreie Druckfarben
- Verzicht auf Plastikfolie
- Finanzierung von Klima- und Biodiversitätsprojekten
- kurze Transportwege – in Deutschland gedruckt

Weitere Informationen unter www.natürlich-oekom.de und #natürlichoekom

Der oekom verlag und die Autorin danken der Selbach-Umwelt-Stiftung und der Stiftung Trias für die Unterstützung dieses Buchprojektes.

Selbach Umwelt Stiftung

Bibliografische Information der Deutschen Nationalbibliothek:
Die Deutsche Nationalbibliothek verzeichnet diese Publikation in der Deutschen Nationalbibliografie; detaillierte bibliografische Daten sind im Internet über www.dnb.de abrufbar.

5. Auflage, 2025

oekom – Gesellschaft für ökologische Kommunikation mbH
Goethestraße 28, 80336 München
+49 89 544184 – 200
info@oekom.de

Lektorat: Elena Bruns, Lingen
Korrektur: Maike Specht, Berlin
Layout und Satz: Reihs Satzstudio, Lohmar
Umschlaggestaltung: Mirjam Höschl, oekom verlag
Umschlagabbildung: © Alix Einfeldt
Druck: Elanders Waiblingen GmbH, Waiblingen

ISBN 978-3-96238-298-8
https://doi.org/10.14512/9783962388379

Eva Stützel

Der Gemeinschaftskompass

Eine Orientierungshilfe für kollektives Leben und Arbeiten

Mit Illustrationen von
Alix Einfeldt

Inhalt

Übersicht der vorgestellten Methoden

1

Gemeinschaftliche Wohnprojekte und Lebensgemeinschaften – Wohnformen der Zukunft?!

In allen Altersstufen gibt es ein wachsendes Interesse an gemeinschaftlichen Wohn- und Lebensformen. Menschen unterschiedlichen Alters suchen nach sinnerfülltem Zusammenleben, junge Familien suchen nach einem Umfeld, in dem ihre Kinder gut eingebunden und frei aufwachsen können, Menschen nach der Familienphase suchen neue Herausforderungen und ältere Menschen einen Rahmen, in dem sie würdevoll und eingebunden in Gemeinschaft ihre weniger werdenden Kräfte einbringen können. Doch es braucht viele Zwischenschritte, bis aus dem Interesse an gemeinschaftlichen Lebens- und Wohnformen das glückliche Leben in einem gelebten Projekt wird.

Dieses Buch will dazu beitragen, diese Schritte zu erleichtern, Wege aufzeigen, wie gemeinschaftliche Projekte aufblühen und bestehende Projekte sich lebendig und inspirierend weiterentwickeln können.

Viele Projektinitiativen scheitern, noch bevor sie in die Realität umgesetzt werden. Was kann aus den Erfahrungen dieses Scheiterns gelernt werden?

Die realisierten Beispiele zeigen: Gemeinschaftliche Projekte können paradiesische Wohnverhältnisse bieten – und sie können Menschen zum Nervenzusammenbruch bringen!

Was trägt zum Gelingen bei? Was braucht es auf welcher Ebene, um Gemeinschaftsprojekte erfolgreich zu machen? Hier setzt der Gemeinschaftskompass an. Er systematisiert die Erfahrungen aus fast 30 Jahren Aufbau eines der bekanntesten deutschen Gemeinschaftsprojekte – dem

Ökodorf Sieben Linden – sowie aus Beratungen von über 50 verschiedenen Projekten in unterschiedlichen Phasen und setzt sie in Beziehung zu anderen Modellen aus der Organisationsentwicklung und den Erfahrungen verschiedener psychologischer Ansätze der Gruppenarbeit.

Der Gemeinschaftskompass identifiziert sieben Aspekte, die wichtig sind, um gemeinschaftliche Projekte nachhaltig erfolgreich zu entwerfen und dauerhaft umzusetzen. Diese sieben Aspekte dienen als Gedächtnisstütze und Leitlinie, als Ansatzpunkt zum Austausch über das Projekt, zur Systematisierung, zur Analyse und zur Diagnose, um Probleme, Interventionsschritte und Entwicklungspotenziale zu erkennen.

Hinter jedem der sieben Aspekte verbirgt sich ein Schatz von Erfahrungswissen, von Beispielen für Erfolge und Misserfolge und von Methoden, die es leichter machen, diese Aspekte während der Projektumsetzung stets im Blick zu behalten.

2

Einführung in den Gemeinschaftskompass

Die sieben wesentlichen Aspekte, um gemeinschaftliche Projekte gelingen zu lassen, sind: Individuum, Gemeinschaft, Intention, Struktur, Praxis, Ernte und Welt.

Erfolgreiche gemeinschaftliche Projekte benötigen Aufmerksamkeit, Kompetenz und bewusste Fokussierung auf all diese sieben Aspekte. Dies ist die Grundlage des Gemeinschaftskompasses.

Die Dualität der Individuen in der Gemeinschaft nimmt eine zentrale Stellung ein.

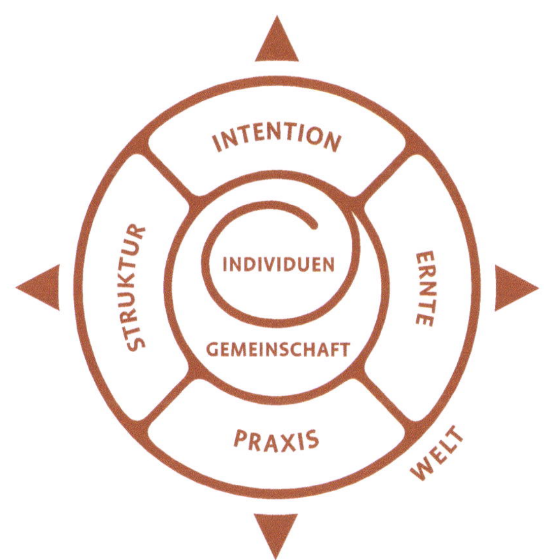

Alle Aspekte sind wichtig und beeinflussen sich gegenseitig. Schwächen in den Bereichen Individuen und Gemeinschaft beeinträchtigen das Projekt fast unweigerlich als Ganzes und nachhaltig, wohingegen Schwächen in den anderen Aspekten für manche Projekte unwesentlich sein oder kompensiert werden können.

Individuelle Entfaltung und die Pflege der Gemeinschaft sollten sich nicht als Gegensätze gegenüberstehen, sondern sich gegenseitig ergänzen und stärken – dies ist der Schlüssel zum Erfolg gemeinschaftlicher Projekte. Was ist Gemeinschaft im 21. Jahrhundert? Wie können wir im Miteinander optimal die Stärken der Individuen entwickeln, unterstützen und nutzen? Wie können Trennung und Konflikt, individuelle und kollektive Krisen konstruktiv wahrgenommen und gelöst werden? Wie kann Gemeinschaft individuelles Wachstum fördern?

Dies sind die zentralen Fragen, wenn sich die Dualität von Individuen in Gemeinschaft entfalten soll. Nur durch ein gelungenes Zusammenspiel von Individuen und Gemeinschaft gewinnen die Akteure eines Projektes Zufriedenheit und Verbundenheit und werden motiviert »dranzubleiben«. Das Projekt strahlt aus und hat so eine stärkere Wirkung und mehr Erfolg.

Doch dieses Zusammenspiel gelingt nicht von selbst – es braucht bewusste Aufmerksamkeit und Pflege, in allen Phasen des Projektes und bei der Bearbeitung aller anderen Aspekte. Denn wenn ein Projekt mehr sein will als eine schöne Gemeinschaftserfahrung, wenn es etwas in der Welt bewirken will, dann werden die anderen Aspekte wichtig. Die Aspekte »Intention«, »Struktur«, »Praxis« und »Ernte« lenken den Fokus stärker auf das, was erreicht werden will und wie es erreicht werden kann. Die Frage, wie diese Aspekte gestaltet werden, hat einen wesentlichen Einfluss sowohl auf die Umsetzung der Ziele als auch auf die Entwicklung des Miteinanders der Individuen innerhalb der Gemeinschaft. Der Aspekt »Welt« bringt eine weitere Handlungsebene ins Spiel, die unterstützend und zerstörend wirken kann und immer den Bezugsrahmen für unsere Projekte darstellt.

2.1 Was bedeuten die sieben Aspekte?

2.1.1 Individuen und Gemeinschaft

Die Aspekte »Individuen« und »Gemeinschaft« sind als Dualität nicht voneinander zu trennen. Ein blühendes gemeinschaftliches Projekt beruht ganz wesentlich auf bewussten Individuen, die sich ihrer selbst, ihrer Rolle im Ganzen und ihrer Verantwortung für sich selbst und das Miteinander bewusst sind. Ohne Respekt und Aufmerksamkeit für die Individuen – nicht nur als Rädchen im Ganzen, sondern mit ihrer Einzigartigkeit – und ohne bewusste Aufmerksamkeit der Individuen für das Ganze und ihre Rolle darin ist es schwer, ein gemeinschaftliches Projekt wirklich zum Blühen zu bringen.

Eine Gemeinschaft kann auf Dauer lediglich funktionieren, wenn die Individuen sich darin genügend wohlfühlen, einen Sinn in ihrer gemeinschaftlichen Arbeit erfahren, sich gegenseitig wahrnehmen und unterstützen. Die Gemeinschaft entwickelt sich dann weiter, wenn die Individuen innerlich wachsen, sie also ihr (Selbst-)Bewusstsein und ihre Handlungskompetenzen weiterentwickeln. Eine Gemeinschaft kann einen wesentlichen, intensiven Erfahrungsraum für persönliche Bewusstseinsentwicklung bieten, wenn sie sich darauf ausrichtet und die Individuen einen entsprechenden Umgang miteinander pflegen. »Gemeinschaftsleben ist ein lebenslanger Crashkurs in persönlichem Wachstum«, brachte es ein Mitglied einer amerikanischen Lebensgemeinschaft auf den Punkt.

Um diesen Crashkurs wertzuschätzen, braucht es Individuen, die sich bewusst auf einem persönlichen Lern- und Wachstumsweg befinden, die die Konflikte und Herausforderungen, denen sie bei der Realisierung gemeinschaftlicher Projekte begegnen, nicht nur als Widrigkeiten wahrnehmen, sondern auch als Erfahrungen und Lernchance.

Denn gemeinschaftliche Projekte sind immer mit Konflikten verbunden, die wir in anderer Lebensform gar nicht hätten. Diese Konflikte nicht (nur) als »Knüppel zwischen die Beine werfen« einzuordnen, sondern sie (auch) als wesentliche Lernimpulse willkommen zu heißen ist eine wesentliche Grundlage für die Individuen, die in Gemeinschaft glücklich werden wollen. Gemeinschaftsleben garantiert: Alle Mitglieder werden immer wieder mit neuen Lernaufgaben konfrontiert.

Um mit diesen Herausforderungen umgehen zu lernen, ist es hilfreich, sich seines eigenen persönlichen Hintergrundes, der »Päckchen«, die wir alle mit uns herumschleppen und die unsere Reaktionen beeinflussen, bewusst zu sein. Menschen, die ihre Bedürfnisse reflektieren, können für sie einstehen und gleichzeitig akzeptieren, dass alle Menschen ähnliche Grundbedürfnisse haben und dass wir Wege finden wollen, in denen die Bedürfnisse aller geachtet werden. Eine Gemeinschaft von Individuen »auf Augenhöhe« und ein Umgang, der von Respekt vor anderen geprägt ist, der Andersdenkende als eine Chance für Neuerkenntnis und nicht als Bedrohung wahrnimmt, dies ist das Ziel der Gemeinschaften, für die dieser Gemeinschaftskompass geschrieben ist.

Um Gemeinschaften aufzubauen, die dies vermögen, ist es wichtig, sich Zeit und Raum für die Gemeinschaftspflege zu nehmen. Dies erscheint zunächst als Banalität, aber es ist erstaunlich, wie oft genau dies in der Realität derartiger Projekte vergessen wird, wie oft davon ausgegangen wird, dass die Gemeinschaft sich von selbst durch das Zusammensein und Zusammenarbeiten der Menschen ergibt.

Diese Annahme hat allerdings auch ihre Berechtigung – eine Art von Gemeinschaft kann sich ohne bewusste Gemeinschaftspflege ergeben. Lebensgemeinschaften haben jedoch große Aufgaben vor sich: Sie möchten ein gemeinsames, mit vielen individuellen Projektionen behaftetes Ziel umsetzen und dann dort langfristig in großer Nähe zusammenleben. Da sind heftige Konflikte vorprogrammiert. Wenn wir eine wirklich starke, motivierende und resiliente, auch konflikthafte Situationen überstehende Gemeinschaft aufbauen wollen, ist eine bewusste Arbeit an der Gemeinschaft – und an der eigenen Person! – unumgänglich.

Dazu gehört als Erstes der Aufbau einer bewussten Kommunikationskultur, in der es möglich ist, dass die Menschen sich als ganze Menschen mit ihren Stärken und Schwächen zeigen können und nicht nur mit ihrer polierten Fassade, die wir im professionellen Alltagsleben oft zeigen.

Es braucht eine Kultur des Respektes und des Wohlwollens gegenüber den Unterschiedlichkeiten der verschiedenen Menschen. Hierfür braucht es Räume, in denen ein tiefer Austausch möglich ist. Wenn wir verstehen, was hinter den scheinbar schrulligen Verhaltensweisen unserer Kolleg:innen steckt, können wir deutlich leichter damit umgehen.

Ist eine derartige Kultur geschaffen, dann ist es nur noch ein kleiner Schritt zu einer konstruktiven Konfliktkultur, in der bewusst Wege vorhanden sind, um mit Konflikten umzugehen. In einer Gemeinschaft, in der Individuen auf Augenhöhe miteinander umgehen wollen und sich gegenseitig Raum zur Entfaltung ihres Selbst geben wollen, braucht es auch einen sehr bewussten Umgang mit Fragen nach Macht und Rang. Damit ist keine Gleichmacherei oder Zügelung der Menschen mit hoher Gestaltungskraft und hohem Gestaltungswillen gemeint, wie es oftmals in egalitären Projekten zu erleben ist, sondern ein bewusster Umgang mit diesen Fragen. Das Ziel dieses Umgangs sollte sein, dass die Starken und Kompetenten die Möglichkeit haben, ihre Stärke und Kompetenz voll einzubringen, dabei aber gleichzeitig auch Menschen mit weniger Gestaltungskraft darin zu bekräftigen, ihr Potenzial einzubringen, bis idealerweise jede:r Einzelne der Gruppe in einem Bereich seine/ihre Stärke voll einbringen kann und Entscheidungsmacht hat.

2.1.2 Intention

Um ein gemeinschaftliches Projekt erfolgreich zu realisieren, ist eine klar formulierte gemeinsame Intention eine wesentliche Grundvoraussetzung. Oft wird implizit vorausgesetzt, dass alle unter der gleichen Überschrift dasselbe verstehen, und erst spät wird klar, wie unterschiedlich die Träume und Vorstellungen der einzelnen Projektteilnehmer:innen überhaupt sind.

Die gemeinsame Ausrichtung ist ein verbindendes und motivierendes Element und damit eine Grundlage für alle zukünftige Arbeit. Sie explizit zu formulieren und sicherzustellen, dass die wesentlichen Eckpunkte von allen geteilt werden, ist wesentlich für das Gelingen jedes größeren Projektes. Der Aspekt der »Intention« gliedert sich in verschiedene Unterpunkte.

Es macht das Projektmanagement deutlich einfacher, wenn die Essenz des Projektes, das Projektziel, in wenigen Sätzen (maximal 20–40 Worte) formuliert ist, die für das Projekt so lebendig sind, dass jedes Projektmitglied auf die Frage: »Was wollt ihr eigentlich hier?« mit diesen Sätzen antworten kann.

Diese Essenz drückt den Fokus des Projektes aus. Wenn die Essenz in der Gruppe lebendig ist, dann wird sie auch neuen Mitgliedern klar kommuniziert. Ist sie nicht klar, bekommen Interessierte eventuell sehr unterschiedliche Informationen über die Ausrichtung. Das schafft Verwirrung und später Konflikte.

Daneben gibt es in der Regel ein weitergehendes »Visionspapier«, das den Traum der Gründungsmitglieder beschreibt. Dieses Visionspapier ist wichtig, da es Möglichkeiten aufzeigt und dokumentiert, wofür sich die Gründungsmitglieder engagieren werden. Das Visionspapier ist jedoch keine trennscharfe Beschreibung dessen, was später im Projekt sein wird, denn es werden neue Menschen auch neue Ideen mitbringen – und es wird ebenso fast genauso sicher nicht alles genau so realisiert, wie es dort beschrieben wurde –, und das ist gut so. Daher ist das Visionspapier zwar wichtig und motivierend, aber selten geeignet, um die Besonderheit des Projektes zu beschreiben. Hierfür braucht es ganz konkrete Eckpunkte, die Aspekte des »Projektes«, die nicht verhandelbar sind, sondern die den kleinsten gemeinsamen Nenner darstellen, der auf keinen Fall verlassen werden soll.

Wichtig ist hier, nicht nur bei Worthülsen stehen zu bleiben, sondern wirklich dahinterzuschauen. So versteht der eine unter »ethisch-ökologischer Ernährung« eine vegane, regionale Ernährung, der Nächste darunter auch Fleisch und Milchprodukte von glücklich gehaltenen alten Haustierrassen und der Dritte rohköstliche Ernährung aus Ökoanbau in Afrika. Konflikte sind hier vorprogrammiert, wenn nicht im Vorhinein entweder eine gemeinsame Ausrichtung festgelegt wird – oder festgelegt wird, dass es bewusst keine gemeinsame Ausrichtung geben soll. Denn auch Vielfalt ist eine wichtige Qualität!

Eine tiefe Auseinandersetzung über die eigenen Werte und Hintergründe gehört zur Arbeit am Aspekt »Intention« dazu und kann gleichzeitig sowohl zur persönlichen Bewusstseinsbildung als auch zur Gemeinschaftsbildung beitragen.

2.1.3 Struktur

Strukturelle Fragen haben langfristig einen sehr starken Einfluss auf die Entwicklung eines Projektes. Die Frage nach der Rechts- und Eigentumsform, den Grenzen der Gruppe, Gestaltung von Teamtreffen, Entscheidungsstrukturen und Arbeitsverteilung prägen ein Projekt äußerst stark, und gerade in schwierigen Situationen sind die Strukturen das Zünglein an der Waage, das entscheidet, ob Konflikte konstruktiv gelöst werden können oder ob sie zu einem Scheitern des Projektes führen.

Viele Menschen, die anders leben wollen, haben negative Erfahrungen mit verknöcherten Strukturen gemacht und streben daher danach, alles spontan und aus dem »Fluss« heraus zu gestalten. Allerdings führt dies immer zu impliziten Strukturen, die häufig Konflikte verursachen, da verschiedene Menschen unterschiedliche Vorstellungen haben, wer zum Beispiel welche Entscheidungskompetenz hat. Gleichzeitig sind implizite Strukturen deutlich schwieriger zu verändern, denn es ist sehr viel schwerer, sie zu greifen und mit ihnen umzugehen!

Explizite Strukturen sind schriftlich formuliert und nachlesbar, und sie können durch Beschlüsse verändert werden. Implizite Strukturen sind eher eine »Kulturfrage« – und damit deutlich schwerer ansprechbar.

Ein ganz wesentlicher Aspekt von Struktur ist die Frage nach den Organisations- und Rechtsformen. Sie prägen ein Projekt sehr und sind im heftigen Konfliktfall die Strukturen, die alles entscheiden. Daher sind sie auf Dauer beständiger als viele soziale Strukturen. So ist es bei langfristigen Projekten, wie Wohnprojekten und Lebensgemeinschaften, in der Gründungsphase extrem wichtig, einen besonderen Fokus auf diese Strukturen zu legen und eine Rechtsform zu wählen, die zu den eigenen Werten passt.

Oft gehen idealistische Anfangsgruppen davon aus, dass ihre informellen Verabredungen und Vertrauen ineinander ausreichen, um langfristig eine stabile Basis zu bilden, und sie vernachlässigen die Frage nach der passenden Rechtsform für das Immobilieneigentum. Aber was schon in Ehen oft nicht funktioniert, ist in größeren Gruppen noch weniger wahrscheinlich über Jahrzehnte erfolgreich – daher ist einer der wesentlichen Grundsätze für Gemeinschaftsgründung: Gemeinschaftlicher Besitz braucht eine gemeinschaftliche Rechtsform! Genossenschaften sind dafür oft die geeignetste Rechtsform, aber auch Vereine, GmbHs, Wohneigentümergemeinschaften können sinnvolle Alternativen sein.

Eine Stiftung ist dann eine interessante Rechtsform, wenn die ideelle Ausrichtung grundlegend im Vordergrund steht und das eingebrachte Kapital langfristig für diese Ausrichtung investiert wird und nicht an die Projektaktiven zurückgezahlt werden soll.

Die Frage der Eigentumsverhältnisse stellt eine der größten Fallen in der Anfangsphase eines gemeinschaftlichen Projektes dar: Oft wollen Menschen ein Objekt, das sie selbst oder ihre Familie besitzen, in eine Gemeinschaft überführen. Oder jemand hat ein Haus zu günstigen Konditionen entdeckt, das sich super für ein Gemeinschaftsprojekt eignet, und es in der festen Überzeugung, einen guten ersten Schritt zu tun, durch Kauf für eine Gemeinschaft gesichert. Die Erfahrung zeigt, dass dies in der Regel kein guter erster Schritt ist. Denn der Immobilienbesitz bringt eine sehr starke Macht- und Verantwortungsposition mit sich, und damit ist der Besitzende in einer herausragenden Position gegenüber allen anderen Projektmitgliedern. Solange das Objekt im Besitz eines Einzelnen oder einer kleinen Teilgruppe der Gemeinschaft ist, kann dort keine Gemeinschaft auf Augenhöhe entstehen.

Einer der wenigen Grundsätze für alle langfristigen Gemeinschaftsprojekte, die ein Miteinander auf Augenhöhe anstreben, sollte der gemeinschaftliche Besitz sein. Ob es durch eine Wohneigentümergemeinschaft ist, eine gemeinschaftliche Organisation, welche die Immobilie besitzt, oder durch einen gemeinsamen Mietvertrag mit einem anderen Besitzer, ist zweitrangig. Wichtig ist, dass die Gemeinschaftsmitglieder strukturell gleichberechtigt sind.

Gerade in der Anfangsphase stellt die Rechtsform für den Immobilienbesitz die wesentlichste Entscheidung dar. Sie hat sehr langfristig Bestand und ist nur unter großen Kosten wieder zu ändern.

Zum Aspekt »Strukturen« gehört aber viel mehr als die Rechtsform des Immobilienbesitzes. Die anderen Strukturen sind flexibler, leichter veränderbar, aber genauso wichtig. Ebenfalls in der Anfangsphase sollten die Entscheidungsstrukturen klar festgelegt werden. Welche Entscheidungen werden von wem getroffen und in welcher Form entscheiden Gruppen? Und noch wichtiger: Wie werden Beschlussvorschläge erarbeitet, damit sie die gesamte Weisheit der Gruppe integrieren? Die festgelegte Gruppenstruktur geht Hand in Hand mit der gelebten Gruppenkultur, welche wiederum von der Struktur geprägt wird.

Die Strukturen werden sich im Laufe der Projektdauer verändern müssen: Während zum Beispiel zu Anfang eines Projektes die Grenzen der Gruppe oft sehr durchlässig sind und sein sollten, braucht ein Gemeinschaftsprojekt, das langfristig Bestand haben will, zu einem bestimmten Zeitpunkt Klarheit darüber, welche Menschen wirklich verbindlich dabei sind und die Entscheidungen treffen und wer lediglich mal reinschnuppert. Es braucht Klarheit über Aufnahme- und Austrittsregelungen.

Für die Anfangsgruppen ist es in der Regel ein wichtiges gemeinschaftsbildendes Element, zu verschiedensten Fragen mit viel zeitlichem Aufwand einen gemeinsamen Gruppenkonsens zu entwickeln. Dies führt nicht nur zu von allen getragenen Entscheidungen, sondern dient auch dem gegenseitigen Kennenlernen, dem Austausch über Werte und persönliche Hintergründe. Mit zunehmender Komplexität des Projektes und Zeitdauer des Zusammenlebens- und -arbeitens kommt jedoch oft der Punkt, an dem sich eine Gruppe dazu entschließt, dass es sinnvoller ist, Entscheidungen zu delegieren. Ebenso wird erkannt, dass es manchmal besser ist, eine Entscheidung zu treffen, die einigen nicht gefällt, als gar keine Entscheidung zu treffen. So entwickeln sich Entscheidungsstrukturen in der Regel im Laufe der Projektgeschichte, und das ist ein gesunder Prozess.

2.1.4 Praxis

Das Themenfeld »Praxis« beschäftigt sich damit, wie die gemeinsame Absicht am besten in die Tat umgesetzt wird. Hier geht es um das konkrete Projektmanagement, den gesamten Bereich des konkreten Tuns. Es ist der komplexeste Bereich. Und er benötigt vielfältige Kompetenzen: Planer, Baufachleute, Gärtnerinnen, Köche, Kinderbetreuer, Öffentlichkeitsarbeiterinnen, Buchhalter, Managerinnen, Finanzfachleute, Haustechnikfachleute – und je nach Ausrichtung noch vieles mehr!

Viele Initiativgruppen kranken daran, dass sie vor allem aus Menschen bestehen, die gern Träume teilen, Strukturen entwickeln und die Gemeinschaft pflegen. Diese Art von Menschen sitzt begeistert viele Tage im Kreis und entwickelt Pläne, aber zur Umsetzung gehört noch ein anderer Typ Mensch, und zwar die Menschen, denen die ganz praktische Arbeit am Herzen liegt. Diese Menschen werden mit langwierigen Planungs- und Gemeinschaftsbildungstreffen leicht abgeschreckt – hier braucht es eine gesunde Balance und genügend konkrete Aktivitäten, um die Menschen, denen es vor allem darum geht, wirklich ins Handeln zu kommen, mitzunehmen. Darüber hinaus ist eine Wertschätzung dieser Arbeiten im Hintergrund wichtig. Es ist in Ordnung, wenn es Gruppenmitglieder gibt, die weniger Lust auf die Gruppentreffen haben, dafür aber den Kuchen für die Gemeinschaft backen oder, anstatt mitzuberaten, schon auf dem Gelände aktiv sind.

Ebenfalls zum Aspekt »Praxis« zählen alle Fragen rund um Geldflüsse: Wie wird das Projekt finanziert, instand gehalten, wie kommt Geld in die Projektkasse, wie wird das Geld verteilt? Offenheit, sich mit Zahlen, Rechts- und Geldfragen zu beschäftigen, sowie realistische Kalkulationen sind eine unabdingbare Voraussetzung für gemeinschaftliche Projekte.

In diesem Buch werde ich vorwiegend auf die finanziellen Implikationen des Praxisaspektes eingehen. Denn dies ist für alle Gründungsgruppen besonders relevant.

2.1.5 Ernte

Oft brennen Projektengagierte schnell aus, da Projekte starken Einsatz fordern und es lange dauert, bis sich der Einsatz in der Realisierung des Traumes auszahlt. Der Aspekt »Ernte« steht dafür, dass wir das Ernten und Feiern zwischendurch nicht vergessen und darauf achten, wie wir mit unserer Energie umgehen.

Das Themenfeld »Ernte« richtet die Aufmerksamkeit auf das, was (bisher) erreicht wurde. Es geht um Innehalten und Wahrnehmen des Istzustandes des Projektes. Ein wesentlicher Teil ist das »Feiern« dessen, was bereits erreicht wurde, das Würdigen der Erfolge und auch der Misserfolge – als eine Lernchance, in der Zukunft etwas zu verändern. Hierzu gehört auch Wertschätzung der einzelnen Akteure, denn nur Menschen, die für ihre Arbeit positives Feedback bekommen, werden sich längerfristig engagieren. Dieser Aspekt kommt in Projekten, die sich viel vorgenommen haben, sehr schnell zu kurz. Denn größere Aufmerksamkeit bekommt das, was verbessert werden muss, nicht das, was gut gelaufen ist. Eine Kultur der Wertschätzung, der Würdigung aufzubauen, trägt wesentlich zu einem positiven Gemeinschaftsklima bei und beugt dem Burn-out von Aktivisten vor.

Zum Aspekt »Ernte« gehört jedoch nicht nur das Feiern, sondern auch das Auswerten von Erfahrungen: Reflexion, Auswertung des Geschehenen, das Ansprechen und konstruktive Lösen der Herausforderungen und Schwierigkeiten tragen zur ständigen Kompetenzerweiterung der Gemeinschaftsmitglieder, zur bedarfsgerechten Anpassung der Strategien und damit zum Erfolg des Projektes bei.

2.1.6 Welt

Kein gemeinschaftliches Projekt existiert als Insel – unsere Projekte sind allesamt eingebettet in die Welt, die sie umgeben. Es ist wichtig, sich dessen bewusst zu werden und das Projekt gezielt in den gesellschaftlichen Kontext zu stellen und dort Synergieeffekte und Unterstützung zu suchen.

Auf den Aspekt »Welt« zu achten hat verschiedene Facetten:

- Aktiv nach Verbündeten und Netzwerkpartnern suchen.
- Offen wahrnehmen, was die Gesellschaft um uns herum braucht und was wir einbringen können.
- Aktiv Vertrauen von Nachbarn und Entscheidungsträgern gewinnen.
- Bewusste Öffentlichkeitsarbeit.
- Konstruktiv mit Ämtern und Entscheidungsträgern zusammenarbeiten.
- Fördermittel und Darlehen aus dem Projektumfeld können wichtige Finanzierungsbausteine sein.

Wenn ein Projekt erfolgreich sein soll, ist es wichtig, auf die Außenwirkung zu achten. Ein vertrauensvolles Verhältnis mit möglichst vielen »Stakeholdern« sowie Verbündete und Netzwerkpartner sind ungeheuer wertvolles »Kapital« für jedes Projekt. Krisen, Verleumdungen, unerwartete Finanzengpässe und andere schwierige Herausforderungen können oft nur mit einem starken Netzwerk gemeistert werden.

Ein Projekt, dem es gelingt, nicht nur zu Gleichgesinnten gute Netzwerkkontakte zu knüpfen, sondern das Netzwerk darüber hinaus auf viele lokale Initiativen anderer Ausrichtung zu erweitern, ist ungleich besser aufgestellt als Gruppen, die sich selbst genug sind oder mit ihren Netzwerken nur »im eigenen Saft schmoren«.

Ein wesentlicher Schlüssel dafür sind oft die direkten Nachbarn – wenn die Nachbarn davon überzeugt sind, dass eine Gruppe »etwas Vernünftiges« macht, spricht sich das nach und nach in der Region herum. Wenn die Nachbarn zu dem Schluss kommen, dass einer Gruppe nicht zu trauen ist, wird das langfristig die Projektentwicklung behindern.

Auch Entscheidungsträger – Bürgermeister:in, Gemeinderäte, Verwaltungsbeamt:innen und andere wesentliche »Stakeholder« – sind sehr wichtige Netzwerkpartner:innen. Hier – wie im Umgang mit allen Menschen – gilt die gern vergessene alte Regel: Wie man in den Wald hineinruft, so schallt es heraus! Je stärker wir auf diese Menschen als potenzielle Partner, die uns bei der Realisierung unserer Pläne unterstützen könnten, zugehen, desto stärker werden sie uns unterstützen.

2.2 Wie kann dieses Buch genutzt werden?

Dieses Buch ist gedacht als Unterstützung für alle Menschen, die Gemeinschaftsprojekte gründen oder in ihnen leben und/oder arbeiten. Es kann als individuelle Inspiration gelesen werden. Anschließend können Einzelpersonen die Inhalte in ihre Projekte einbringen.

Wenn Projektbeteiligte sich gemeinsam entscheiden, den Gemeinschaftskompass als Grundlage zu nehmen, gibt es viele Wege, das Buch sinnvoll gemeinsam zu lesen. Meine Lieblingsvariante: Die Gruppe teilt unter sich die verschiedenen Kapitel des Buches auf. Jedes Gruppenmitglied übernimmt einen Teil des Buches und liest mindestens die Einführung bis hierher sowie den verabredeten Teil des Buches.

In Gruppentreffen wird dann nacheinander das Gelesene vorgestellt, und es wird sich Zeit genommen, über die Inhalte zu sprechen. Zu manchen Inhalten gibt es auf der Website *www.gemeinschaftskompass.de* zusätzliches Material, mit dem gearbeitet werden kann (Methoden-Handouts, die ComCards, die das Kapitel 3.1, »Welche individuellen Lebenseinstellungen sind nötig?«, zusammenfasst, oder die Tabelle zur Standortbestimmung). Das Material wird immer wieder aktualisiert und ist unter dem Reiter »Ressourcen« auf der Website zu finden.

In einer anderen Variante nehmen die Arbeitsgruppen sich jeweils die Kapitel vor, die mit ihrem Thema etwas zu tun haben. Sie lesen diese Kapitel und diskutieren, was davon sie explizit als Grundlage für ihre gemeinsame Arbeit festlegen wollen.

2.3 Ethik des Gemeinschaftskompasses

Der Gemeinschaftskompass wurde aus einer bestimmten Weltsicht und Ethik heraus entwickelt. Er ist gedacht für Menschen und Projekte, die diese Ethik teilen.

Die Ethik des Gemeinschaftskompasses basiert auf dem Wert der Achtsamkeit – gegenüber sich selbst, anderen und der Welt. Aus dieser Ethik speist sich alles andere. Menschen, die Projekte mit anderen Grundwerten aufbauen, sei angeraten, dieses Buch jetzt aus der Hand zu legen, es vielleicht weiterzuverschenken an Menschen, die die hier beschriebene Grundhaltung teilen, oder es als antiquarisches Exemplar weiterzuverkaufen. Denn an vielen Stellen nehmen meine Hinweise und Erfahrungsberichte auf diese Werte Bezug, und so eignet es sich nicht für Menschen, die diese Grundhaltung nicht teilen, und nicht für Projekte, denen diese Werte nicht zugrunde liegen.

3

Individuen in Gemeinschaft – tiefer geschaut

Gemeinschaftliche Projekte gelingen nur, wenn das Miteinander von Individuen in Gemeinschaft funktioniert. Diese Tautologie ist eine der zentralen Lehren aus der Erfahrung sämtlicher Gemeinschaften. Und es ist erstaunlich, dass viele Menschen, die gemeinschaftliche Projekte planen, bereit sind, viel Geld und Zeit für Rechtsform, Architektur und Planung auszugeben, aber davon ausgehen, dass der Aspekt »Gemeinschaft« sich von selbst einstellt. Dabei braucht gerade dieser Aspekt sehr viel bewusste Aufmerksamkeit, Zeiten, in denen die Gruppe sich mit nichts anderem beschäftigt, sich fortbildet oder auch externe Beratung und Unterstützung einlädt.

Leben in Gemeinschaft und das Planen von Gemeinschaftsprojekten sind oft herausfordernd. Es gibt niemanden, der/die ein Gemeinschaftsprojekt aufgebaut hat und nur von eitel Sonnenschein, schöner Gemeinschaftserfahrung und Erfolgserlebnissen erzählen kann. Fast alle wissen von Momenten zu berichten, in denen sie verzweifelt waren und sich fragten, warum sie sich so etwas antun. Die meisten schieben jedoch hinter diese Berichte mit einem Lächeln den Satz: »Und zum Glück habe ich damals nicht das Handtuch geworfen!« Gemeinschaftsleben beschenkt die Menschen mit einem lebenslangen »Workshop« in Persönlichkeitsentwicklung, Selbsterkenntnis und Konfliktbearbeitung.

3.1 Welche individuellen Lebenseinstellungen sind nötig?

Lebensgemeinschaften sind eine Lebensform, die eine konstruktive innere Ausrichtung braucht. Die Intensität der Konfrontation mit anderen Menschen, die Tatsache, dass man sich deutlich begrenzter ausweichen kann als in anderen Lebenskonzepten, dass verschiedene Lebensbereiche oft miteinander vermischt sind, all dies kann Himmel oder Hölle sein – je nach Persönlichkeit und den eigenen Werten und Lebenseinstellungen. Es braucht eine bestimmte Lebenseinstellung, um langfristig in Gemeinschaften glücklich zu werden, die mehr miteinander vorhaben, als gutnachbarschaftlich zu leben. Welche Lebenseinstellungen sind das?

Der Welt als Lernende:r begegnen

Wie schon im Einleitungskapitel kurz skizziert, ist diese Haltung die wichtigste Grundlage, um in Lebensgemeinschaften einzusteigen oder gar eine Lebensgemeinschaft zu gründen. Ohne die Einstellung, dass alles, was mir begegnet, auch wenn es schmerzhaft ist, mich auf meinem Lernweg weiterbringen kann – und ich daher auch in Konflikten und bei Rückschlägen eine wichtige Lernchance für mich begrüßen kann –, ist ein Aufreiben in Gemeinschaftsprojekten vorprogrammiert.

Auch Gemeinschaftsmenschen sind keine Heiligen – diese Haltung impliziert nicht, dass jeder Konflikt mit Gelassenheit und Dankbarkeit für die Lernchance willkommen geheißen wird. Aber wenn ich mich während eines Konfliktes mit einem Zipfel meines Bewusstseins an der Überzeugung festhalten kann, dass auch dieser Konflikt mir neue Lernchancen eröffnet, ist das eine wichtige Grundlage, um den Konflikt konstruktiv zu lösen.

Selbstverantwortung

Ich bin weitgehend selbstverantwortlich für das, was mir geschieht. Auch in Gemeinschaft. Ich bin kein hilfloses Opfer der Umstände, sondern es liegt an mir, mein Leben zu gestalten. Oft kann ich die Situationen auswählen, denen ich mich stelle, und selbst wenn ich das nicht kann (Autounfall, höhere Gewalt etc.), kann ich entscheiden, wie ich mit den Herausforderungen umgehe.

Diese Lebenseinstellung, für sich persönlich zu 100 Prozent die Verantwortung für das eigene Leben zu übernehmen, erweckt ungeheure Kräfte. Denn diese Einstellung gibt mir Handlungsoptionen: Ich kann mein Leben und alles, was mir begegnet, nur selbst in meinem Sinne verändern. Ich kann nicht erwarten, dass andere das für mich übernehmen.

Diese Selbstverantwortung ist ein Schlüssel zum Gelingen von Gemeinschaft: Selbstverantwortliche Individuen lehnen sich nicht in die Opferhaltung zurück, sondern erforschen, was ihr Beitrag an einer Situation ist, und engagieren sich dafür, auf ihrer Seite etwas zu verändern.

Gleichzeitig kann diese Haltung, wenn sie auf andere als sich selbst angewendet oder gar eingefordert wird, extrem arrogant und unsolidarisch bis hin zu verachtend sein, indem sie den Opfern von Diskriminierung, Krieg oder Gewalt dafür die eigene Verantwortung zuordnet. Wenn wir anderen damit begegnen, entzieht eine solche Haltung jeglicher solidarischen Aktion und jeglichem Engagement gegen menschenverachtende Zustände den Boden.

In einer Ethik der Achtsamkeit gegenüber mir selbst, anderen und der Welt ist es kein Widerspruch, **für mich selbst immer nach dem Teil zu schauen, in dem ich eigenverantwortlich bin** – denn daraus schöpfe ich meine Kraft –, und mich trotzdem **auch für das Wohl anderer Menschen in der Verantwortung zu sehen**. In der Begegnung mit anderen Menschen gilt es, sie nicht mit dem Hinweis auf ihre Selbstverantwortung allein zu lassen, sondern abzuwägen: Wo stärkt es mein Gegenüber, wenn ich ihn oder sie in ihrer Selbstverantwortung belasse und nicht in die Helferrolle springe? Und wo ist es meine Verantwortung, mich zu engagieren, damit es anderen besser geht? Wo bin ich privilegiert und habe dadurch eine Verantwortung, die Lebensumstände von anderen zu erleichtern?

Die meisten gut situierten und behütet aufgewachsenen Mitteleuropäer:innen können und sollen für ihr Leben in vielen Situationen die volle Selbstverantwortung übernehmen. Dies gilt nicht in der gleichen, vollen Konsequenz für Menschen, die missbraucht wurden, in Flüchtlingslagern geboren wurden, in Zwangsehen leben oder Ähnliches. Auch in Mitteleuropa und in Gemeinschaften gibt es immer wieder Schicksalsschläge, die nicht mit dem Stempel »Dafür bist du selbst verantwortlich!« abgetan werden dürfen.

Menschen, die schlimme Schicksalsschläge erlebt haben, werden in der Regel nicht dadurch gestärkt, indem ihnen die Verantwortung für diese Schicksalsschläge zugeschrieben wird, sondern es schwächt sie. Hier hat es einen negativen Effekt, die Selbstverantwortung zu betonen.

Mit diesen Menschen gemeinsam die Schicksalhaftigkeit ihrer Situation anzuerkennen und sie dann darin zu ermutigen, selbstverantwortliche Schritte nach vorn zu gehen, kann dagegen eine lohnenswerte Basis bieten.

Selbsterkenntnis

Eng verbunden mit der Selbstverantwortung ist die Selbsterkenntnis. Mich selbst und meine Stärken und Schwächen zu kennen, zu wissen, worauf ich empfindlich reagiere, weil ich alte Verletzungen habe, sowie ein Interesse daran zu haben, meine eigene Selbsterkenntnis zu erweitern, ist eine extrem wichtige Grundhaltung in Gemeinschaft. Wir können im Spiegel der Gemeinschaft so viel über uns lernen.

Wenn ich meine eigenen Triggerpunkte und Schwächen kenne, kann ich anders mit ihnen umgehen. Das ist schon ein wichtiger Schritt. In Gemeinschaft können wir noch einen Schritt weiter gehen und unsere Selbsterkenntnis teilen. Eine schöne Übung zum Kennenlernen ist es beispielsweise »Gebrauchsanweisungen« für sich selbst zu schreiben und mit den anderen Menschen zu teilen. Wenn die Gemeinschaft unsere Triggerpunkte und Schwächen kennt und sie mich in meiner persönlichen Entwicklung im Umgang damit unterstützt, dann kann Gemeinschaft ein unerwartet bereichernder Beitrag zur persönlichen Weiterentwicklung sein.

METHODE

Eine »Gebrauchsanweisung« für mich erstellen

Nimm dir 20 Minuten Zeit, Antworten für folgende Fragen aufzuschreiben. Stell dir dabei sowohl typische Alltagssituationen vor, die du regelmäßig mit anderen Gemeinschaftsmitgliedern teilen wirst, als auch Ausnahmezustände, von denen du vielleicht hoffst, dass andere dich in ihnen lieber nicht erleben werden. Die Fragen sind als Inspiration gedacht. Es müssen nicht alle beantwortet werden.

1. Welche Dinge sind mir besonders wichtig beim gemeinsamen Wohnen und Arbeiten?
2. Womit könnt ihr mich besonders ärgern?
3. Wann (und wie) sollte man mich besser nicht ansprechen? Worauf reagiere ich heftiger als angemessen, weil es in mir an alte Verletzungen und Themen rührt? Wie kann dann gut mit mir umgegangen werden?
4. Was brauche ich, um kritisches Feedback annehmen zu können?
5. Was sehe ich gerade als meine persönliche Lernaufgabe? Wie könnt ihr mir dabei helfen?
6. Gibt es etwas in mir, was selten gesehen wird und wovon ich mir wünsche, dass ihr es wahrnehmt?
7. Wie leicht fällt es mir, in herausfordernden Situationen um Unterstützung zu bitten? Woran erkennen andere, dass ich eigentlich Unterstützung benötige?
8. Bei welchen Herausforderungen können andere mich besonders gern um Unterstützung bitten?
9. Was ist sonst noch wichtig über mich zu wissen?
10. Womit könnt ihr mir eine Freude bereiten?

Trefft euch anschließend in der Gruppe, und präsentiert euch gegenseitig eure Gebrauchsanweisungen. Manch eine Mitteilung wird wahrscheinlich erheiternd sein, andere berührend oder auch beängstigend. Es kann sehr hilfreich sein, für ein tieferes Verständnis Rückfragen zu stellen oder an manchen Stellen wohlwollend nachzuhaken. Denn voneinander auch über heikle persönliche Punkte zu wissen, macht einen großen Unterschied für ein gemeinschaftliches Miteinander.

Quelle: Max Junginger/Eva Stützel

Bewusstes Fühlen

Das »Bewusste Fühlen« könnte auch ein Unterpunkt der »Selbsterkenntnis« sein. Ich benenne es hier gesondert, da bei Selbsterkenntnis meist zunächst an kognitive Prozesse gedacht wird, das bewusste Fühlen hingegen legt den Fokus auf die Gefühle. Wir Kinder und Enkel der Generation, die den Nationalsozialismus und den Zweiten Weltkrieg erlebt hat, sind oft in der Mentalität erzogen worden: »Was uns nicht umbringt, macht uns nur härter!«, wobei das »Hartwerden« positiv gemeint war. Wir haben gelernt, negative Gefühle auszublenden, nicht zuzulassen, uns hinter der angestrebten harten Schale einzuigeln. »Du musst nicht traurig sein!«, »Da brauchst du doch nicht wütend zu sein!« sind Sätze, die viele von uns häufig gehört haben und mit denen manch einer versucht, seine eigene Position in Konflikten im Gemeinschaftsleben zu deckeln. Vieles wird runtergeschluckt, so wie wir es gelernt haben – bis es dann irgendwann zum Eklat kommt.

Alle Gefühle sind wichtig und können wichtige Wegweiser sein. Es gibt keine »guten« und »schlechten« Gefühle, sondern alle Gefühle dürfen da sein. Diese ganzheitliche Sichtweise hat mir persönlich neue Welten eröffnet.

In ihrem Buch *Gefühle und Emotionen – eine Gebrauchsanweisung* führt Vivian Dittmar ein in die Unterscheidung zwischen authentischen Gefühlen und dem »emotionalen Rucksack«. Der emotionale Rucksack speist sich aus unterdrückten Gefühlen und sorgt dafür, dass emotionale Reaktionen manchmal unangemessen groß und langwierig sind. Diese Unterscheidung hat schon in einigen Gemeinschaften den Umgang mit Gefühlen und Emotionen verändert und zur individuellen Heilung beigetragen.

Authentische Gefühle sind wichtige Hinweise meines Innersten darauf, was mir wichtig ist und wo meine Grenzen sind. Die Gefühle wahrzunehmen, willkommen zu heißen und die Bedürfnisse dahinter zu erkennen und auszusprechen ist ein wichtiger erster Schritt zur Gemeinschaftsfähigkeit. Im zweiten Schritt gilt es zu erkennen, dass ich selbst die Verantwortung für meine Gefühle übernehme und nicht erwarten kann, dass meine Bedürfnisse von anderen erfüllt werden müssen.

Empathie

Die eigenen Gefühle wahrnehmen und willkommen heißen ist ein wichtiger Schritt der Selbstempathie – und eine wichtige Brücke zur Empathie. Als ersten Schritt braucht es die Fähigkeit, sich in sich selbst einzufühlen und die eigene Wahrheit zu finden. Dazu gehört es, die Gefühle, die eine klare Antwort meines Selbst auf die Situation sind, von den Emotionen, die Nachklänge alter Verletzungen sind, zu trennen. Auf dieser Grundlage können wir uns dann auch in andere einfühlen und Empathie für andere entwickeln. Ohne dass uns auch die Gefühle anderer am Herzen liegen, ist Gemeinschaftsleben nicht zu empfehlen.

Interesse am Menschen

Was ich in Bezug auf die Gefühle im letzten Absatz geschrieben habe, gilt auch für alle anderen Aspekte menschlicher Erfahrung. Eine Basiszutat für das Leben in Gemeinschaft ist ein wirkliches Interesse an der Vielfalt und den Gemeinsamkeiten menschlicher Erfahrungen. Gemeinschaft ermöglicht ihren Mitgliedern das Miterleben von vielen biografischen Situationen und Lebenserfahrungen. »Wer in Gemeinschaft lebt, braucht keine Soap-Operas mehr zu schauen, weil sie direkt vor der Haustür noch viel interessanter geschehen!«, sagte mir einmal ein Gemeinschaftsmitglied – und ich kann dem nur zustimmen.

Menschen mit einem echten Interesse an anderen Menschen bekommen in einer Gemeinschaft reichlich Geschenke. Denn genau in diesen Begegnungen liegt ein Schatz verborgen: Ich kann viel über mich und die Welt lernen. Mein Leben wird reicher, weil ich viele Dinge hautnah miterlebe, die in nur eine einzige Lebenszeit gar nicht hineinpassen würden. Menschen, die sich im Grunde nur für sich und die eigene Familie interessieren, sollten eine Entscheidung für ein gemeinschaftliches Projekt noch einmal überdenken.

Der Elefant

Eine Gruppe von Schüler:innen einer Meisterin wurde aufgefordert, der Meisterin ein Objekt zu beschreiben. Keine blinde Gefolgschaft wollte die Meisterin, sondern die Selbsterfahrung. Dazu sollte jede:r der Schüler:innen mit verbundenen Augen das Objekt in ihrer Reichweite ganz genau untersuchen. Die Schüler:innen gaben gänzlich unterschiedliche Beschreibungen:

- Die Person, die das Bein betastete, sagte: Das Objekt ist wie eine Säule!
- Die den Rüssel betastete, entgegnete: Nein, das Objekt ist wie ein biegsamer Schlauch!
- Die den Stoßzahn hielt, rief aus: Das stimmt doch gar nicht, das Objekt ist eine gebogene, stabile Röhre!
- Die am Ohr stand, widersprach: Quatsch, es ist wie ein großer Handfächer!
- Die den Bauch abtastete, meinte: Es ist wie eine schwebende, dicke, weiche Röhre!
- Die den Schwanz selbst hielt, entgegnete: Vollkommener Unsinn, das Objekt ist biegsam wie ein dünnes Seil!
- Die Person am Schwanzende meinte: Ich sage euch, das Objekt ist so etwas wie eine Bürste!

Erst als die Schüler:innen die Augenbinden abnahmen, erkannten sie das ganze Bild. Der Elefant hat all die Eigenschaften, welche die Schüler:innen beschrieben hatten. Und noch viele mehr als diese. Wie Realität wahrgenommen wird und als Wirklichkeit auf uns wirkt, hängt unmittelbar mit der eigenen Erfahrung, dem Standpunkt und der Perspektive zusammen. Und so gibt es eben nicht *die eine* Realität, sondern ganz unterschiedliche Blickwinkel und Wahrnehmungen davon, die alle zusammen erst ein größeres Gesamtbild zeigen.

Respekt vor den Bedürfnissen anderer

Aus der Empathie für und dem Interesse an anderen ergibt sich fast von selbst auch der Respekt vor anderen in ihrer Unterschiedlichkeit und der Respekt davor, dass jede:r stets versucht, den besten Weg zu finden, um die eigenen Bedürfnisse zu befriedigen. Der Blick auf die Bedürfnisse hinter den Gefühlen ist ein wichtiger Schritt in der Gewaltfreien Kommunikation nach Marshall Rosenberg – und eine sehr wesentliche Grundlage für gelingendes Miteinander in Gemeinschaften.

Die Gewaltfreie Kommunikation (GFK) nach Marshall Rosenberg wird manchmal als eine Kommunikationsmethode dargestellt. Sie ist jedoch eher eine Haltung als eine Methode, die in verschiedenen Schritten erlernt werden kann. Die Grundlage dieser Haltung ist ein positives Menschenbild. Der Schlüssel zur Verständigung liegt darin, sich als Menschen mit ähnlichen Bedürfnissen anzuerkennen. Wir können auch Menschen mit streitbaren Handlungen und Ansichten verstehen, wenn wir uns auf der Bedürfnisebene begegnen. Es trägt zu einem konstruktiven Dialog bei, die Bedürfnisse des anderen anzuerkennen und unsere Uneinigkeit über die Strategien zur Bedürfniserfüllung anzusprechen. Dann fühlt sich das Gegenüber als Mensch gesehen und nicht verurteilt.

Mindestens ebenso wichtig wie die Art des Redens ist das Zuhören: Das Ziel des Zuhörens sollte sein, die Bedürfnisse des Gegenübers zu verstehen und nicht in negative Urteile über unser Gegenüber zu verfallen. Erfahrene GFK-Praktizierende können auch in Vorwürfen und Kritik das Bedürfnis des Gegenübers heraushören und dadurch Brücken bauen.

Die Gewaltfreie Kommunikation von Marshall Rosenberg vertiefe ich am Ende dieses Buches noch weiter.

Anerkennen subjektiver Realitäten

Ein Satz von Marshall Rosenberg, der mich sehr beeindruckt hat, lautet: »Willst du recht haben oder glücklich sein? Beides zusammen geht nicht!« Denn natürlich habe ich gern recht, wie die meisten Menschen. Aber Marshall Rosenberg hat recht (!), selten verhilft das Beharren auf der eigenen Sichtweise zu glücklichen Beziehungen.

Fakten sehen aus verschiedenen Blickwinkeln und vor verschiedenen Hintergründen unterschiedlich aus. Viel interessanter als die Frage, wer nun wirklich recht hat, ist das Entwickeln von Verständnis für die verschiedenen Sichtweisen. Sie alle sind ein Teil der Realität, es gibt viele subjektive Realitäten, die das Handeln der Menschen prägen. Sie zu erforschen, den Versuch zu unternehmen, sie zu verstehen, ist erfolgversprechender als das Beharren auf der eigenen Sicht der Dinge als einzig wahrer Sichtweise.

Warum siehst du das anders als ich? Was geschieht, wenn ich versuche, deine Sichtweise nachzuvollziehen? Welches neue Universum öffnet sich dabei für mich? Kann ich damit meinen Horizont erweitern, indem ich deine Sichtweise miteinbeziehe und neben meiner Sichtweise stehen lasse?

Offenheit für Feedback

Zu einer bewussten Gemeinschaft gehören persönliche Rückmeldungen dazu. Gemeint sind die eigene Offenheit, Feedback von anderen anzunehmen, und der Mut, Feedback zu geben. Es ist ein wichtiger Schritt zur Gemeinschaftsbildung und zum Aufbau einer gemeinschaftlichen Kommunikationskultur, sich darüber auszutauschen, wie wir einander Feedback geben können, sodass wir es annehmen können.

Eine wichtige Grundvoraussetzung ist es, vor dem Feedback zu klären, ob die Person bereit ist, es zu hören.

Eine Feedbackkultur, in der es selbstverständlich ist, dass wir uns gegenseitig mitteilen, was wir schätzen und was uns stört, unterstützt das persönliche und das gemeinschaftliche Wachstum und ist ein wesentlicher Baustein für eine gemeinschaftliche Kultur.

Wertschätzender Umgang mit Fehlern

In der Schule wurde uns beigebracht, dass Fehler etwas Schlechtes sind, für das wir uns schämen sollten.

Wir können Fehler allerdings auch als wertvolle Hinweise begrüßen. »Ah, da ist scheinbar etwas schiefgelaufen – was können wir daraus lernen? Worauf macht uns das aufmerksam?« Wenn etwas schiefgegangen ist, dann nicht nach den Schuldigen zu suchen, sondern nach der Lernchance, die im Fehler steckt, ist eine wichtige Grundlage für Gemeinschaft.

Ehrliche, transparente Kommunikation über intime Themen

In vielen Kulturen gibt es eine klare Grenze zwischen Themen, über die selbstverständlich offen gesprochen wird, und Themen, die nur in sehr vertrautem Kreis angesprochen werden, die für alle anderen »zu privat« oder »zu intim« sind.

Braucht es wirklich eine große Intimität, um über intime Dinge zu sprechen? Es braucht vor allem Mut. Interessanterweise ist es so, dass die Kommunikation über intime und private Themen sehr leicht und schnell Intimität und Vertrauen schafft. Nichts schafft so leicht ein Gefühl der tiefen Verbundenheit wie der Austausch über Themen, die man sonst als »zu privat« verborgen hält. Dabei geht es nicht nur (aber auch!) um Themen rund um Sexualität und Partnerschaft, sondern auch um Kindheitstraumata, Ängste, Albträume, den Umgang mit Geld, Macht und Machtlosigkeit, Erfahrungen mit Tod, Krankheit, Ausgrenzung und Behinderung.

Daher ist ein wesentlicher Schritt zur Gemeinschaftspflege, eine Kultur aufzubauen, in der wir auch über diese »intimen« Themen sprechen.

Bewusster Umgang mit Rollen und Macht

Eines der Themen, die ebenfalls sehr selten angesprochen werden, ist das Erleben von Macht und Ohnmacht. Viele Gemeinschaftsprojekte streben Hierarchiefreiheit an, daher ist das Thema »Macht« für sie oft negativ besetzt. In vielen anderen Sprachen wird für Macht das gleiche Wort verwendet wie für Können oder Stärke (zum Beispiel Englisch: Power = Stärke; Französisch: Pouvoir = Können; Spanisch: Poder = Kraft, Können). Das kommt nicht von ungefähr, denn Macht hat sehr viel mit persönlicher Stärke und persönlichem Können zu tun. Diese Stärke, dieses Können wird im Versuch, Hierarchiefreiheit herzustellen, oft unterdrückt. Dies kann Gemeinschaften sehr schwächen.

Auf der anderen Seite gibt es in vielen Wohnprojekten auch von der Basisdemokratie »Geschädigte«, die sich dringend wünschen, dass »jemand sagt, wo's langgeht, sonst kommen wir ja nie weiter!«.

Gleichzeitig sollte das Ziel einer Gemeinschaft, welche die Ethik des Gemeinschaftskompasses teilt, sein, wenig Macht über Menschen auszuüben und gleichzeitig möglichst viele Menschen in ihre Kraft zu bringen. Dafür braucht es ein Bewusstsein für die Bedeutung von Rollen und einen enttabuisierten Umgang mit dem Thema Macht. Wie das angegangen werden kann, werde ich im Kapitel »Rang und Macht – ein Tabuthema in vielen Gemeinschaften« vertiefen. Hier liefert die Prozessarbeit nach Arnold Mindell einen wertvollen Rahmen.

3.2 Wie entwickeln wir eine gute Kommunikationskultur?

Kommunikation ist das A und O für das Gelingen des Miteinanders von Individuen in Gemeinschaft. In Kontakt sein, miteinander und nicht übereinander reden, sich offen zeigen, wirklich verstehen wollen, im Zweifelsfall nachfragen sind ganz wesentliche Grundlagen für eine gute Kommunikationskultur.

Hilfreich ist auch, wenn die Gruppe sich miteinander zu Kommunikationsthemen weiterbildet. Ein gemeinsamer Workshop in Gewaltfreier Kommunikation, Themenzentrierter Interaktion, Gefühlsarbeit nach Vivian Dittmar oder zu den unten genannten Methoden schafft eine gemeinsame Basis für Kommunikation, auf der aufgebaut werden kann und an die sich die Gemeinschaftsmitglieder später gegenseitig erinnern können.

In der deutschen Gemeinschaftsszene haben sich drei verschiedene »Methoden zur Gemeinschaftsbildung« etabliert, die eine offene und respektvolle Kommunikationskultur unterstützen:

- (ZEGG-)Forum,
- Gemeinschaftsbildung nach Scott Peck und
- »Circle Way«-Redestabrunden.

Sie alle basieren auf der hier skizzierten Haltung und der Grundannahme, dass eine Kommunikation über das, was uns wirklich bedeutsam ist, sowie achtsames Hören und Würdigen dessen, was geteilt wird, Gemeinschaft und Verbindung schaffen.

Alle drei Methoden stelle ich hier sehr kurz vor, was jedoch keinesfalls eine wirkliche Einführung in die Methode ersetzt.

METHODE

Das Forum

(entwickelt aus dem Projekt Meiga: Tamera, ZEGG)

Zur Durchführung eines Forums braucht es ausgebildete Forumsleiter:innen.

Ziele:

- eine Kultur von Liebe, Selbstverantwortung, Wertschätzung und Verbundenheit entwickeln;
- einen tiefen, emotionalen Raum schaffen, in dem Menschen sich mit dem zeigen, was sie bewegt, und sich auf verschiedenen Ebenen erforschen;
- Unterstützung der Selbsterkenntnis der Person in der Mitte.

Rahmen:

Das Forum ist ein gemeinsamer Forschungsraum. Er setzt Werte wie Vertrauen, Transparenz, Achtsamkeit, Respekt und Empathie voraus und schafft gleichzeitig eine gelebte Praxis dieser Werte, das heißt, die Teilnehmenden sind alle mit verantwortlich, diesen Raum zu erhalten. **Ein gemeinsamer Kontext und eine situa-**

tive Einstimmung sind wichtig, um den Rahmen der Achtsamkeit, des Von-Herzen-Sprechens und Von-Herzen-Zuhörens zu schaffen.

Die Gruppe sitzt im Kreis, es gibt ausreichend viel Platz in der Mitte, um sich zu bewegen. Es gibt einen (oder besser zwei) Forumsleiter:innen. Das Forum bietet allen Teilnehmenden die Möglichkeit eines »Auftritts« und damit die Gelegenheit, sich selbst zu erforschen und sich der Gruppe mit allem, was ist, zu zeigen.

Beiträge im Forumsrahmen einladen:

Die Forumsleiter:in eröffnet das Forum, zum Beispiel mit dem Satz: »Die Mitte ist frei!« Die Person, die etwas teilen möchte, tritt in die Mitte und spricht von sich. Die Leitung darf eingreifen, um die Person in ihrer Selbsterforschung zu unterstützen. Das Eingreifen hat unterschiedliche Facetten:

- Manchmal ist einfach nur zuzuhören die beste Methode.
  Oft geht es um ein Verlangsamen des Gedankenflusses und darum, die Aufmerksamkeit auf Körper oder Emotionen zu lenken, damit die Person sich selbst mit dem verbindet, was sie spricht, und so Zugang zu den eigenen Transformationspunkten bekommt.
- Dieser Prozess wird von Leitung und Kreis durch wohlwollende Neugier, konstruktives Feedback und nicht wertende empathische Teilnahme unterstützt.
- Interventionen, die helfen, Themen zu bearbeiten: zum Beispiel kleine theatralische Szenen, in denen Menschen einen Aspekt ihres Innenlebens einmal voll und ganz energetisch einnehmen; eine Aufforderung, die Position zu wechseln oder Ähnliches.
- Interventionen, die eingefahrene Bahnen aufbrechen sollen: verrückte Vorschläge, wie eine andere Sprache sprechen, rückwärtsgehen, springen etc.
- ... viele andere Möglichkeiten, abhängig vom Hintergrund der Forumsleitung.

Ziel ist, im Zusammenspiel von Selbstwahrnehmung und Ausdruck die Person in der Mitte zu begleiten, um wahrzunehmen, was hinter dem Gesagten steckt und was in tieferen Schichten noch da ist. Oft entsteht aus einem spielerischen oder theatralischen Impuls heraus eine neue Sichtweise, ein neues Erleben, jenseits von bekannten Mustern und dem Bild, mit dem sich die Person identifiziert.

In der Regel sind maximal die Person, die von sich spricht, und die Forumsleitung in der Mitte.

Wenn die Person ihren Auftritt beendet hat, gibt es einen Applaus. Das ist ein energetischer Abschluss, eine Würdigung des Mutes, sich zu zeigen. Er beinhaltet keine Wertung der Inhalte des Auftritts.

Spiegel: Danach lädt die/der Prozessbegleiter:in zu Spiegeln ein. Spiegel sind konstruktive Feedbacks, in denen die Zuhörenden mitteilen, was sie während des Auftritts wahrgenommen haben.

Spiegel sind dann unterstützend, wenn sie aus einer empathischen Haltung und mit der Absicht gegeben werden, ein Geschenk für den anderen zu sein. Sie sollten nicht aus einer eigenen emotionalen Betroffenheit heraus gegeben werden, keine Ratschläge oder herabwürdigenden Kommentare beinhalten. Gerade für Konfliktsituationen ist eine wache ausgebildete Leitung der Spiegel unabdingbar.

Abschluss/Übergang: Nach einigen Spiegeln schließt die/der Prozessbegleiter:in den Auftritt einer Person ab, es gibt einen Abschlussapplaus und eine bewusste Zäsur. Dann lädt die Leitung ein, einen weiteren Aspekt, der jemanden bewegt, in die Mitte zu bringen.

Ausführlichere Infos: *www.zegg-forum.org, www.kreacom.org*

METHODE

Gemeinschaftsbildung nach Scott Peck (WIR-Prozess)

Inspiriert vom Gemeinschaftsforscher Scott Peck, nutzen viele Gemeinschaften auch seinen Prozess zur Gemeinschaftsbildung (»Community Building«) in der Variation, die am Schloss Tempelhof geprägt wurde, auch »WIR-Prozess« genannt.

Das Setting für Gemeinschaftsbildungstreffen ist sehr schlicht. Der Zauber liegt hier vor allem in dem Schaffen eines Rahmens, in dem von Herzen gesprochen, vorurteilsfrei zugehört und nicht reagiert wird.

Es gibt 18 Kommunikationsempfehlungen für ein Gemeinschaftsbildungstreffen, die anfangs eingeführt werden, während des Gemeinschaftsbildungsprozesses meist im Raum visualisiert und im Rahmen der Treffen befolgt werden. Die Begleiter:innen schaffen vor allem den Rahmen und greifen behutsam ein, wenn die Regeln nicht beachtet werden.

- Sei pünktlich zu jeder Gesprächsrunde.
- Sag deinen Namen, bevor du sprichst.
- Sprich in der Ich-Form.
- Sprich von dir und deiner momentanen Erfahrung.
  (Erforsche dich, doziere nicht, rechtfertige dich nicht.)
- Verpflichte dich, am Ball zu bleiben.
  (Bleibe bis zum Ende jeder Runde.)
- Schließe ein – vermeide es, jemanden auszuschließen.
- Drücke dein Missfallen in der Gruppe aus, nicht außerhalb des Kreises.
- Sei verantwortlich für deinen persönlichen Erfolg.
  (Sei verantwortlich für das, was du für dich aus der Runde oder dem Workshop herausholst.)
- Sei beteiligt mit Worten oder ohne Worte.
- Sei emotional anwesend in der Gruppe.
- Höre aufmerksam und mit Respekt zu, wenn eine andere Person dir etwas mitteilt. Formuliere nicht schon eine Antwort, während jemand anderes spricht.

- Respektiere absolute Vertraulichkeit.
- Erkenne den Wert von Stille und Schweigen in Gemeinschaft.
- Gehe ein Risiko ein!
- Höre auf deine innere Stimme und sprich, wenn du dazu bewegt bist, sprich nicht, wenn du nicht dazu bewegt bist.
- Fasse dich kurz.
- Keine Fragen, keine Ratschläge – jeder spricht nur über sich selbst.
- Bitte keinen Alkohol während des Workshops.

Ausführlichere Infos: *http://www.netzwerk-communitybuilding.eu/community-building/*

METHODE

Circle Way

In vielen Gruppen wird der Redestab inzwischen ohne weiteren Hintergrund eingesetzt, um in einer Runde zu sprechen.

In der Originalform des Circle Way (deutsch: »Weg des Kreises«) sind Redestabrunden Runden der tiefen Begegnung, des tiefen Teilens, was uns gerade bewegt. Sie sind ein Weg für tiefe Begegnung und Aufbau einer Kommunikationskultur, indem ein unterstützender Rahmen geschaffen wird, damit die Beiträge an Tiefe gewinnen.

Zu diesem Rahmen gehört:

- **Das Sitzen in einem Kreis** mit einer schön gestalteten **Mitte**.
- Eine kleine **Einstimmung** (Stille, besinnlicher Text, Musik oder Ähnliches).
- Eine **Einleitung durch die Moderation**, in der die Absicht, mit der dieser Kreis einberufen wurde, noch einmal bekräftigt wird. Die Absicht kann sowohl ein Austausch zu einem bestimmten Thema oder auch einfach ein »Teilen, was uns gerade bewegt« sein.

Eine Erinnerung an die Prinzipien des Circle Ways:

- **Sprich von Herzen**, von dem, was dich wirklich bewegt. (Reagiere nicht, sprich von dir.)
- **Höre von Herzen und mit Interesse zu.** Habe dabei einfach nur den Wunsch, den Menschen, der spricht, kennenzulernen. (Urteile nicht, erwidere nichts.)
- **Achte die Energie des Kreises** und sprich die Essenz – keine langatmigen Redebeiträge. (Langweilt die Götter nicht!)
- **Achte die Vertraulichkeit des Kreises** und zerrede das, was geteilt wird, nicht außerhalb des Kreises.
- **Bitte** um das, was du brauchst, und **gib** das, was du geben kannst.

Dann wird der Redestab (oder ein anderes Redeobjekt) herumgegeben. Es spricht immer die Person, die den Stab in der Hand hält. Es muss nicht gesprochen werden, wenn der Stab bei einem ist, sondern der Stab kann auch weitergegeben werden, wenn es kein Bedürfnis gibt zu sprechen.

Im Original des Circle Ways kreist der Stab so lange, bis er zum Schluss einmal komplett im Kreis weitergegeben wurde, ohne dass etwas gesagt wurde. Erst wenn niemand mehr ein Redebedürfnis hat, ist der Circle Way beendet. In der Realität werden oft Zeiten für Redestabrunden vereinbart. Dann ist es sinnvoll, dass der/die Moderierende darauf hinweist, dass die letzte Runde beginnt, um die Zeitvorgabe einzuhalten.

Am Ende der Runde wird der Kreis von der/dem Moderator:in geschlossen, und es wird für die Beiträge gedankt. Eine kurze Stille, ein Lied oder Ähnliches setzen den Schlusspunkt des Kreises.

Ausführlichere Infos: *http://www.thecircleway.net/*

3.3 Die Bedeutung von Ritualen und Festen

Wichtige Elemente für den Aufbau einer gemeinschaftlichen Identität und eines Wir-Gefühls ist die Entwicklung von eigenen Ritualen und Festen. Bei »Ritualen« denken die meisten zunächst an spirituelle Elemente, und für spirituell ausgerichtete Gruppen gehören spirituelle Rituale unbedingt dazu. Aber auch ganz irdisch ausgerichtete Gruppen tun gut daran, eigene Rituale zu entwickeln.

Hierzu gehören kleine Dinge, wie zum Beispiel das Vorstellen des Essens, bevor sich die Menschen aufs Büfett stürzen. Schöne Rituale sind auch Aktivitäten, die sich jedes Jahr oder zu bestimmten Anlässen wiederholen, wie zum Beispiel:

- Ein gemeinsamer Rückblick am Jahrestag des Kaufes des Geländes auf das vergangene Jahr und das, was in der Zeit geschaffen wurde.
- Ein Abschiedskreis oder ein Abschiedsabend, wenn jemand auszieht, an dem auf die gemeinsame Zeit zurückgeblickt wird.
- Biografieabende, an denen die Menschen aus ihrem eigenen Leben erzählen.
- Aufnahme in die Gemeinschaft nicht nur durch das Unterschreiben eines Vertrages und eventuell das Überweisen von Geld, sondern im Rahmen eines kleinen Festes.
- Das Anstoßen oder ein kurzes »Abklatschen« während einer Sitzung, um kleine Erfolge zu feiern.
- Gemeinsames Feiern der Feiertage unserer Kultur: Ostern, Weihnachten, Silvester.
- Feiern zu besonderen Anlässen: Wohnungseinweihungsfeiern, Richtfeste, Hochzeiten, Kinderbegrüßung, Taufen, Schuleintritt und natürlich auch Beerdigungen.

Jede Gemeinschaft entwickelt ihre ganz eigene Feierkultur. Fast alle Gemeinschaften, die ich kenne, sind ganz besonders stolz auf ihre Büfetts (»Es ist immer sooo lecker, wenn wir zu einem Fest ein Büfett machen!«).

Ob Grill- oder Karaokepartys, gemeinsames Kuchenessen, Volkstänze oder Tanzpartys – wichtig ist, sich gemeinsam besondere Räume zu schaffen, in denen ausgelassen – oder auch mal still – gefeiert werden kann.

3.4 »Kleber« für die Gemeinschaft: gemeinsam schöne Dinge erleben

Rituale und Feiern sind ein Aspekt der Gemeinschaftspflege, aber auch im Alltag gibt es viele Wege, die Verbindungen zwischen den Individuen zu stärken. Gemeinsame Mahlzeiten sind ein sehr wichtiger Faktor. Gemeinschaften, bei denen das Essen ein regelmäßiger Begegnungsraum ist, haben meist eine deutlich stärkere Verbindung als Gemeinschaften, in denen nur in Ausnahmefällen gemeinsam gegessen wird.

Gemeinsame Spaziergänge, Jogging und Walking, Yoga und Meditation, Volleyball, Fußball, Kicker, Frisbee und anderes spielen, Ausflüge, Spieleabende, Handarbeitsabende und auch gemeinsames *Tatort*-Schauen schaffen weitere Begegnungsmöglichkeiten, die jeweils in der Regel nicht die ganze Gemeinschaft, aber unterschiedliche Menschen zusammenbringen. Gemeinsame Interessen schaffen Verbindung, die auch darüber hinaus Bedeutung bekommt.

Zu den schönen gemeinsamen Dingen gehört besonders auch das gemeinsame Arbeiten. Zusammen ein Projekt anzugehen, sich im Tätigsein kennenzulernen, Erfahrungen zu sammeln und sich nach getaner Tat an dem gemeinsam erreichten Ergebnis zu freuen ist eine sehr gemeinschaftsbildende Aktivität – unabhängig davon, ob ein Baumhaus im Garten gebaut, ein Beet angelegt, ein Zimmer renoviert, ein Fest vorbereitet, der Jahresabschluss oder ein Newsletter erstellt oder gemeinsam aufgeräumt wird. Wichtig ist hierbei allerdings die Ernte: Wenn nur gearbeitet wird und danach alle wieder auseinander- oder zur Tagesordnung übergehen, ist es wenig gemeinschaftsbildend. Die Früchte der Arbeit gemeinsam zu genießen, sich gegenseitig auf die Schultern zu klopfen, vielleicht zur Feier des gelungenen Projektes noch zusammen anzustoßen oder auf Projektkosten schön essen zu gehen – das macht aus gemeinsamer Arbeit ein größeres Gemeinschaftserlebnis.

3.5 Gruppenphasen – Modelle: Scott Peck und Arnold Mindell

Gerade in konflikthaften Zeiten ist es sehr entspannend zu erfahren, dass Gruppen stets durch verschiedene Phasen gehen und dass diese Phasen zu einem normalen Gruppenentwicklungsprozess gehören. Es ist kein Drama, wenn es einmal drunter und drüber geht – es gehört zum Prozess einfach dazu! Das Wissen darum schafft Vertrauen, dass auch wieder andere Zeiten kommen werden, und hilft ungemein, diese Phasen zu überstehen.

In der Lebensgemeinschaftsszene wird in diesem Zusammenhang meistens Scott Peck (bereits eingeführt als derjenige, der den Gemeinschaftsbildungsprozess entwickelt hat) zitiert. Er unterscheidet vier Phasen der Gruppenentwicklung:

- Pseudogemeinschaft
- Chaos
- Leere
- Authentische Gemeinschaft

Nach seiner These kommen Gemeinschaften von einer Phase der Pseudogemeinschaft, in der sich alles gut anfühlt, die Menschen sich verbunden fühlen, aber noch im Verborgenen liegt, was alles unter der Oberfläche an Spannungen schlummert, durch eine Phase des Chaos, in dem die Spannungen ausbrechen und gemeinsame Festlegungen nicht beachtet werden. Auf diese Phase folgt eine Phase der Ruhe, des Nichtwissens – die Leere, aus der die Gruppe idealerweise als »authentische Gemeinschaft« hervorgeht. In dieser idealtypischen Form läuft es selten ab. Trotzdem hilft die Erkenntnis, dass auch Gruppen durch Phasen gehen und dass auf Chaos und Leere eine authentischere Gemeinschaft folgt, denn diese Erkenntnis motiviert durchzuhalten. Wenn wir uns bewusst sind, dass auch heftige Konflikte und das Nichtwissen, wie es weitergehen soll, nur eine Phase sind, trägt es dazu bei, den Mut nicht zu verlieren und in Kontakt zu bleiben.

Auch Arnold Mindell hat für die Prozessarbeit ein 4-Phasen-Modell entwickelt:

- Phase 1: Das Verbindende sehen und es sich miteinander einfach gut gehen lassen.
- Phase 2: Die Unterschiede treten zutage, Konflikte treten auf.
- Phase 3: Rollenwechsel ist möglich, Verständnis füreinander entwickelt sich.
- Phase 4: Losgelöste Haltung, in der Widersprüche integriert werden.

Die Phasen sind denen Scott Pecks sehr ähnlich, wobei es jedoch einen entscheidenden Unterschied gibt: Den Phasen von Scott Peck liegt eine ganz klare Wertung und Abfolge zugrunde – die Gruppe entwickelt sich von der Pseudogemeinschaft zur Gemeinschaft. Mindell dagegen akzeptiert im Sinne der »Tiefen Demokratie« alle Phasen als gleichbedeutend und gleich wichtig für Gruppen. Er sieht explizit von einer Wertung ab. Alle Phasen sind gleichermaßen bedeutsam, und alle Phasen können parallel vorkommen.

So sind scheinbar belanglose Aktivitäten wie gemeinsames Spiel oder Fernsehschauen »Phase-1-Aktivitäten«, die es manchmal zur Gemeinschaftspflege braucht. Nicht immer ist dies der richtige Zeitpunkt für tief gehende Gespräche und Auseinandersetzungen.

Konflikte aufzugreifen und damit konstruktiv umzugehen gehört zu Phase 2 und Phase 3. Nicht immer ist eine Gruppe bereit dafür. Manchmal ist die Gruppe derartig müde von dem, durch das sie gegangen ist, dass es Phase-1-Aktivitäten braucht, um Kraft zu tanken und Verbindung zu schaffen. Und manchmal geht es ganz konkret darum, auf die Unterschiede zu schauen und Konflikte anzugehen.

Aktivitäten wie das oben genannte Forum, der Circle Way und der WIR-Prozess können dazu beitragen, dass die Gruppe die Phase, in der sie gerade steckt, bewusster wahrnimmt.

3.6 Wer ist die Gruppe? Kerngruppe etablieren

Ein wichtiger Schritt, den jede Gründungsinitiative irgendwann gehen muss, ist die Definition: Wer ist die verbindliche Gruppe, die jetzt gemeinsam plant?

Dies geschieht meist nicht gleich beim ersten Treffen, sondern es finden mehrere Treffen mit Interessierten statt, aus denen sich dann langsam eine verbindlichere Gruppe mit einer gemeinsamen Ausrichtung herausschält. Bevor genaue Eckpunkte festgelegt werden, sollte eine erste Kerngruppe definiert werden.

Als Idealgröße für eine Kerngruppe, die ein Projekt konkret weiterentwickelt, hat sich hier eine Gruppengröße von drei bis acht Menschen herausgestellt – groß genug, um schon eine Gruppe zu sein, und noch klein genug, um wirklich von allen getragene Eckpunkte festzusetzen, die der Gruppe eine gewisse Kontur geben und helfen, die erforderlichen nächsten Schritte umzusetzen.

Wesentliche Kriterien zum Konstituieren der Kerngruppe sollten sein: die Bereitschaft, sich verbindlich zu engagieren und in das Projekt einzusteigen (dies kann zum Beispiel die Verabredung sein, dass Kosten auf alle umgelegt werden), das Teilen der gemeinsamen Ausrichtung und die Tatsache, dass alle aus der Gruppe zu allen in der Gruppe »Ja« sagen. »Ja, ich möchte mit dir zusammen dieses Gemeinschaftsprojekt aufbauen!« Das ist ein wichtiger Schritt in der Geschichte der Gruppe und sollte entsprechend gefeiert werden!

Wenn das Projekt nicht aus einer kleinen Gruppe heraus erwächst, sondern durch öffentliche Informationsveranstaltungen oder durch Einladungen gleich mit einer größeren »Interessiertengruppe« startet, ist es oft ein schmerzhafter Prozess herauszuarbeiten, wer letztendlich genau die Gruppe ist, die gemeinsam das Projekt realisieren möchte. Der Prozess der Bildung einer Kerngruppe wird oft herausgezögert, weil er eine Positionierung der Einzelnen und eventuell auch eine Ausgrenzung beinhaltet.

Ich möchte an dieser Stelle Mut machen, alle drei oben genannten Kriterien aktiv abzufragen:

- Ein bewusstes »Ja« aller Kerngruppenmitglieder zueinander.
- Eine dezidierte Zustimmung zur gemeinsamen, schriftlich formulierten Ausrichtung (siehe hierzu auch Punkt 2.1.2, »Intention«).
- Festlegung der Erwartungen am finanziellen und zeitlichen Engagement für die Realisierung des Projektes. (Das finanzielle Engagement kann zum Beispiel auch in einem Prozentsatz des Monatseinkommens bestehen.)

Die Kerngruppe wird mit der Gruppenkultur, die sie entwickelt, die Kultur der zukünftigen Gemeinschaft stark prägen. Daher ist es bereits in dieser Phase wichtig, eine Gemeinschaftskultur der achtsamen und offenen Kommunikation herzustellen. Frühzeitig an diesem Thema zu arbeiten, gemeinschaftsbildende Wochenenden zu verbringen und sich aktiv um Trainings in Gemeinschaftsfragen und Kommunikation zu bemühen gehört zum wesentlichen Erfolgsrezept.

Es erhöht die Realisierungschancen gewaltig, wenn eine Kerngruppe klar definiert ist und ein starkes Gemeinschaftsgefühl entwickelt. Nichtsdestotrotz sollten sich alle Gründungsinitiativen bewusst sein, dass so gut wie nie alle Mitglieder der ersten Kerngruppe tatsächlich in das Wohnprojekt einziehen werden – ganz unabhängig davon, wie stimmig sich alles bei der Kerngruppengründung angefühlt hatte! Denn der Weg bis zur Realisierung ist lang, es müssen an vielen Stellen Entscheidungen gefällt werden, und das Leben der Kerngruppenmitglieder besteht nicht nur aus dem Projekt. Es ist ganz normal, dass sich die Gruppe im Laufe der Zeit verändert – manche werden sie verlassen, und andere werden hinzukommen. Das ist kein Scheitern der Gemeinschaft, sondern ein natürlicher Prozess.

3.7 Aufnahmeprozess bewusst gestalten

Ab dem Zeitpunkt, zu dem es eine Kerngruppe gibt, ist klar definiert, wer zum engsten Kreis dazugehört. Es braucht dann festgelegte Prozedere, wie Personen zu diesem Kreis hinzukommen können – und auch, wie sie wieder austreten können.

Gemeinschaften definieren sich in der Regel über eine gemeinsame Ausrichtung. Daher ist wichtig, vor der Aufnahme zu klären, ob die neue Person die Ausrichtung teilt, sonst verwässert sehr schnell die Intention eines Projektes. Auch dafür ist es notwendig, die Ausrichtung klar schriftlich formuliert zu haben. Für den Aufnahmeprozess sind insbesondere die Eckpunkte (was von jedem Gemeinschaftsmitglied erwartet wird) und die Essenz des Projektes (das in wenigen Worten formulierte Projektziel) von Bedeutung. Jeder Person, die aufgenommen wird, sollte klar sein, was von ihr erwartet wird, wenn sie eintritt. Darüber hinaus sollte sie fähig sein, die Intention des Projektes in wenigen Worten wiederzugeben.

Die verbale Zustimmung zu Eckpunkten heißt noch nicht automatisch, dass eine Person tatsächlich die oben skizzierte Haltung mitbringt. Viele sind davon überzeugt, achtsam und selbstreflektiert zu sein, zeigen in Konflikten aber ein ganz anderes Verhalten. Daher ist ein längerer Kennenlernprozess für Gemeinschaften, die ein intensives Miteinander planen, eine essenzielle Voraussetzung. So haben viele Gemeinschaften Probezeiten eingeführt, während denen die Neuen noch keine Vollmitglieder sind, aber schon an (fast) allem teilnehmen können. Auf diese Weise ist ein intensives Kennenlernen gewährleistet, und es bietet beiden Seiten die Möglichkeit, genau zu wissen, worauf sie sich einlassen, bevor die endgültige Entscheidung gefällt wird.

In Wohnprojekten, die Menschen anziehen, die sowieso in der Region wohnen, sowie bei Gründungsprojekten, für die es noch kein Wohngelände oder -gebäude gibt, findet die Probezeit in der Regel vor Einzug statt. Die Menschen lernen das Projekt und einander durch gemeinsame Aktivitäten, Planungstreffen und Besuche kennen.

In Projekten, die bereits existieren und die eine überregionale Anziehungskraft haben, geht eine Probezeit meist mit einem Umzug einher.

In diesen Fällen ist die Probezeit für die Person, die sich auf den Weg macht, in der Regel eine schwerwiegende Entscheidung – sie bedeutet, einen Lebensort und oft auch den Arbeitsplatz aufzugeben, ohne sicher zu sein, dass sie an dem anderen Ort wirklich langfristig leben kann. Dennoch ist eine Probezeit immer sinnvoll. In den mir bekannten existierenden Gemeinschaften haben Menschen nach der Probezeit häufiger von sich aus entschieden, dort nicht bleiben zu können, als dass die Gemeinschaft dem nicht zugestimmt hätte.

Die Entscheidung, in Gemeinschaft zu ziehen, ist immer eine Entscheidung, das eigene Leben zu verändern, und eine Entscheidung für einen Lernweg. Auch wenn die erste Gemeinschaft nicht die richtige ist, so war die Probezeit auf jeden Fall eine wichtige Lernerfahrung, die der Person in der Regel hilft, den nächsten Schritt in die Richtung zu gehen, in die ihr Leben in Zukunft gehen soll.

Nach der Probezeit entscheiden sowohl die Person, die aufgenommen werden will, als auch die Gemeinschaft, ob die Person in die Gemeinschaft aufgenommen wird. Viele Gemeinschaften haben dafür eine hohe Schwelle gesetzt und nehmen nur im Konsens neue Menschen auf. Dies ist bei kleinen Gemeinschaften absolut essenziell, um ein harmonisches Gruppenwachstum zu gewährleisten, in größeren Gemeinschaften sind auch andere Abstimmungsmodalitäten möglich.

Entscheidungen über die Aufnahme neuer Mitglieder haben großes Konfliktpotenzial für die Gemeinschaft. Manche der heftigsten Gemeinschaftskonflikte, die ich begleitet habe, gingen um die Aufnahme oder Nichtaufnahme von neuen Mitgliedern.

3.8 Konflikte konstruktiv aufgreifen

Was ist überhaupt ein Konflikt? Unterschiedliche Meinungen, Interessen oder Lösungsvorschläge sind noch kein Konflikt, sondern lediglich eine Meinungsverschiedenheit. Meinungsverschiedenheiten und Interessenkollisionen können auf der Sachebene mit guten Argumenten und kreativem Vorgehen gelöst werden. Manchmal gibt es Lösungen, die alle zufriedenstellen, manchmal braucht es ein »gerechtes Verteilen der Kröten«, die zu schlucken sind. Im schlimmsten Falle stellt man fest, dass die beiden Konfliktparteien zu wenig an einem Strang ziehen, um miteinander das zu tun, worüber sie unterschiedlicher Meinung sind. Die Meinungsverschiedenheit wird in dem Moment zum Konflikt, in dem bei einer der beiden Parteien eine emotionale Aufladung dazukommt.

Der konstruktive Umgang mit Konflikten ist eine der Kerndisziplinen, um das Miteinander von Individuen in Gemeinschaft gelingen zu lassen. Konflikte werden immer wieder auftreten, dies lässt sich nicht vermeiden, die Aufgabe ist, einen guten Umgang damit zu finden. Konflikte zeugen von Lebendigkeit, davon, dass es Bewegung gibt, und das ist gut so. Konflikte können uns helfen, ein umfassenderes Verständnis von unserer Gemeinschaft zu bekommen, sie können unser Weltbild erweitern.

Meine Überzeugung nach 27 Jahren in einem Gemeinschaftsprojekt wird vielleicht manchen desillusionieren: Ich glaube nicht mehr, dass alle Konflikte »lösbar« sind. Das ist die »schlechte« Nachricht: Wenn wir eng mit vielen Menschen zusammenleben, wird es Menschen geben, mit denen wir uns immer wieder an den gleichen Stellen reiben. Es wird Menschen geben, bei denen wir wissen: Wenn wir dieses oder jenes zusammen tun, wird es schwierig werden, denn da passen wir einfach nicht zusammen. Und das ist in Ordnung so.

Und dennoch: Auch wenn wir nicht alle Konflikte lösen können, gibt es bei allen Konflikten die Möglichkeit, dass sie keine unüberwindbaren Gräben aufreißen, sondern dass wir uns nach wie vor als Menschen wohlwollend begegnen, indem wir einfach nur wertfrei feststellen: Da sind wir unterschiedlich.

Wenn ich Konflikte in unserer Gemeinschaft oder in den Projekten, von dessen Mitgliedern ich um Hilfe gebeten werde, bearbeite, dann ist mein erklärtes Ziel, auf der emotionalen Ebene so viel gemeinsame Basis zu schaffen, dass die Konflikte dem Erkenntnisgewinn dienen und Konfliktparteien sich gegenseitig wieder mit Wohlwollen und Respekt vor dem Menschsein sowie den Unterschieden begegnen. Auch wenn wir wissen, dass wir uns an diesem oder jenem Punkt mit unseren Unterschieden immer wieder zur Weißglut treiben können.

Auf dieser Basis suchen wir dann nach der konkreten Sachlösung.

Hierzu braucht es – wichtiger als alle Methoden der Welt – eine Haltung, wie sie im Kapitel »Welche individuellen Lebenseinstellungen sind nötig?« beschrieben ist. Wenn wir der Meinung sind, dass jemand anderes nicht so sein darf, wie er/sie ist, werden wir Konflikte nicht lösen können.

Wie können Konflikte konstruktiv gelöst werden?

In jedem Konflikt steckt eine Lernchance für alle Beteiligten. Neben dem persönlichen Lerneffekt bei Konflikten in Gemeinschaftsprojekten ist immer auch Lernpotenzial für die gesamte Gemeinschaft vorhanden.

Konflikte dürfen als Anreiz genommen werden, ein Thema tiefer zu erforschen – sowohl bei sich selbst als auch in der Begegnung mit anderen. Wenn wir das wirklich mit einem echten Interesse an uns selbst und der anderen Person tun, können aus dem Konflikt konstruktive neue Ansätze für Individuen und Gemeinschaft entstehen.

Auf der persönlichen Ebene können wir über uns selbst lernen, warum wir auf etwas genervt reagieren, während uns anderes entspannt lächeln lässt. Wir können über andere lernen, welche Hintergründe sie zu einem Verhalten motivieren, das wir zunächst nicht verstehen können.

Auf der Gemeinschaftsebene können wir aus den Gruppenkonflikten lernen, welche Themen eine Beachtung der gesamten Gruppe brauchen – oft geht es hier um Rang- und Machtfragen, um Rollenklärungen oder um implizite, aber nicht kommunizierte Erwartungen. Dabei kann es hilfreich sein, sich die folgenden Fragen zu stellen: Was sagt ein Konflikt über das Wachstumspotenzial oder die blinden Flecken der Gruppe aus? Was muss anders organisiert werden, damit es nicht zu Verletzungen kommt? An welchen Stellen sind wir unklar in unserer Ausrichtung und müssen gemeinsam genauer hinschauen?

Etwas Konflikttheorie ist hilfreich

Es erleichtert die Konfliktbearbeitung ungemein, sich bewusst zu machen, dass Konflikte sehr unterschiedliche Ebenen haben können, die unterschiedliche Bearbeitungsmechanismen brauchen. Ich unterscheide fünf verschiedene Konfliktarten:

- Ressourcenkonflikt: Eine knappe Ressource soll verteilt werden, und mehrere Menschen konkurrieren um diese knappe Ressource. (Zum Beispiel: Wer bekommt das letzte Stück Kuchen?)
- Zielkonflikt: Menschen wollen zwei unterschiedliche Ziele erreichen. (Zum Beispiel: Die einen wollen, dass Person XY in die Gemeinschaft kommt, die anderen nicht.)
- Werte- (oder Bedürfnis)konflikt: Die Werte von verschiedenen Menschen stehen in direktem Konflikt miteinander. (Zum Beispiel: Stille vs. freie Entfaltung der Kinder.)
- Rangkonflikt: Unstimmigkeiten im Bereich von Hierarchie und Macht. (Zum Beispiel: Wer fühlt sich »untergebuttert«, wer hat wie viel zu sagen?)
- Triggerkonflikt: Ein Konflikt, der etwas damit zu tun hat, dass mich eine Situation oder eine Person mit ihrer Art an eine alte Verletzung erinnert und damit etwas triggert. (Zum Beispiel werde ich in einer bestimmten Situation wütend, da sie mich an einen früheren Konflikt erinnert.)

In der seltensten Form hat ein Konflikt nur eine Ebene, meist überlappen sich mehrere. Aber gerade deshalb ist es sehr hilfreich zu untersuchen, welche Ebenen ein Konflikt hat, denn unterschiedliche Konfliktebenen brauchen sehr unterschiedliche Herangehensweisen zur Konfliktklärung.

Der Ressourcenkonflikt ist der einfachste. Ein reiner Ressourcenkonflikt ist oft weniger ein Konflikt in der Gruppe, sondern einfach ein Problem, das gelöst werden muss. Der erste Schritt sollte hier stets sein zu schauen, ob der »Kuchen größer gemacht werden« kann. Welche Optionen gibt es, damit mit den vorhandenen Ressourcen mehr möglich ist? Hierzu ist es hilfreich, über die vorhandenen Muster hinauszudenken, kreativ neue Lösungen zu suchen. Ein Brainstorming zur Frage »Was gäbe es noch für Lösungen, außer dass jeder die Hälfte oder einer das Ganze bekommt?« mit einer unterstützenden Gruppe führt meist zu Ideen. Idealerweise finden sich Win-win-Lösungen, bei denen beide Parteien ihre Bedürfnisse voll befriedigen können. Das gelingt leider längst nicht immer.

Wenn klar ist, dass der Kuchen nicht groß genug gemacht werden kann, dass beide Parteien ihre Lieblingslösung bekommen, geht es daran, die »Kröten gerecht zu verteilen«, also eine Lösung zu finden, mit der beide Parteien leben können. Das gelingt, wenn auch die Bedürfnisse des Gegenübers anerkannt werden.

Zielkonflikte sind eine Konfliktebene, die von der Herangehensweise her zwischen Ressourcen- und Werte-/Bedürfniskonflikten angesiedelt sind. Zunächst gilt ein ähnliches Vorgehen wie im Ressourcenkonflikt. Es gilt zu erforschen, ob die Ziele wirklich unvereinbar sind oder ob es Möglichkeiten gibt, beide Ziele zu erreichen, ohne dass eine Person zu sehr zurückstecken muss. Beide Ziele zu erfüllen ist stets die beste Lösung eines Zielkonfliktes. Wenn dies nicht möglich ist, muss auf die tiefere Ebene geschaut werden, die sich meist in den Werten und Bedürfnissen ausdrückt. Und erst danach müssen eventuell »Kröten verteilt« werden.

Im Werte- oder Bedürfniskonflikt geht es um tiefes Zuhören und Akzeptanz der Werte des Gegenübers: Welche Erfahrungen hast du in deinem Leben gemacht? Was ist dir heilig? Wie geht es dir, wenn das Bedürfnis nicht erfüllt wird? Was verbindest du mit diesem Wert?

Wenn wir die Werte und Bedürfnisse des Gegenübers verstehen und akzeptieren können, ist es viel leichter, eine gemeinsame Lösung zu finden. Wenn ich nur den Eindruck habe, dass jemand mir einen eigenen Wert, ein eigenes Bedürfnis aufzwingt und es über meine Bedürfnisse stellt, gibt es wenig Möglichkeit, Brücken zu bauen. Wenn beide Seiten die Werte und Bedürfnisse der anderen nachvollziehen können, gibt es immer einen Weg.

Manchmal stellen wir auch fest, dass die Lösung, damit beide Parteien ihre Werte und Bedürfnisse leben können, die Trennung ist, da die Werte oder Bedürfnisse so eng beieinander nicht realisiert werden können. Auch das ist eine Lösung eines Konfliktes – nicht immer bringen Konfliktlösungen zusammen, manchmal ist auch die Trennung die Lösung.

Eine Person mit Katzenhaarallergie und ein Mensch, der unbedingt mit Katzen zusammenleben will, tun sich keinen Gefallen, wenn sie in eine Wohnung zusammenziehen. Da hilft auch keine noch so bewusste Konfliktklärung weiter.

Rangkonflikt: Zum Thema »Rang« wird später noch ein Kapitel folgen. Es dreht sich hier um das persönliche Erleben der eigenen Wirksamkeit und Unwirksamkeit sowie die Frage, wie dies in der Gruppe aufgenommen wird. Die Beschäftigung mit dem Thema »Rang« eröffnet eine vollkommen neue Perspektive auf menschliche Dynamiken. Laut der Prozessorientierten Psychologie, aus der das Konzept stammt, sind 90 Prozent aller Konflikte im Grunde Rangkonflikte. Oft ist es so, dass beide Konfliktparteien sich aus irgendeinem Grund dem anderen unterlegen fühlen und aus dieser subjektiv als untergeordnet empfundenen Position in eines der archaischen Grundmuster Totstellen (nix sagen), Flucht (die Situation verlassen) oder Kampf (Aggression) verfallen. Herauszufinden, worin das Gefühl der Unterlegenheit besteht und welche innerlichen oder geäußerten Vorwürfe von Machtausübung in Bezug auf das Gegenüber da sind, kann einen Konflikt sehr entschärfen – denn interessanterweise ist es oft so, dass sich beide Seiten machtlos gegenüber der anderen Seite fühlen.

Triggerkonflikt: Am schwierigsten zu lösen ist die Ebene, die ich Triggerkonflikt nenne. Denn hier kann die/der aktuelle Konfliktpartner:in am allerwenigsten zur Lösung beitragen. Manchmal ist es so, dass ich stark auf eine andere Person (oder in einer bestimmten Situation) reagiere, weil es alte Verletzungen in mir anrührt. Wenn jemand so spricht wie eine Person, die mich in der Vergangenheit verletzt hat, wenn in bestimmten Situationen alte Bilder hochkommen – dann reagiere ich unangemessen, und es können daraus Konflikte entstehen, für die das aktuelle Gegenüber gar nichts kann.

Hier ist Selbsterkenntnis, das Teilen dieser und die Unterstützung der Gemeinschaft der zielführende Weg. Die persönliche Arbeit jedes Einzelnen besteht darin herauszufinden, welcher Anteil an einem Konflikt alte Trigger sind, dies dem Gegenüber mitzuteilen und daran zu arbeiten, die neuen Erfahrungen und die alten Trigger voneinander zu trennen. Wenn wir von unseren Gemeinschaftsmitgliedern wissen, was sie triggert, dann kann die Gemeinschaft die Personen darin unterstützen, einen anderen, bewussten Umgang damit zu finden.

Vor jeder Konfliktbearbeitung mit dem Konfliktpartner ist es hilfreich, zunächst für sich persönlich zu arbeiten, zu erforschen, welche Ebenen der Konflikt berührt und was er für einen selbst bedeutet. Diese persönliche Arbeit gelingt manchmal besser mit Unterstützung aus der Gemeinschaft, die dazu beitragen kann, die eigenen blinden Flecken zu überwinden. Nach der (unterstützten) Eigenarbeit in Kontakt mit dem oder der anderen zu gehen und um ein Konfliktlösungsgespräch zu bitten erhöht die Lösungschancen.

Je nach »Festgefahrenheit« und der Öffentlichkeit des Konfliktes werden verschiedene Formate benötigt und manchmal die Begleitung eines professionellen Mediators.

Im Folgenden stelle ich ein Format vor, das ich oft verwende, wenn Konflikte in Gemeinschaften gemeinsam angeschaut werden.

METHODE

Konflikte in der Gesamtgruppe bearbeiten

Manche Konflikte haben ein Ausmaß erreicht, das die ganze Gruppe belastet und trennt. Dann tut es gut, diese Konflikte im Rahmen der Gesamtgruppe anzuschauen.

0. Haltung einladen

An die gemeinsamen Werte und die Grundeinstellung erinnern: Konflikte sind Lernchancen, es geht nicht darum, wer recht hat und wer nicht, sondern es geht um Verstehen und Verständigung. **Das Ziel dieses Treffens soll explizit nicht sein, zu urteilen oder eine Faktenlösung zu finden, sondern beide Seiten des Konfliktes besser zu verstehen.** Hier ist es gut, Grundwerte auf einem Flipchart zu visualisieren, zum Beispiel dieses Zitat von Rumi: »Jenseits von richtig und falsch gibt es einen Ort, an dem wir uns treffen können.«

1. Konflikt benennen

Dies ist die **erste wichtige Übung**. Denn meist benennen beide Konfliktparteien den Konflikt sehr unterschiedlich. Hier ist die Unterstützung der Gemeinschaft gefragt, den Konflikt auf eine Art zu benennen, dass keine Schuldzuweisung und Lösung in der Konfliktbeschreibung vorgegeben werden. (Zum Beispiel: »X und Y haben unterschiedliche Vorstellungen vom Sauberhalten der Küche« statt »Der Konflikt ist, dass X nie abwäscht!«)

Für die nächste Phase wird die Gruppe aufgeteilt. Sinnvoll sind Gruppen von circa drei bis sieben Personen, die sowohl einen Vertreter einer Konfliktpartei umfassen als auch Menschen, die diese Person kennen und schätzen, sich aber idealerweise in dem Konflikt nicht mit der Position dieser Person identifizieren.

2. Hintergründe des Konfliktes in Kleingruppen erforschen – mit jeweils einer der Konfliktparteien

Diese Phase von circa 45 bis 60 Minuten ist eine Phase, in der mehrere Gemeinschaftsmitglieder eine Konfliktpartei darin unterstützen, die Hintergründe des

Konfliktes zu erforschen. Was steckt hinter dem vordergründigen Konfliktthema? Auf welcher Ebene ist der Konflikt angesiedelt? Die Kleingruppe unterstützt je eine Konfliktpartei darin, die Konfliktebenen (siehe vorn) zu erkennen.

3. Ergebnisse der Kleingruppen in der Gesamtgruppe zurückmelden
Alle Gruppen kommen wieder zusammen, und die Erkenntnisse aus den Kleingruppen werden für alle hörbar zusammengetragen.

4. Manchmal braucht es in der Gesamtgruppe Zeit, um eine **»gemeinsame Geschichtsschreibung«** zu entwickeln.

5. In einem nächsten Schritt kann dann zum Beispiel **eine begleitete Konfliktklärung** im Innenkreis vor der Gesamtgruppe stattfinden. (Oder auch in geschütztem Rahmen ohne Zuschauer. Das ist abhängig von der Situation.)

3.9 Zusammenfassung und praktische Tipps

Das Miteinander von Individuen in Gemeinschaft ist der zentrale Aspekt im Gemeinschaftskompass. In diesem Kapitel wurden einige wesentliche Ansätze vorgestellt, die dabei unterstützen, dieses Miteinander gelingen zu lassen. Dennoch sei gesagt: Soziale Kompetenz lässt sich nicht aus Büchern lernen, sondern nur durch Erfahrungen und am besten durch gemeinsame Erfahrungen der Gemeinschaft! Daher ist es für jede Gruppe essenziell, sehr bewusst immer wieder ihre Gemeinschaftskultur zu pflegen und sich Zeit dafür zu nehmen, schon bevor die ersten heftigen Konflikte auftreten. Die ersten Konflikte sind dann ein neues Kapitel in dem »Selbsterfahrungskurs Gemeinschaft« – es braucht ein besonderes Augenmerk darauf, diese Konflikte konstruktiv zu lösen.

Danke für die
Lernchance!

4

Intention – was wollen wir gemeinsam erreichen?

Jedes gemeinschaftliche Projekt hat eine Ausrichtung. Bei manchen ist es explizit nur ein schönes Mit- oder Nebeneinanderwohnen, bei manchen ist es der Wunsch, mit dem Projekt zu einer bestimmten Gesellschaftsveränderung beizutragen. Die Ausrichtung, die Intention, mit der das Projekt gegründet wird, gibt dem Projekt Konturen und prägt es sehr stark. Sie dient als Inspirationsquelle und Motivation zum Einzug und kann gleichzeitig Quelle für große Frustration sein: In der enthusiastischen Planungsphase geht die Gruppe fest von einer gemeinsamen Ausrichtung aus. Im Zusammenleben kann dann auf einmal festgestellt werden, dass sich hinter dem gleichen Wort sehr unterschiedliche Vorstellungen verbergen, und die scheinbar gemeinsame Ausrichtung wird Auslöser für große Streitigkeiten.

In der Gründungsphase werden wichtige Weichen gestellt. Auch in der Praxisphase ist es wichtig, sich von Zeit zu Zeit folgende Fragen zu stellen: Wollen wir in die gleiche Richtung? Haben wir erreicht, was wir wollten? Stimmt der Kurs noch? Stimmt das Ziel noch? Um diese Fragen beantworten zu können, braucht es eine Orientierung, die durch die formulierte Intention* gegeben wird.

* Hinweis an alle professionellen Projekt- und Organisationsentwickler:innen: Ich nutze bewusst nicht die in der Organisationsentwicklung gebräuchlichen Ausdrücke »Vision« und »Mission« in der Form, in der sie in der Organisationsentwicklung verwendet werden (Vision = allgemein gewünschter Zustand in der Welt, Mission = Beitrag der Organisation dazu). Fast alle Projekte nutzen intuitiv das Wort »Vision« für ihre Vision von ihrem Projekt, was in der Fachsprache aber die »Mission« ist. Da ich kein Interesse habe, den intuitiven Gebrauch der Wörter zu korrigieren, nenne ich das Thema »Intention« und nutze das Wort »Vision« dem intuitiven Gebrauch entsprechend.

4.1 Das Visionspapier

In allen Gründungsinitiativen wird zusammengetragen, was sich die Mitglieder für das Projekt wünschen. Es entstehen lange Listen, aus denen schöne Texte werden, die den gewünschten Endzustand des Projektes beschreiben. Diese Listen sind die Grundlage für Flyer, Internetauftritt oder Projektvorstellungen. Den daraus entstehenden Text nenne ich das Visionspapier.

In der Regel hat dieses Visionspapier folgende Aspekte:

- Größe und geplanter Ort des Projektes;
- geplante inhaltliche Ausrichtung in wenigen Worten;
- exemplarische Aufzählung, welche Dinge realisiert werden könnten, wie das Leben dort aussehen könnte;
- erste Überlegungen zur Projektökonomie.

Dieses Visionspapier macht konkret, was die Gründungsgruppe will, und gibt so eine Richtung vor. Es skizziert einen Lebensentwurf und motiviert Menschen, die Ähnliches wollen, sich der Gruppe anzuschließen. Allerdings ist so ein Visionspapier eines nicht: nämlich eine klare Aussage, was in dem Projekt geschehen wird und was nicht. In der Regel werden selten alle aufgezählten Elemente wirklich realisiert, gleichzeitig kommen andere hinzu, an die die Gründungsgruppe nicht dachte. Daher reicht das Visionspapier allein nicht aus, um wirklich Orientierung für das Projekt zu geben. Diese Elemente sind aber die erste, wichtige Grundlage, auf der sich die Gruppe zusammenfindet und die den gemeinsamen Traum bündelt. Auf dieser Grundlage wird dann alles andere erarbeitet.

Eine sehr schöne Methode, um diese Grundlage zu erarbeiten, ist der Traumkreis, der aus dem »Dragon Dreaming« stammt (»Dragon Dreaming« wird in einem späteren Kapitel ausführlicher vorgestellt.).

METHODE

Methodenbeispiel: Traumkreis

aus dem Dragon Dreaming

Der »Traumkreis« (»Dreaming Circle«) ist eine Methode aus dem Projektplanungsansatz »Dragon Dreaming«. Er ist ein hervorragender Weg, um den ersten Schritt zur gemeinsamen Formulierung der Intention zu gehen.

John Croft, der Entwickler des Dragon Dreaming, nennt den Traumkreis »das Ostern des Projektes«. Es ist jener Moment, in dem ein Projekt als das Projekt eines Einzelnen stirbt und als Projekt der Gruppe wieder aufersteht. Das ist ein wichtiger Moment in der Startphase eines Projektes. Ohne einen derartigen Moment bleiben Projekte häufig die Projekte Einzelner mit ein paar »Mitmachern«, jedoch ohne weitere Menschen, die auch wirklich Verantwortung übernehmen.

Idealerweise lädt die initiierende Person eine Gruppe von sechs bis zwölf Menschen ein, die Interesse an dem Projekt haben könnten und verschiedene Qualitäten mit einbringen.

Setting: Etwa sechs bis 15 Personen sitzen im Kreis.
Benötigtes Material: Flipchart und Stifte, Redestab oder Redestein

Ablauf:

Der/die Einladende begrüßt die Teilnehmenden.

»Wir sitzen hier zusammen, weil wir gemeinsam ein Projekt entwickeln wollen, das …« (Kurzeinführung in das, was bis jetzt geplant ist, maximal 5 Minuten.)

»Wir wollen nun unseren gemeinsamen Traum von diesem Projekt entwickeln. Dazu bitte ich euch, folgende Frage zu beantworten:

Was müsste das Projekt umfassen, damit du in zwei Jahren sagen kannst: Mich für dieses Projekt zu engagieren war das Beste, was ich in diesen zwei Jahren getan habe!

(Es müssen nicht zwei Jahre sein; es kann auch ein anderer realistischer Zeithorizont genannt werden, in dem Ergebnisse sichtbar sind.)

- ▹ Wir werden dafür einen **Redestab** kreisen lassen, es spricht stets nur die Person, die den Stab hat.
- ▹ Ich möchte euch bitten, **jedes Mal**, wenn ihr den Stab habt, kurz **einen** Aspekt beizutragen – wenn euch in dem Moment keiner einfällt, gebt den Stab einfach weiter. Der Stab wird mehrfach kreisen, bis alle Ideen ausgesprochen sind. Ihr habt also genug Gelegenheit, alle Ideen beizutragen.
- ▹ Um einen gemeinsamen Traum entstehen zu lassen, ist es wichtig, dass die Ideen »kreisen«, also **weder lange Pausen entstehen noch jemand lange Monologe hält**.
- ▹ Und bitte, bringt nur Aspekte ein, für die ihr auch **bereit seid, euch zu engagieren**, keine Aspekte der Kategorie »Jemand sollte mal …«.
- ▹ Während des Traumkreises wird **nicht diskutiert, im Traum können alle Aspekte nebeneinanderstehen**. Jeder Traum ist heilig. Der Aspekt zu schauen, ob alles zusammenpasst, kommt später.«

Jemand, der erfahren ist, die Essenz der Beiträge herauszufiltern, und zügig lesbar schreiben kann, schreibt die Essenz jedes Beitrags auf – mit Namenskürzel der Person, die den Beitrag leistet.

Wichtige Hinweise für die Person, die moderiert:
Wichtig für das Gelingen der Magie des Traumkreises sind folgende Punkte:

1. Der/die **Projektinitiator:in liefert den ersten Beitrag**, indem er/sie mitteilt, was ihm/ihr am wichtigsten ist.
2. Die Beiträge sind **kurz und knackig**.
3. **Auch bei kontroversen Beiträgen kommt an diesem Punkt keine Diskussion auf.** Wir sind in der Traumphase. Im Traum passen auch widersprüchliche Dinge zusammen. Zu einem späteren Zeitpunkt wird sortiert werden müssen. Kein Traum ist »falsch«, jeder Traumbeitrag wird stehen gelassen.
4. Jede:r sollte bereit sein, für die Realisierung des eigenen Traumes auch die **Verantwortung zu übernehmen**. Ein Traum darf nicht durch Aspekte überfrachtet werden, die andere realisieren müssten, sondern es sollten nur Aspekte eingebracht werden, für die ich mich auch engagieren werde.

5. **Die richtige Person zum Schreiben zu wählen.** Der Prozess sollte nicht durch lange Nachfragen und Hin- und Herformulierungen des Aufgeschriebenen verlangsamt werden.
6. Die Gruppe sollte in einen Flow kommen, in dem **verschiedene Dimensionen des Projektes deutlich werden.** Meist entsteht dies von selbst. Falls die Gruppe sich allzu sehr an einer Dimension festhält, ist es gut, vonseiten der Vorbereitenden Aspekte zu den fehlenden Dimensionen einzubringen, wie Beiträge zum Miteinander in der Gruppe, zum Verhältnis zur Gesellschaft, zu ökonomischen Faktoren, zur Entscheidungsfindung ...

Nach etwa einer Stunde läuft ein Traumkreis meist von selbst aus. Idealerweise wird der Kreis laufen gelassen, bis der Stab einmal kreist, ohne dass etwas hinzugefügt wird. Doch manchmal zieht ein Traumkreis sich, sodass die moderierende Person ansagen sollte: »Dies ist jetzt die letzte Runde!«

Wie geht's dann weiter?

Bei diesem Treffen sollte der Traumkreis genau so, wie er entstanden ist, stehen gelassen werden. Alle Träume sind heilig – es gibt kein »richtig« oder »falsch«.

Bei einem nächsten Treffen ist es wichtig zu überlegen, ob es ernsthafte Unvereinbarkeiten im Traumkreis gibt. Oft lassen sich Unvereinbarkeiten auflösen, indem die Träume geringfügig anders formuliert werden. Es kommt auch vor, dass eine Person, die beim Traumkreis noch dabei war, beim nächsten Mal schon nicht mehr dabei ist. Die Träume, die jemand eingebracht hat, der/die nicht mehr dabei ist, müssen vom Rest der Gruppe nicht beibehalten werden.

Manchmal gibt es keinen Weg, Träume zusammenzubringen, wie etwa: »keine Hunde im Projekt« und »Zusammenleben mit Hunden« oder »veganes Projekt« und »Grillpartys mit Steaks«. Dann ist es wichtig, bei einem nächsten Treffen diese Themen anzusprechen und zu prüfen, ob es einen Weg gibt, dass diese beiden Positionen in einem Projekt realisierbar sind, oder ob sich aus diesem einen Traumkreis zwei Projekte entwickeln, die Unterschiedliches wollen. Dies ist kein Scheitern, sondern eine Projektvervielfältigung!

Nachdem etwaige Unvereinbarkeiten geklärt sind, kann der Traumkreis thematisch sortiert werden und als Grundlage für die Formulierung des Visionspapiers und der Essenz des Projektes dienen.

4.2 Die »Essenz des Projektes«

Projekte, deren Mitglieder in der Lage sind, die Ausrichtung des Projektes in wenigen Worten zu beschreiben – und sich darin einig sind! –, haben eine deutlich größere Erfolgschance als Projekte, deren Essenz nicht klar formuliert ist. Diese Einsicht proklamiert Diana Leafe-Christian, eine von mir sehr geschätzte US-amerikanische Beraterin von Lebensgemeinschaften und Autorin des Buches *Creating a Life together*.

Lange Visionspapiere sind wichtig, aber sie enthalten so viele Punkte, dass daraus nicht deutlich wird, was die Essenz des Projektes ist. Und wenn den einen ganz andere Punkte wichtig sind als den anderen, kann dies später zu Schwierigkeiten führen. Meistens sind die Ziele recht vage und utopisch geschrieben (zum Beispiel niedriger ökologischer Fußabdruck), und es ist nicht klar, ob erwartet wird, dass sie zu 100 Prozent erfüllt werden, oder ob erwartet wird, dass das Projekt sich dieser Richtung annähert, und 50 Prozent schon gut sind.

Um zu testen, ob die Essenz des Projektes klar ist, kann man die Projektmitglieder fragen: »Erzähl mir in zwei Sätzen: Was wollt ihr hier realisieren?« In manchen Projekten gibt es auf diese Frage eine klare Antwort in verschiedenen Variationen, in anderen gibt es darauf 20 grundverschiedene Antworten.

Eine wichtige Aufgabe bei der Formulierung der Intention ist es daher, das Projektziel in wenigen Sätzen (maximal 20 bis 40 Worte) zu formulieren. Diese Sätze sollten für das Projekt so lebendig sein, dass jedes Projektmitglied auf die Frage »Was wollt ihr eigentlich hier?« mit diesen Sätzen antworten wird.

Die formulierte Essenz des Projektes ist wie eine Linse, unter der alle Pläne und Unternehmungen der Gemeinschaft betrachtet werden: Passen sie dazu? Es können problemlos Ideen neu aufgenommen werden, die nicht im langen Visionspapier stehen, aber es sollten keine Unternehmungen begonnen werden, die der Essenz des Projektes widersprechen.

In der französischen Sprache hat sich hierfür die Bezeichnung »Raison d'être« eingebürgert. Der Grund des Seins des Projektes, der Grund, warum das Projekt existiert.

Diese kurze Zusammenfassung des Projektzieles hat auch eine wichtige Funktion für die Menschen, die ein Projekt anziehen will. Wenn diese Essenz klar ist, werden nur Menschen zum Projekt hinzustoßen, die sich genau davon angezogen fühlen. Trotzdem braucht es zusätzlich eine klare Formulierung der Eckpunkte.

4.3 Die Eckpunkte – wo sind die Grenzen, und wo ist Vielfalt gewünscht?

Das Visionspapier zeigt die Ausrichtung, und die »Essenz des Projektes« fasst das Projektziel in wenigen Sätzen zusammen. Beides sind wichtige, motivierende Punkte, um die Intention eines Projektes bewusst zu machen.

Im praktischen Alltag gibt es noch eine dritte Form, die Konturen eines Projektes bewusst zu machen, die sehr wichtig ist und vielen Konflikten vorbeugt: die klare Formulierung von Eckpunkten.

Eckpunkte sind die Punkte, die für die Gründungsgruppe nicht verhandelbar sind. Hier geht es nicht darum, eine bestimmte Richtung anzustreben, sondern dass unabdingbar ist, diese Punkte wirklich umzusetzen. Denn hier zeigt sich die besondere Charakteristik des Projektes. Dies ist auch die Stelle, an der sich erbitterte Auseinandersetzungen zwischen Menschen entzünden können, auch wenn sie zunächst dachten, eine ähnliche Ausrichtung zu haben.

Fast alle Projekte, die ich kenne, teilen durchaus ähnliche Intentionen, und doch sind sie in entscheidenden Punkten sehr unterschiedlich. Im Folgenden nenne ich ein paar Themen, die meiner Erfahrung nach als Eckpunkte infrage kommen.

Tiere

Bei vielen Projekten ist ein Zusammenleben mit Tieren gewünscht. Auch hier sind die Umsetzungsmöglichkeiten sehr divers: Leben mit Tieren kann einen Gnadenhof beinhalten, auf dem alle Tiere bis an ihr natürliches Lebensende glücklich leben dürfen und die Hunde und Katzen vegan gefüttert werden. Es kann eine Selbstversorgerlandwirtschaft mit

Schlachttieren sein. Wenn mit Tieren zusammengelebt werden soll, sind Hunde und Katzen meist erwünscht – doch daraus ergibt sich die nächste Frage: Wo sind sie erwünscht? Freilaufend auf dem Gelände, in der Gemeinschaftsküche, in den Gemeinschaftsräumen? Wo sind die Grenzen?

Fragen zur Tierhaltung im Vorhinein konkret festzulegen, damit jede:r, der oder die sich für das Projekt entscheidet, weiß, worauf er oder sie sich einlässt, erspart einer Gemeinschaft erfahrungsgemäß sehr viele Konflikte.

BEISPIEL

Die Themen »Tierhaltung« und »Vegane Ernährung« im Ökodorf Sieben Linden

Das Projekt Sieben Linden wurde mit einer starken Vision von Ökologie und Selbstversorgung gegründet. Doch wurde es versäumt festzulegen, wie mit Tierhaltung und Ernährung mit tierischen Produkten umgegangen wird. Im ersten Logo des Projektes waren zwar eine Kuh und ein Windrad zu sehen, aber die Texte des Projektes gaben keine Hinweise auf die Frage, wie mit Tierhaltung und dem Konsum tierischer Produkte umgegangen werden soll. Unter anderem stand dort aber »Einheit in der Vielfalt«. So sammelten sich unter dieser schönen Vision sowohl Veganer:innen wie überzeugte Wenig-Fleischesser:innen, die Gemeinschaftsküche war von Anfang an vegetarisch, weil alle sich einig waren, dass wenig tierische Produkte zu konsumieren sinnvoll ist.

Als dann die Realisierung des Dorfes voranschritt, wurde die Frage nach der Tierhaltung und der Ausrichtung der Ernährung immer stärker zu einem Konfliktpunkt, der das Dorf zu spalten drohte. Beide Seiten sahen ihre Vision von dem Dorf bedroht, für das sie gearbeitet hatten. Für die Veganer:innen war es unvorstellbar, dass in der Gemeinschaft, in der sie leben, Tiere getötet werden. Ihre Vision war ein veganes Dorf, und sie waren der irrigen Ansicht, dass diejenigen, die jetzt noch tierische Produkte aßen, irgendwann damit aufhören wollten. Für manche Vegetarier:innen stimmte das sogar. Aber längst nicht für alle.

Die bewussten Konsument:innen tierischer Produkte sahen ihre Vision von einer Selbstversorgung mit tierischen Produkten und einer Gemeinschaft, in der es keine Verurteilung ihres Lebensstils gäbe, davonschwimmen. Diese Situation führte zu einer immer stärkeren Spannung. Jedes Stückchen Käse wurde kommentiert.

Als eine Gruppe mit einem tadschikischen Gast Biofleisch grillen wollte – extra im Gemüsegarten, um keine Nachbar:innen mit Grillgeruch zu stören –, kam es zu einer internen Demonstration gegen diese Party.

Als die Spannungen immer stärker wurden, beschlossen wir, eine unserer Intensivzeiten (sechs Tage mit Forum und vielen anderen Methoden mit externer Begleitung) diesem Thema zu widmen. Begleitet durch erfahrene Forumsleiter:innen, tauchten wir über mehrere Tage lang ein in unsere Werte und Sichtweisen auf die Themen Tiere töten, Tod, natürliche Kreisläufe und Ökologie. Wir erzählten uns, was uns geprägt hatte und wie wir zu den Sichtweisen kamen, die wir heute haben. Wir teilten, was uns wichtig ist.

In dieser Woche gelang uns die Verständigung. Wir konnten nach der Woche sagen: »Ja, du hast eine grundsätzlich andere Ethik als ich, aber wir urteilen nicht über die Ethik des anderen, sondern wir schätzen uns und wollen weiterhin miteinander leben. Hier begegnen sich unterschiedliche Weltsichten. Und wollten wir nicht ein Beispiel für ein friedliches Miteinander von Weltsichten sein?«

Auf dieser Basis war es möglich, einen gemeinsamen Beschluss zu fassen (hier gekürzt wiedergegeben): Sieben Linden ist ein Dorf, in dem Menschen, denen eine vegane Lebensweise wichtig ist, und Menschen, die bewusst etwas Fleisch oder tierische Produkte essen, zusammenleben. Diese Spannbreite unterschiedlicher Sichtweisen und Gefühlswelten gilt es auszuhalten. Sie ist ein wahrer Test unserer Bereitschaft, andere Menschen zu respektieren und zu achten, auch wenn sie andere Weltbilder haben. Um weiterhin friedlich und entspannt miteinander leben zu können, verabreden wir:

1. Sieben Linden ist kein veganes Dorf und wird auch kein veganes Dorf werden.

2. In Sieben Linden werden nur Tiere gehalten, denen wir ein gutes Leben bis an ihr natürliches Lebensende garantieren können.

Ernährung

Das Gleiche gilt für die Ernährung, falls es eine gemeinsame Essensversorgung oder auch nur gelegentliche gemeinsame Mahlzeiten gibt. Was ist der Standard in der gemeinsamen Ernährung? Das Spektrum in den mir bekannten Gemeinschaften reicht von »Wir wollen keinerlei Dogmatismus in Sachen Ernährung – alle können alles essen, und bei gemeinsamen Mahlzeiten wird nicht extra auf besondere Ernährungsgewohnheiten geachtet, das wäre zu viel Arbeit!« über »Bei gemeinsamen Mahlzeiten wird gekennzeichnet, was nicht vegan/vegetarisch/glutenhaltig (oder mit anderen Allergenen behaftet) ist, damit auch Menschen mit besonderen Essensgewohnheiten entspannt mitessen können« und »Gemeinschaftsverpflegung ist vegetarisch (oder vegan oder makrobiotisch oder rohköstlich oder instinkto oder ...), Ausnahmen in Privaträumen sind möglich« bis hin zu »Wir sind eine vegane (rohköstliche, makrobiotische ....) Gemeinschaft, und auf unserem Gelände wird nur vegan (rohköstlich, makrobiotisch ...) gegessen!«. Frühzeitige Festlegungen ersparen hier viele Frustrationserlebnisse.

Ökologie

Was bedeutet ein ökologisch-nachhaltiger Lebensstil? Für die einen bedeutet es, sich niemals in ein Auto zu setzen, geschweige denn in ein Flugzeug, auf einem alten und günstig gekauften Bauernhof mit einem Kaminofen zu leben und sich selbstversorgt mit einem kleinen Hof mit Gartenbau sowie Ziegen und Hühnern zu ernähren. Für die anderen bedeutet es, mit dem Fahrrad zur Arbeit zu fahren, im Bioladen ausschließlich vegan einzukaufen und die jährlichen Flugreisen zum Meditationsretreat nach Bali mit atmosfair zu kompensieren. Die Dritten wiederum bauen sich ihr eigenes Windrad und ihre eigene Komposttoilette, verwerten die Abfälle der Supermärkte und fahren überall mit ihrem alten Dieselauto hin.

Wenn die Gründungsgruppe für sich in irgendeinem Punkt einen Mindeststandard als ökologischen Lebensstil setzen will, dann sollte sie es in der Ausrichtung formulieren. Natürlich kann auch die Offenheit für Vielfalt und es auszuhalten, dass es verschiedene Interpretationen davon gibt, ein Eckpunkt sein.

Eine wichtige Detailfrage zum ökologisch-nachhaltigen Lebensstil ist für manche Menschen der Umgang mit Strahlung und Elektrosmog. Sollen WLAN und Handynutzung eingeschränkt werden, oder sind sie überall okay?

Finanzielle Beteiligung

Was verstehen die Menschen genau unter »ein solidarischer Umgang mit Geld« (falls der zur Vision gehört)? Für die einen bedeutet es, alle Einnahmen und alles Kapital zusammenzulegen und eine gemeinsame Ökonomie zu starten. Für die anderen bedeutet es, dass Lösungen für Menschen mit weniger Kapital gefunden werden, wie sie trotzdem im Projekt leben können, zum Beispiel als Mieter in einer Eigentümergemeinschaft. Hierzu werde ich später im Kapitel »Umgang mit Geld und Arbeit im Projekt« noch weiter in die Tiefe gehen.

Partizipation

Wie viel ehrenamtliches Engagement wird erwartet? Gemeinschaftliche Projekte entstehen nicht ohne sehr hohes Engagement. Sollen nur Menschen aufgenommen werden, die die Kapazität haben, viel zur Projektrealisierung beizutragen? Dann fallen manche Zielgruppen komplett raus, zum Beispiel berufstätige Alleinerziehende mit kleinen Kindern, Menschen, die gerade ein Start-up gegründet haben, für das sie 60 Stunden pro Woche arbeiten, oder Menschen mit eingeschränkter Kraft.

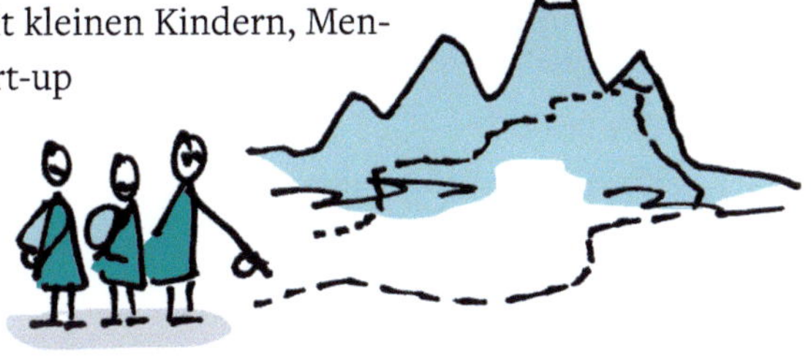

Für die Vorgründungsphase empfehle ich, wirklich ein Mindestengagement festzulegen, zum Beispiel: Wir laden Menschen ein, die bereit und fähig sind, mindestens ... Stunden pro Woche (... Tage im Monat) in die Vorbereitung des Projektes zu investieren.

Im Laufe eines Lebens schwankt die Zeit, die Menschen für ehrenamtliches Engagement haben, gewaltig. Für die Phase des Zusammenlebens, die idealerweise über Jahrzehnte gehen soll, braucht es daher eine flexiblere Herangehensweise, die inklusiver ist.

Achtsamkeit

Achtsamkeit ist ebenfalls ein Wert, den fast alle Projekte in ihrer Ausrichtung formulieren. Für mich selbst ist es die ethische Basis meines Gemeinschaftskompasses.

Aber auch hier habe ich schon die interessantesten Auslegungen gehört, welche No-Gos der Wert Achtsamkeit beinhaltet. Für den einen war vollkommen klar, dass mit dem Wert Achtsamkeit festgelegt ist, dass es in Gemeinschaftsräumen nie Musik aus der Konserve gibt, für die Nächste, dass es den Gruppenwerten widerspricht, wenn bei einem Treffen jemand laut wird, für die dritte Person bedeutet Achtsamkeit, dass niemand je eine leer getrunkene Tasse irgendwo stehen lässt.

Der Wert der Achtsamkeit beinhaltet, nach einem achtsamen Umgang miteinander, mit anderen und der Welt zu streben, sowie die Annahme dessen, was ist. Da Achtsamkeit nicht beinhaltet, dass alle Menschen zu Heiligen werden, sollte sich eine Initiativgruppe darüber austauschen, was ihnen beim Thema Achtsamkeit besonders wichtig ist, und Gemeinsamkeiten festhalten. Vielleicht wird dann aus »keine Musik aus der Konserve in den Gemeinschaftsräumen« die Festsetzung »Musik aus der Konserve stets nur so, dass sie nur von den Menschen gehört wird, die sich bewusst dafür entschieden haben. Für Feste gibt es Ausnahmen mit klaren Endzeiten«. Für viele Projekte wäre diese Festlegung zwar viel zu kleinteilig, um als Eckpunkt zu gelten, aber Eckpunkte sind ein wichtiger Teil dessen, was Projekte einzigartig macht.

Kindererziehung

Sehr viele Projekte zitieren gern den Satz von Sobonfu Somé: »Es braucht ein ganzes Dorf, um ein Kind zu erziehen!« Gemeinschaftsleben ist ein wunderbarer Rahmen, in dem Kinder aufwachsen können. Aber auch hier ist es sinnvoll hinzuschauen, was gemeinsam gewünscht ist. Wie stark dürfen Nichteltern sich in die Erziehung der Kinder anderer einmischen? Wie viele Regeln gibt es für Kinder (und Erwachsene) in gemeinschaftlichen Räumen? Von wem und wie darf von Kindern eingefordert werden, dass sie sich daran halten?

Individuelle Unterschiede in Erziehungsstilen wird es immer geben, und sie können auch eine Bereicherung für Kinder sein. Für die gemeinschaftlichen Räume und den Umgang in der Umsetzung mit Regeln sollte es jedoch gemeinsame Festlegungen geben.

Auch die Frage, wann Kinderlärm als freudiges Zeichen der Lebendigkeit gesehen wird und wo es wichtig ist, auch einmal für Ruhe zu sorgen und zum Beispiel ruhigere Außenräume zu schaffen, sollte frühzeitig erörtert werden.

Für Projekte, die in Ländern ohne Schulpflicht umgesetzt werden, sei darauf hingewiesen, dass das Zusammenleben von Familien von Freilernern und Familien, deren Kinder zur Schule gehen, vieles schwieriger macht, da es auf einmal nicht mehr selbstverständlich ist, dass Kinder morgens früh aufstehen und in die Schule gehen müssen. Dieser Umstand stellt eine neue Herausforderung für die Eltern dar, die der Überzeugung sind, ihre Kinder müssten in die Schule.

Spiritualität oder gemeinsame Lehrer:innen

Sollte ein Projekt eine gemeinsame spirituelle Ausrichtung oder eine/n gemeinsame/n Lehrer:in haben, deren Lehren für die Gemeinschaft Gültigkeit besitzen, ist dies natürlich ebenfalls ein wichtiger Eckpunkt, der transparent kommuniziert werden sollte.

Politische Ausrichtung

Ebenso sollte die politische Ausrichtung eines Projektes bedacht werden. Viele denken, es sei mit Achtsamkeit, Ökologie und Nachhaltigkeit doch alles gesagt.

Aber schon bei Ökologie gibt es in einer gemeinschaftsinteressierten Subkultur viele Menschen, die den menschengemachten Klimawandel anzweifeln. Hat die Gruppe dazu eine eigene klare Position? Dann ist es sinnvoll, diese explizit festzuhalten.

METHODE

Gemeinsame Festlegung von Eckpunkten

aus: Diana Leafe-Christian, *Creating a Life Together*

Diese Übung unterstützt Gruppen dabei herauszufinden, wie die Haltungen in einer Gruppe zu bestimmten besonders kritischen Punkten wirklich sind. Sie ist ein Weg, zunächst ganz ohne Gruppendruck die eigene Haltung zu formulieren und diese dann mit der Haltung der Gruppe abzugleichen.

Immer wieder taucht das Phänomen auf, dass Themen, die jemand lautstark einbringt, als Gruppenkonsens abgenickt werden, weil niemand die Energie hatte, etwas entgegenzusetzen – obwohl die Mehrheit vielleicht gar nicht dafür ist. Manchmal äußern auch einzelne Menschen ihre abweichende Meinung nicht, nachdem bereits einige sich zustimmend geäußert haben. Um diese Fallen zu vermeiden, werden hier die potenziellen Eckpunkte zunächst anonym bewertet.

Die moderierende Person schreibt die Punkte, die zur Diskussion stehen, auf ein Flipchart und lässt daneben Platz für eine Sammlung von Stimmen auf einer Skala von 1 bis 10 (1 = stimme überhaupt nicht zu, 10 = stimme voll und ganz zu).

Verbindliche Eckpunkte?! (1-10)

· Keine Privatautos	5, 7, 8, 2, 9, 10, 6, 9, 10, 3	
· Fliegen nur in Ausnahmen	8, 4, 9, 10, 6, 8, 9, 10, 9, 8	
· Offen für Vielfalt	8, 9, 10, 10, 8, 10, 8, 7, 9, 10	✓
· 99% Bio-Essen	8, 10, 9, 10, 9, 8, 9, 10, 7, 9	✓
· Bewusster Konsum	7, 10, 8, 9, 10, 9, 10, 10, 8, 8	✓
· (Fast) kein WLAN & Handy	2, 5, 8, 10, 10, 3, 9, 10, 4, 2	
· Auf die eigene Seite des Konfl. schauen	9, 10, 10, 9, 8, 10, 9, 8, 9, 10	✓
· Finanz. Solidarität	3, 9, 10, 8, 7, 9, 8, 9, 10, 7	
· Mind. 1 Stunde Mit-Arbeit	8, 9, 10, 7, 8, 9, 8, 7, 9, 10	✓
· Beteiligung an gem. Aktivitäten	7, 9, 10, 8, 9, 10, 9, 8, 9, 9	✓

Dann werden alle Gruppenmitglieder gebeten, ihre Haltung zu den verschiedenen Punkten anonym auf einem Blatt Papier zu notieren. Diese Blätter werden eingesammelt und die Zustimmung auf dem Flipchart ausgewertet.

Dieser erste Schritt ist **bewusst anonym, ohne dass die Menschen sehen, wie die anderen Gruppenmitglieder abstimmen.** Hier geht es darum, dafür zu sorgen, dass ein Statement ohne Gruppendruck und Beeinflussung durch andere Gruppenmitglieder abgegeben wird. Die Zettel werden eingesammelt und die Ergebnisse auf dem Flipchart veröffentlicht. Im nächsten Schritt wird offen darüber gesprochen, warum Menschen welche Wertung abgegeben haben. Eckpunkte sollten nur Punkte werden, bei denen **alle** eine starke Zustimmung ausgedrückt haben.

Punkte, bei denen es eine größere Streuung in der Gruppe gibt, sind ganz offensichtlich nicht dafür geeignet, Eckpunkte zu werden.

Wenn es Punkte gibt, bei denen eine Partei stark von der Meinung des Restes der Gruppe abweicht, sollten sich alle Seiten fragen: »Was bedeutet das für uns?« Manchmal sind es nur unterschiedliche Verständnisse eines Wortes, und manchmal verbergen sich tief greifende Unterschiede hinter den unterschiedlichen Bewertungen. Im Gespräch lässt sich meist klären, ob sich die Divergenzen ausräumen lassen.

Wenn nicht, hat diese Übung einen großen Erkenntnisgewinn gebracht: Hier gibt es klare unterschiedliche Haltungen, dies kann mit dieser Zusammensetzung dieser Gruppe kein Eckpunkt werden!

Daran anschließend, stellt sich die Frage, ob die Menschen, denen der Eckpunkt wichtig ist, bereit sind, diesen Punkt fallen zu lassen, um die eine Partei zu integrieren. Manchmal entscheidet sich an diesem Punkt auch, dass es sinnvoller ist, dass die Gruppe ohne die Partei mit der abweichenden Meinung weitergeht.

Darüber hinaus gibt es völkische Strömungen, die großes Interesse an Gemeinschaften haben und eine starke ökologische Ausrichtung besitzen. Daher ist es empfehlenswert, zu den politischen Eckpunkten auch eine Positionierung zu Vielfalt und Migration zu formulieren, um nicht später festzustellen, dass unter scheinbar denselben Selbstverständlichkeiten sehr unterschiedliche Auslegungen verstanden werden.

Vereinbarung für den Konfliktfall

Zu den Eckpunkten gehört eine unterschriebene Vereinbarung, wie die Mitglieder im Falle eines Konfliktes miteinander umgehen.

Die Bereitschaft, Konflikte konstruktiv anzugehen und sich im Konfliktfall auf ein begleitetes Gespräch einzulassen, darf von allen Gemeinschaftsmitgliedern erwartet werden. Wenn ein solches Gespräch früh genug stattfindet, kann auf diese Weise in der Regel eine Lösung gefunden werden, die zumindest ein weiteres Zusammenleben ermöglicht, auch wenn sie nicht alle Wünsche verwirklicht. Wenn dies zu lange verschleppt wird, können sich Konflikte hochschaukeln. Was geschieht, wenn keine konstruktive Konfliktklärung mehr möglich ist? Auch hierfür sollte Vorsorge getroffen werden.

Eine klar formulierte Schlichtungsvereinbarung (siehe Anhang), die von allen unterzeichnet wird, schafft hier Klarheit und trägt in der Regel dazu bei, dass es nicht bis zur heftigsten Eskalationsstufe kommt. Ich kenne keine Fälle, in denen so eine Schlichtungsvereinbarung bis vor das Schiedsgericht gebracht wurde, aber mehrere Fälle, in denen Projektmitglieder vor Gericht zogen, weil es keine Schlichtungsvereinbarung gab.

Zusammenfassung Eckpunkte

Ich zähle in diesem Kapitel einige Punkte auf, bei denen meine Erfahrung gezeigt hat, dass es sinnvoll ist, vorher klare Verabredungen zu treffen. Im Buch *Creating a Life together* nennt Diana Leafe-Christian diese Punkte die »non-negotiables«, die nicht zu verhandelnden Punkte. Sie schlägt aus ihrem kulturellen Hintergrund noch einige andere Punkte vor, zum Beispiel Themen wie Nacktheit, Hausordnung oder Drogen.

Im Endeffekt muss jede Gruppe für sich entscheiden, was sie klar festlegen möchte. Diese Festlegungen sind die ganz besondere Charakteristik jeder Gemeinschaft.

Zu den Eckpunkten zählen alle Themen, die der Gründungsgruppe so wichtig sind, dass »weitgehend« oder »möglichst« nicht ausreichen, sondern es geht darum, dass die Eckpunkte gemeinsam festgelegter Standard sind. Menschen, die sich etwas anderes wünschen, sollten sich eine andere Gemeinschaft suchen. Auch dann sind Ausnahmen möglich, aber Ausnahmen dazu müssen im Einzelfall klar abgesprochen und beschlossen werden.

Übrigens kann auch »Vielfalt« ein wichtiger Eckpunkt sein. Gerade zum Thema »Ernährung« macht es meiner Erfahrung nach Sinn, die Vielfalt explizit als Eckpunkt zu benennen, wenn keine Festlegung getroffen werden soll.

Ein anderer Eckpunkt für die Vorgründungsphase, der mehr mit konkreten Erfordernissen als mit Werten zu tun hat, ist die Frage, wo ein Projekt realisiert werden soll. Hierzu im Kapitel »Praxis« mehr.

Die vorgestellte Methode zur gemeinsamen Festlegung von Eckpunkten beugt Überraschungen vor. Denn wenn nur verbal über Eckpunkte gesprochen wird, kann es geschehen, dass auf einmal der eine oder andere Eckpunkt auftaucht, der nur von einer Person oder wenigen wirklich gewollt wird und vielen nicht wichtig ist, aber auch nicht abgelehnt wird. Dann empfehle ich, diesen Punkt nicht als Eckpunkt zu nehmen! Eckpunkte sollten wirklich einem Großteil der Gruppe wichtig sein, sonst sind sie nicht langfristig beständig.

4.4 Austausch über Werte

Die Basis des Aspektes »Intention« sind die Werte, auf denen eine Gemeinschaft aufbaut. Diese Werte sind es, die uns motivieren, bestimmte Ziele ins Auge zu fassen und bestimmte Eckpunkte zu setzen. Sie stehen hier an letzter Stelle, da sich in der Praxis herausgestellt hat, dass eine Liste von gemeinsamen Werten allein weder Verbindung noch Klarheit schafft, während Formulierungen wie die oben genannten in der Praxis hilfreicher sind.

Doch die Werte durchdringen alle bis jetzt genannten Punkte: In den Visionspapieren sind in der Regel Werte verankert, die kurz formulierte Essenz greift explizit einige wenige Werte heraus, die gemeinsam als besonders wichtig hervorgehoben werden. Die Eckpunkte zeigen, wie Werte in diesem konkreten Projekt umgesetzt werden.

Sich als Gruppe über die Werte auszutauschen, die uns besonders wichtig sind, zu beschreiben, was wir darunter verstehen und wie wir sie leben wollen, ist ein wichtiger gemeinschafts- und bewusstseinsbildender Prozess. Dieser Austausch schafft ein tieferes Verständnis und eine tiefere Verbundenheit. Erst auf der Basis dieses Austausches über Werte können die obigen Punkte sinnvoll festgelegt werden.

4.5 Der Blick auf die Intention ist auch für bestehende Projekte wichtig

Sich darüber auszutauschen, was das Besondere ist, das dieses Projekt charakterisiert, ist eine grundlegende Arbeit in der Gründungsphase. Daher wurden bis jetzt vor allem Themen genannt, die für Gründungsgruppen relevant sind.

Doch die besten Dokumente und Festlegungen über die gemeinsame Ausrichtung nutzen nichts, wenn sie im Projektalltag nicht lebendig gehalten werden. Deshalb ist die Beschäftigung mit der Intention nicht nur etwas für Gründungsgruppen, sondern jede bestehende Gruppe sollte sich mindestens einmal im Jahr Zeit nehmen, bewusst einen Blick auf die Intention und ihre gelebte Lebensrealität zu werfen. Folgende Fragen können dabei besprochen werden: Was war die Intention, mit der wir gestartet sind? Sind wir noch auf dem richtigen Weg dorthin? Was haben wir gelernt? Wollen wir weiterhin in diese Richtung gehen, oder gibt es inzwischen Entwicklungen, die uns dazu bringen, eine Kurskorrektur in Erwägung zu ziehen? Welche Ziele und Qualitäten sind uns wichtig, erreichen wir sie auf diesem Weg, auf dem wir gerade sind, oder sollten wir ihn anpassen? Braucht es neue Aktivitäten? Braucht es eine Reflexion unserer Festlegungen? Sind uns weitere Punkte deutlich geworden, die wir als Eckpunkte festlegen wollen? Welche Ziele verfolgen wir mit Priorität, welche stellen wir zurück?

Die grundlegenden Ziele und Eckpunkte sollten nicht leichtfertig jedes Jahr geändert werden. Dennoch ist es sinnvoll, nach einigen Jahren zu reflektieren, ob die Qualitäten, die erreicht werden sollten, wirklich mit diesen Eckpunkten erreicht werden können oder ob es vielleicht eine Veränderung braucht.

In einem späteren Kapitel werde ich die Soziokratie als eine empfehlenswerte Entscheidungsstruktur für Gemeinschaften einführen. In der Soziokratie sind die formulierten Ziele des Projektes der Maßstab aller Entscheidungen. Einwände gegen Entscheidungen blockieren eine Entscheidung nur dann, wenn sie das Erreichen des formulierten Zieles behindern. Diese ständige Rückkopplung mit der formulierten Ausrichtung sorgt auch dafür, dass sie lebendig bleibt und dass auffällt, wenn sich etwas »überlebt« hat.

4.6 Zusammenfassung und praktische Tipps

Die Intention, mit der ein Projekt gegründet wurde, macht das Projekt einzigartig und besonders. Während (hoffentlich) alle Menschen, die dieses Buch lesen, die Grundwerte von Achtsamkeit gegenüber sich selbst, den Mitmenschen und der Welt teilen, können daraus sehr unterschiedliche Projekte entstehen.

Die Ausrichtung, die dem Projekt in der Verwirklichung dieser Werte gegeben wird, gibt dem Projekt seinen Charakter. Hierfür sind die Eckpunkte wichtig. Sie definieren die Frage, welche Ziele bei genau diesem Projekt verfolgt werden – so wie die eine Sportgruppe Fußball spielt und die andere Volleyball. Es ergibt wenig Sinn, als jemand, die begeistert Volleyball spielt, in eine Fußballmannschaft einzutreten und sich zu ärgern, dass nicht Volleyball gespielt wird. Besser ist es, gleich eine Volleyballgruppe zu suchen oder neu zu gründen. Auch wenn für beide Gruppen Sport und Teamgeist und sogar das Spielen mit einem Ball gemeinsame Werte sind, passen beide Gruppen dennoch nicht für alle Ballsportbegeisterten.

Für die Gründungsgruppe ist es eine wichtige Aufgabe, sich Zeit zu nehmen, die Ausrichtung des Projektes festzulegen. Der sehr persönliche Austausch über Werte, der gemeinsame Traum von einer Vision des Projektes, die Formulierung der Essenz und die Festlegung von konkreten Eckpunkten sind gleichzeitig sehr wichtig, um das Miteinander von Individuen in Gemeinschaft zu stärken, sich besser kennenzulernen und eine solide Basis für die Zukunft des Projektes zu schaffen. Daher sollte dem Bereich »Intention« in der Gründungsphase mit einer kleinen, ersten Kerngruppe viel Kraft gegeben werden.

Mein Tipp ist, diese Aufgabe mit einer kleinen Gruppe von drei bis acht Erwachsenen anzugehen, in deren Version es bereits einiges Verbindendes gibt. Wenn eine Einzelperson allein die Eckpunkte festlegt, kann daraus nur in den seltensten Fällen Gemeinschaft entstehen, da die Einzelperson dann allein die Deutungshoheit hat. In einer kleinen Gruppe werden die Eckpunkte so weit abgeschliffen, dass sie gemeinschaftstauglich werden. Gleichzeitig werden sie prägnant genug, dass das Projekt seinen ganz eigenen, unverwechselbaren Charakter bekommen kann.

5

Struktur – die Wirkung wird oft unterschätzt

Jedes Projekt hat Strukturen, selbst wenn gar nichts festgelegt ist. Es schleifen sich Abläufe ein, Dokumente werden an bestimmten Stellen abgelegt, es gibt regelmäßige und unregelmäßige Termine, Listen von Gruppenmitgliedern etc.

Diese Strukturen beeinflussen Projekte genauso stark wie formal festgelegte Strukturen – und sie sind schwieriger zu verändern! Daher ist es für alle Projekte wichtig, Strukturen bewusst zu betrachten und zu prüfen: Sind wir uns einig über unsere Definition unserer Strukturen? An welchen Stellen sind Diskussion oder neue Festlegungen nötig?

Strukturen haben eine starke Wirkung, sowohl auf das Miteinander von Individuen und Gemeinschaft wie auch auf den faktischen Erfolg des Projektes. Daher ist es wichtig, in der Projektgründungsphase einen Fokus auf die Entwicklung von zum Projekt passenden Strukturen zu legen und diese Strukturen immer wieder dem aktuellen Stand des Projektes anzupassen.

Strukturfragen haben viele verschiedene Dimensionen, die ich im Folgenden einzeln beleuchten möchte.

5.1 Entscheidungsfindung

Wie kommen wir zu Entscheidungen? Wer entscheidet was und wie? Dies sind die wesentlichen Strukturfragen. In jeder Phase des Projektes gibt es viele Entscheidungen zu treffen. Die Gruppe muss sich darüber im Klaren sein, wann sie zu einem Beschluss gekommen ist und wann nicht. Das klingt zunächst banal, aber ich habe schon mit vielen Gruppen gearbeitet, die auf die Frage »Wie entscheidet Ihr eigentlich?« nur ungenau antworteten: »Wir reden so lange, bis wir uns einig sind«, »Manchmal stimmen wir ab« oder »Manche Entscheidungen können Einzelne treffen, für große Entscheidungen braucht es das Plenum.« Diese Handhabung geht so lange gut, bis der erste handfeste Konflikt da ist. Dann kann das Projekt zerbrechen, wenn nicht ganz klar geregelt ist, wie Entscheidungen getroffen werden.

Die gängige Praxis in kleineren Gemeinschaftsprojekten ist, im Zweifelsfall alles im Konsens mit allen zu entscheiden. Ein solches Vorgehen entspricht dem Ansatz, alle mitnehmen und niemanden übergehen zu wollen. Es schafft viele wichtige Lernerfahrungen: Lange Konsensprozesse können eine Gruppe stärken, sie sorgen dafür, dass die Menschen sich mit all ihren Vorlieben und ihren Reaktionen, wenn es um das Loslassen von Lieblingslösungen geht, kennenlernen. Die aktive Beteiligung vieler Menschen bringt neue Ideen hinein.

Damit diese Entscheidungen gut gelingen, ist es wichtig, sich ein wenig mit Konsenstheorie zu beschäftigen: Denn Konsens heißt nicht, dass alle Menschen zu einer Lösung Hurra schreien und überzeugt sind, die beste Lösung für eine Frage gefunden zu haben. Konsens heißt, dass es kein Veto gibt. Ein Veto kann jemand aussprechen, der mit einer Entscheidung absolut nicht leben kann und im Falle einer Umsetzung der Entscheidung das Projekt verlassen würde. Dieses Veto, die Blockade eines Beschlusses, den der Großteil der Gruppe möchte, ist ein sehr schwerwiegender Schritt, und er erfordert eine Verantwortungsübernahme der Person, die das Veto einlegt.

Eine Gruppe entscheidet im Konsens, da es einen hohen Wert darstellt, wenn nicht eine Mehrheit über eine Minderheit bestimmt. Ein Veto kann aber bedeuten, dass eine Minderheit über eine Mehrheit bestimmt – was keine gute Alternative wäre!

Daher ist ein Veto stets mit der Verantwortung verknüpft, gemeinsam mit denen, die eine Veränderung wollen, zu überlegen, was es für Alternativen gibt. Konsensprozesse funktionieren nicht, wenn jemand sich auf sein Veto zurückzieht und nicht zu Gespräch und konstruktiver Suche nach einer Lösung, die alle Bedürfnisse einbezieht, bereit ist. Auch »kein

Beschluss« ist ein Beschluss, nämlich die Entscheidung, alles so zu lassen, wie es ist.

Das Wesentliche am Konsensprozess ist die Art, in der ein Beschlussvorschlag entwickelt wird. Denn hier wird aktiv danach gesucht, alle zu beteiligen. Der Prozess, wie es zu einer Entscheidung kommt, trägt maßgeblich dazu bei, dass der Beschlussvorschlag bei der eigentlichen Entscheidungsfindung auch wirklich »entscheidungsreif« ist.

Wir wollen in unseren Gemeinschaften Entscheidungen treffen, die aus einer kollektiven Intelligenz heraus getroffen werden und die möglichst viele Stimmen integrieren. Es ist daher sinnvoll, Entscheidungen mit Menschen, die unterschiedliche Positionen haben, gemeinsam zu erarbeiten und alle Bedenken zu hören und zu integrieren.

METHODE

Bewegliche Entscheidungsfindung

Ein Weg, sich einer Entscheidungsfindung anzunähern, ist, sich im Raum zu Vorschlägen zu positionieren.

Es braucht dazu genügend Platz und eine Festlegung, auf welcher Seite des Raumes ein klares »Ja« und ein klares »Nein« ist.

Dann können Beschlussvorschläge vorgestellt und die Menschen gebeten werden, sich dazu zu positionieren. Einige Stimmen zu den Positionen werden dann abgefragt.

So entsteht schnell ein Bild, wie die Gruppe zu Vorschlägen steht, das differenzierter ist als eine »Ja/Nein-Abfrage«.

Auch Hintergründe können abgefragt werden, wie zum Beispiel: »Wer teilt die Sorge, die XY geäußert hat?«

Durch Integration der Einwände der Menschen, die sich eher bei »Nein« positioniert haben, kann anschließend an dem Beschlussvorschlag gefeilt werden. Mit Fragen wie »Wenn wir diesen Gedanken ergänzen, wie würde sich eure Position verändern?« kann schlussendlich ein Konsens entstehen.

Dort, wo verschiedene Menschen mit verschiedenen Hintergründen zusammenkommen, wird es nicht immer Einigkeit über eine Entscheidung geben. Wie kann es dann weitergehen? Wenn nach einer konstruktiven Diskussion verschiedene ausgearbeitete Entscheidungsalternativen zur Auswahl stehen, ist das »Systemische Konsensieren« eine sinnvolle Herangehensweise.

METHODE

Systemisches Konsensieren

Das »Systemische Konsensieren« ist in Österreich in einer Schulinitiative von Erich Visotschnig und Siegfried Schrotta entwickelt worden. Bei diesem konsensnahen Prinzip gibt es jedoch nicht die Möglichkeit des Vetos eines Einzelnen. Es ist ein sehr einfaches Prinzip zur Abwägung zwischen verschiedenen Alternativen, in dem alle Stimmen mit ihrem Widerstand ernst genommen werden. Der Ablauf sieht aus wie folgt:

- Im ersten Schritt werden Alternativen gemeinsam erarbeitet.
- Im zweiten Schritt werden die verschiedenen Alternativen abgefragt: Wie viel Widerstand ist bei Einzelnen gegen mögliche Lösungen vorhanden?
- Im Allgemeinen wird mit 0 bis 10 Widerstandspunkten gearbeitet. Diese Punkte können mit den Fingern angezeigt und leicht zusammengerechnet werden.
- Die Variante mit den geringsten Widerstandspunkten ist jene, die angenommen wird.

In Projekten, die andere Entscheidungsgrundlagen haben, wird das Systemische Konsensieren oft in einem ersten Schritt genutzt, um festzulegen, welcher Vorschlag zunächst zur Entscheidung gestellt wird.

Weitere Informationen: *www.sk-prinzip.eu*

Neben der Frage, wie eine Gruppe zu einer Entscheidung kommt, ist auch die Frage, wer welches Entscheidungsrecht hat, ausschlaggebend. Während in kleinen Gruppen mit wenig komplexen Aufgaben alle wesentlichen Fragen selbstverständlich von allen entschieden werden, empfiehlt es sich bei großen Gruppen und komplexen Themen, wie Hauskauf und -bau oder -renovierung, Arbeitsgruppen zu bilden, die für verschiedene Themenbereiche verantwortlich sind. Folgendes sollte vorher geklärt werden:

- Wofür hat die Arbeitsgruppe die volle Entscheidungskompetenz?
- Ab welcher »Größenordnung« bereitet die Arbeitsgruppe Beschlüsse nur vor, die sie dann ins Plenum zur Entscheidung einbringt?
- Gibt es für die Menschen, die nicht in der Arbeitsgruppe sind, die Möglichkeit, Einspruch gegen die Entscheidungen der Gruppe einzulegen?

Welche Festlegungen die Gruppen dann für sich treffen, ist sehr unterschiedlich. Prinzipiell zeigt sich, dass im Verlaufe der Zeit und mit zunehmender Größe der Gruppe immer mehr Entscheidungen komplett in kleine Gruppen delegiert werden. Meiner Erfahrung nach ist das sinnvoll, denn der positive Aspekt der Anfangszeit, in der lange Diskussionen dem Kennenlernen und Austausch über Werte dienten, verliert mit den Projektjahren seinen Reiz.

Aus eigener Erfahrung von fast 30 Jahren Gemeinschaftsleben und aus vielen Gesprächen mit Freund:innen in ähnlicher Situation kann ich sagen: Menschen, die seit Jahrzehnten in einer Gemeinschaft leben, entwickeln häufig eine Müdigkeit gegenüber langen Konsensdiskussionen. Diese Prozesse haben nur dann etwas für sich, wenn sie wesentliche Weichen für die Gemeinschaft stellen. In der Gründungsphase ist dies bei vielen Entscheidungen der Fall. Wenn im 25. Jahr einer Genossenschaft über ein Teilprojekt abgestimmt werden soll, sind die Prioritäten der »alten Hasen« jedoch andere – nämlich effektiv zu einer guten Entscheidung zu kommen, die tragfähig für das Projekt ist.

Daher entwickeln die Beteiligten von Gemeinschaftsprojekten in den letzten Jahren eine zunehmende Begeisterung für die Soziokratie. Die Soziokratie umfasst viele der Qualitäten, die wir in guten Entscheidungsprozessen suchen. Ich empfehle neuen Gruppen, sich zum Thema Soziokratie weiterzubilden und ihre Strukturen soziokratisch aufzustellen. Für bestehende Gruppen kann es ebenfalls sinnvoll sein zu prüfen, ob sie ihr bestehendes System durch die Übernahme von Elementen der Soziokratie verbessern können. Allerdings funktioniert es nicht immer, einzelne Elemente der Soziokratie ohne den weiteren Rahmen zu nutzen.

Im folgenden Kapitel stelle ich die Soziokratie vor und diskutiere ihre Anwendbarkeit für Gemeinschaftsprojekte.

5.2 Soziokratie – ein Modell, das immer mehr Gemeinschaften begeistert

5.2.1 Geschichte

Der Begriff »Soziokratie« (lateinisch etwa: Herrschaft durch Gefährten) wurde im 19. Jahrhundert von Auguste Compte geprägt. In den 70er-Jahren des 20. Jahrhunderts nutzte Gerard Endenberg die Soziokratie als Begriff für das Organisations- und Entscheidungsmodell seiner Elektrofirma. Inspiriert von seiner Erziehung bei den Quäkern und seinem systemtheoretischen Hintergrund, entwickelte er dieses Modell für seine Firma, um eine Beteiligung aller an den Entscheidungen zu ermöglichen. Zunächst wurde sein Modell vor allem in den Niederlanden bekannt, seit 2000 hat sein Ansatz den Weg auch in die internationale Öffentlichkeit gefunden, und es sind verschiedene Seitenzweige entstanden: Die Holokratie hat ihre Wurzeln in der Soziokratie, die Soziokratie 3.0 verbindet viele Elemente aus dem agilen Management mit Soziokratie, die Soziokratiezentren in Deutschland, Österreich und den Niederlanden (vermutlich auch noch in anderen Ländern) sowie Soziokratie für alle (Sociocracy for all – Sofa) entwickelten jeweils den ursprünglichen Ansatz weiter, bilden aus und beraten.

5.2.2 Werte, Prinzipien und Regeln

Die Werte, die hinter der Soziokratie stehen, sind Effizienz, Transparenz und Gleichwertigkeit aller Beteiligten.
Übereinstimmend in allen Schulen der Soziokratie gelten folgende Prinzipien:

- Entscheidungen werden im Konsent gefällt.
- Die Organisation erfolgt in Kreisen mit klar definierten Aufgabenbereichen.
- Die Kreise sind durch doppelte Kopplung (Double Links) miteinander verbunden.
- Die Wahlen sind offen und soziokratisch.

Diese vier Prinzipien sind die »offiziellen« Prinzipien der Soziokratie. Für mich gehört ein weiteres Prinzip dazu, das genauso essenziell ist, auch wenn es in den Lehrbüchern nicht mit zu den Prinzipien gezählt wird:

- Dynamische Steuerung: Alle Prozesse und Beschlüsse integrieren Feedback und Anpassung an die Erfahrungen.

Konsent

Entscheidungen werden in der Soziokratie stets im Konsent gefällt. Ein Konsent bedeutet, dass es keinen schwerwiegenden, sachlich begründeten Einwand gegen einen Vorschlag gibt.

Der Unterschied zum Konsens scheint klein und ist doch groß. Insbesondere muss ein Einwand, der einen Vorschlag aufhält, stets rationale Argumente enthalten und aufzeigen, dass die Umsetzung des Vorschlags die Zielerreichung des von der Organisation definierten Zieles gefährdet. Wesentlich ist die Kultur der Entscheidungsfindung. In der Soziokratie wird stets betont, dass jeder Einwand, jedes Bedenken ein Geschenk an die Gruppe ist. Einwände machen auf Dinge aufmerksam, die bis dato noch nicht bedacht wurden, dank des Einwands aber nun bedacht werden können – sei es durch eine Integration in den Beschluss oder auch durch die Festlegung eines Zeitpunkts, wann kontrolliert wird, ob zum Beispiel eine Befürchtung eingetroffen ist.

Ein wichtiges Grundprinzip der Soziokratie ist: Beschlüsse müssen nicht perfekt sein. In der Soziokratie genügt es, wenn Beschlüsse, die gefällt werden, »gut genug für jetzt sind und sicher genug, um sie auszuprobieren«.

Soziokratische Lösungsvorschläge werden stets so konzipiert, dass sie evaluiert und im Prozess weiter verbessert werden können. Daher muss nicht nach der perfekten Lösung gesucht werden.

Dies ist ein elementarer Unterschied zum Konsensprozess. Während im Konsenssystem eine im Konsens gefundene Lösung auch nur im Konsens wieder verändert werden kann, gilt im Konsent: Sobald ein neuer schwerwiegender, sachlich begründeter Einwand auftaucht, muss die Entscheidung überdacht werden. Daher ist es entspannt möglich, mit anfangs unperfekten Lösungen zu beginnen. Dieses Prinzip der »Dynamischen Steuerung« ist der Kybernetik, der Wissenschaft selbstregulierender Systeme, entnommen und schafft eine neue, prozessorientierte (in der Businesswelt »agil« genannte) Kultur des Umgangs mit Entscheidungsfindung.

Organisation in Kreisen mit klar definierten Aufgabenbereichen

Eine soziokratisch aufgebaute Organisation ist in Kreisen aufgestellt. Um Entscheidungen zu fällen, ist keine Vollversammlung nötig, sondern die ganze Organisation gliedert sich in verschiedene Kreise mit unterschiedlichen Aufgabenbereichen und klar definierten Entscheidungsbefugnissen. Die Kreise arbeiten auch im Alltag zusammen und haben eine Größenordnung, in der es noch möglich ist, alle zu hören, sich die Zeit zu nehmen, auf alle Beiträge einzugehen und gemeinsam zu einer Konsent-Entscheidung zu kommen. In der Regel sind das zwischen drei und 13 Personen.

Jeder Kreis hat eine klar definierte Domäne, einen Aufgabenbereich, innerhalb dessen Entscheidungen gefällt werden dürfen. Die Mitglieder eines jeden Kreises definieren, was sie erreichen wollen, denn die Ziele sind die Entscheidungskriterien dafür, ob ein Einwand schwerwiegend ist. Daher setzt jede soziokratische Organisationsentwicklung eine eindeutige Zieldefinition für das Gesamtprojekt und für die einzelnen Kreise voraus.

Doppelte Kopplung der Kreise

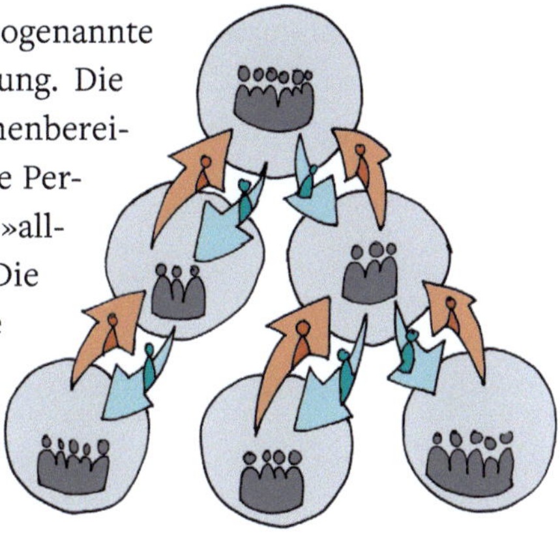

Die Kreise sind verbunden durch sogenannte Double Links, die Doppelverbindung. Die Kreise zu den verschiedenen Themenbereichen senden jeweils eine delegierte Person in den »übergeordneten« oder »allgemeineren« Koordinationskreis. Die Aufgabe dieser Person ist es, die Interessen des Themenbereichs und der Gruppe, die dahintersteht, in den Koordinationskreis und damit in die ganze Gemeinschaft einzubringen.

Ebenso gibt es in der jeweils übergeordneten Ebene eine/n Leiter:in für jeden Kreis. Die Aufgabe dieser leitenden Person ist es, die Interessen des übergeordneten Kreises und damit der Gesamtorganisation in diesem Kreis zu vertreten. So sind alle Ebenen durch zwei Verbindungsglieder mit unterschiedlichen Aufgaben miteinander verbunden.

Der Kreis, in dem alle Informationen zusammenlaufen, wird meist Koordinations- oder Lenkungskreis genannt.

Der Koordinationskreis ist das zentrale Steuerungsgremium des Projektes. Durch die Delegierten der Kreise sind Mitglieder jeder Gruppe auch im Koordinationskreis vertreten.

Diese doppelte Verbindung ist eine der großen Besonderheiten der Soziokratie, die dafür sorgt, dass auch ohne Plenum jede Person Einfluss auf Entscheidungen außerhalb des eigenen Kreises nehmen kann, wenn sie Argumente dazu darlegen kann, dass die Zielerreichung gefährdet ist.

Sehr unterschiedlich ist in den mir bekannten Gemeinschaften die Frage gelöst, wie die Leitenden bestimmt werden. Sie werden in soziokratischer Wahl gewählt, aber wer sie wählt, wird in unterschiedlichen Gruppen unterschiedlich gehandhabt. Dazu später mehr.

In größeren, komplexen Projekten sind nicht alle Kreise direkt mit dem Koordinationskreis verbunden. Es kann auch Kreise geben, die in der zweiten oder dritten Ebene zu sehr spezifischen Fragen arbeiten. Wie viele Ebenen von Kreisen es gibt, hängt sehr von der Komplexität des Projektes ab. In den meisten Fällen gibt es neben dem Koordinationskreis und den Kreisen der ersten Ebene eine untergeordnete Ebene. Auch diese Kreise sind mit Doppelverbindungen mit ihren übergeordneten Kreisen verbunden.

METHODE

Offene, soziokratische Wahlen

Für die Wahlen gibt es in der Soziokratie ein Prozedere, das die Kraft der Transparenz und die Macht des Arguments verbindet. Diese Herangehensweise ist auch in Gruppen einsetzbar, die sonst nicht soziokratisch entscheiden. Mit folgendem Ablauf werden einzelne Menschen für bestimmte Rollen gewählt:

Alle Gruppenmitglieder sind wählbar, es wird nicht vorher gefragt, wer die Rolle ausfüllen möchte und wer nicht!

1. **Definition der Rolle und des Profils der Person**, die die Rolle ausfüllen soll.
2. Jede Person schreibt auf einen Zettel, wen sie für diese Rolle **nominiert**, und schreibt ihren eigenen Namen dazu.
3. Der/die Moderator:in sammelt die Zettel ein und bittet alle in der **Runde**, jeweils zu sagen, **wen sie nominiert haben und warum**, welche Qualitäten sie in der Person sehen, um die Rolle auszufüllen.
4. Nach dieser ersten Runde, in der die Argumente aller gehört wurden, werden alle aufgefordert **zu überdenken, ob sie ihre Nominierung verändern wollen oder nicht**.
5. In einer **zweiten Runde** sagen alle, ob sie ihre Nominierung verändert haben, und wenn ja, warum.
6. Nach dieser zweiten Runde **schlägt der/die Moderator:in** (oder jemand anderes aus dem Kreis) aufgrund der vorgebrachten Argumente **einen Kandidaten** für die Rolle vor.

(Manchmal ist es sinnvoll, an dieser Stelle noch eine andere Methode zwischenzuschalten, zum Beispiel Stimmungsbilder zu den stärksten Vorschlägen oder

Systemisches Konsensieren. Danach wird die Person nominiert, die nach dieser Methode als Vorschlag im Raum steht.)

7. Es wird nach dem **Konsent** für diesen Vorschlag gefragt. Gibt es den, ist die Person gewählt. Gibt es ihn nicht, erklärt die Person, die einen schwerwiegenden Einwand hat, was ihr Einwand ist. Eventuell gibt es dazu eine kurze Aussprache/Runde, bevor ein neuer Vorschlag gemacht wird, für den dann wieder nach einem Konsent gefragt wird.

Die Person, die vorgeschlagen wird, wird erst am Ende des Prozesses gefragt, ob sie diese Rolle ausfüllen möchte. Es wird für wichtig gehalten, dass die Person hört, warum sie vorgeschlagen wird. Ebenso wichtig ist, dass die gewählte Person ihre Gründe zur Ablehnung äußern kann und diese von der Gruppe bedacht werden können. So kann zum Beispiel ein Einwand wie »Ich habe keine Zeit« manchmal durch Angebote aus der Gruppe, andere Aufgaben der gewählten Person zu übernehmen, gelöst werden.

Manche Gruppen fragen bereits nach der ersten Vorschlagsrunde die Einwände der Vorgeschlagenen ab. Das erspart unnötig lange Prozesse über Vorschläge, die eindeutig nicht zur Verfügung stehen. Jedoch sollte **nie** vor der ersten Runde gefragt werden, wer denn für diese Rolle bereitsteht, sondern die Aussagen der Vorgeschlagenen können in der zweiten Runde als Einwände betrachtet werden, die durch Integration in den Vorschlag vielleicht gelöst werden können.

Dynamische Steuerung gelingt durch Integration von Feedback und Anpassung in alle Prozesse und Beschlüsse.

Die Soziokratie stellt eine sehr dynamische Herangehensweise dar, die ständig mit Feedback und Anpassung arbeitet. Bei jedem Anwendungsschritt der Soziokratie gehören das »Messen« und die Integration von Feedback dazu. Die Soziokratie wurde von einem Kybernetiker erfunden, für den Regelkreise und Feedbackintegration so selbstverständlich waren, dass er zwar die obigen vier Prinzipien formulierte, es aber nicht für nötig befand, die Bedeutung von Feedback als Prinzip festzuhalten – vermutlich weil es ihm einfach so offensichtlich erschien.

Was bedeutet »Dynamische Steuerung« konkret? Alle Beschlüsse in der Soziokratie werden für eine bestimmte Zeit getroffen, und bereits während des Zeitraumes, in dem ein Beschluss gilt, wird er evaluiert. Es wird festgehalten, was mit dem Beschluss erreicht werden soll. In der Evaluation wird kontrolliert, ob das gewünschte Ergebnis auch erreicht wurde. Wenn nicht, muss nachgesteuert werden. Oft hilft diese Evaluation auch bei der Integration von Einwänden. Wenn es die Sorge gibt, dass ein Beschluss negative Auswirkungen hat, die messbar sind, wird festgelegt, den Beschluss eine bestimmte Zeit auszuprobieren und die Konsequenzen zu ermitteln. So lässt sich direkt feststellen, ob die Bedenken berechtigt waren oder nicht.

Neben dieser fest etablierten Feedback- und Evaluationsmöglichkeit gehört zur Soziokratie eine Kultur der Offenheit für Feedback und Anpassung. Beschlüsse sind nicht »in Stein gemeißelt«, sondern können durch jeden schwerwiegenden Einwand infrage gestellt und angepasst werden. Es wird bewusst mit dem Unperfekten gelebt und gleichzeitig ständig danach gestrebt, die gefundenen Lösungen zu verbessern. Diese Flexibilität und Offenheit sind ganz wesentliche Merkmale soziokratischer Strukturen. »Good enough for now and safe enough to try« – »Gut genug für jetzt und sicher genug, um es auszuprobieren« ist das wesentliche Kriterium in der Soziokratie, um Beschlüsse zu fassen.

Auch zu den Rollen, die einzelne Menschen übernehmen, gehört in der Soziokratie stets ein Feedback. In der Regel erfolgt in der Mitte der »Amtszeit« ein Entwicklungsgespräch dazu, wie die Menschen diese Rolle ausgefüllt haben (bei Rolleninhabern, bei denen es Bedenken gab, findet das Gespräch früher statt). Für den Ablauf dieser Gespräche lässt sich ein sehr schönes Format anwenden, das auch von nicht soziokratischen Gruppen genutzt werden kann (siehe Kapitel 7.2 »Soziokratisches Entwicklungsgespräch«).

5.2.3 Soziokratische Kultur

Die Soziokratie beinhaltet nicht nur eine bewusst anders gestaltete Organisationsstruktur, sondern sie erfordert und fördert auch eine andere Organisationskultur.

Die Kultur, für welche die Soziokratie steht, ist eine zutiefst gemeinschaftsfördernde: Alle Mitglieder der Gemeinschaft gestalten mit, ihre Argumente werden gehört und fließen mit ein. Jede Person hat Gestaltungskraft in ihrem Kreis. Gleichzeitig sorgt die Effizienz des Systems für Erfolgserlebnisse, schnelle Projektentwicklung und Zeit und Raum für andere gemeinschaftsbildende Aktivitäten.

Die Erfahrung zeigt, dass sich in Projekten, die mit Soziokratie arbeiten, bei den Teilnehmern zunehmend Vertrauen aufbaut und das anfängliche Bedürfnis aus der Basisdemokratie, »alle müssen immer gefragt werden«, immer mehr abnimmt.

Die soziokratische Herangehensweise ist eine Kultur, die alle Beiträge willkommen heißt. Es wird nicht nach dem Perfekten gesucht, sondern man geht davon aus, dass sich die Qualität von Entscheidungen oft erst im Prozess herauskristallisiert. Daher ist das Feedback ein wichtiger Teil der Soziokratie.

5.2.4 Vom »konservativen Konsens« oder der »Unterdrückung der Minderheit durch die demokratische Mehrheit« zur »Dynamischen Steuerung«

Die wohl größte Veränderung für Projekte, die aus dem basisdemokratischen Konsensprinzip kommen, ist der Aspekt der dynamischen Steuerung der Soziokratie. Konsenskulturen entpuppen sich mit der Zeit oft als sehr konservative Systeme, in denen es schwer ist, einmal getroffene Entscheidungen zu verändern, da allein der Versuch, gefällte Entscheidungen nur zu überdenken, oft als Angriff auf mühsam errungene Ergebnisse gesehen wird. Die Soziokratie hingegen lädt genau dazu ein.

Manche Projekte haben diese Qualität auch in Konsensprozesse integriert. Es gibt Gemeinschaften, die im Konsens entscheiden und für sich festgelegt haben, dass es auch ein Veto gegen den Status quo geben kann.

Öffnet dies nicht ständigen Grundsatzdiskussionen Tür und Tor? Diese Frage wird oft gestellt, wenn sich Menschen aus dem alten Konsensparadigma in Richtung Soziokratie bewegen.

Da in der Soziokratie ein Einwand jedoch stets die Begründung haben muss, dass ein Beschluss oder eine Regelung das Erreichen des gemeinsam festgelegten Ziels gefährdet, ist das Gegenteil der Fall. Soziokratie unterstützt, die festgelegten Ziele wirklich zu erreichen und nicht langfristig mit unbrauchbaren, vor Jahren im Konsens beschlossenen Mitteln auf die Ziele zuzugehen.

Die Kultur, Beschlüsse zu fassen, die »gut genug für jetzt und sicher genug, um sie auszuprobieren«, sind, trägt oft zu mehr Leichtigkeit bei. Es geht nicht mehr um Perfektion, sondern um Schritte, mit denen man sich dem Ziel annähert.

Auch die Kultur, Feedback bewusst zu integrieren, Evaluierung selbstverständlich einzubauen und Verfallsdaten für Beschlüsse festzulegen, trägt zu einer Veränderung der Projektkultur bei, die zu einem anderen Umgang mit Feedback und Fehlern führt. Fehler sind einfach eine Erfahrung, die zeigt, dass etwas anzupassen ist, dass in Zukunft etwas anders gemacht werden sollte – eine Lernerfahrung, für die das System dankbar sein kann.

All diese Aspekte tragen dazu bei, dass die Soziokratie die Gemeinschaftskultur konstruktiv beeinflusst. Umgekehrt ist es bei der Einführung der Soziokratie sinnvoll, ganz bewusst auf diese Aspekte der Kulturbildung einzugehen und ein Bewusstsein für die Bedeutung von Feedback und dynamischer Steuerung sowie für die Effizienz von Entscheidungen zu entwickeln. Für viele Gründungsinitiativen ist das Wort »Effizienz« ein Unwort. Der Wert von langen Diskussionen wird vehement verteidigt, während Gemeinschaftsmitglieder sich gleichzeitig aufreiben und ausbrennen. Die Soziokratie verbindet durch ihre Kreiskonstruktion die Vorteile der effektiven Entscheidungsfindung in kleinen Gruppen mit dem Ansatz, alle Menschen gleichberechtigt an Entscheidungen teilhaben zu lassen.

Allerdings fehlt in der klassischen Form der Soziokratie ein in der Basisdemokratie sehr wesentliches Element: die Vollversammlung. Dieses Fehlen ergibt sich aus der Erfahrung, dass die kollektive Intelligenz sich am besten entwickeln kann, wenn kleine, repräsentative Gruppen, die sich mit einem Thema in der Tiefe beschäftigt haben, die Entscheidung treffen. Als ich einen Menschen, der schon lange in Gemeinschaften lebt, die mit Soziokratie arbeiten, nach der Bedeutung des Plenums fragte, war seine Antwort: »Die Zeit, die sich eine Gruppe als Ganzes nimmt, ist viel zu kostbar, um sie mit dem Ringen um Details von Entscheidungen zu vergeuden. Sie kann genutzt werden, um Gemeinschaft zu pflegen, Entscheidungen vorzubereiten, Stimmungsbilder einzuholen und Gemeinschaftskultur zu entwickeln.« Mir blieb der Mund offen stehen – und ich muss sagen, ich kann ihm vollen Herzens zustimmen. Zeiten mit allen (oder vielen) Gemeinschaftsmitgliedern sind kostbar, lasst sie uns für die wichtigsten Dinge verwenden!

Die Rolle der Vollversammlung in der Soziokratie

Der Soziokratie in ihrer theoretischen Form fehlt die Vollversammlung, die viele aus basisdemokratischen Bewegungen kommende Gemeinschaften als das Herzstück der Gemeinschaft sehen.

Die Soziokratie lädt ein, alle Projektmitglieder in Kreisen, in denen sie sich engagieren, aktiv in die Entscheidungsfindung zu integrieren und das Engagement sowie das direkte Mitspracherecht auf diese Kreise zu fokussieren. Die Beteiligung an Entscheidungen von Kreisen, in denen eine Person nicht direkt vertreten ist, ist in der Soziokratie durch die doppelte Verbindung der Kreise möglich. Im Entscheidungsalltag sind es aber die überschaubaren und ins Thema eingearbeiteten Kreise, die Entscheidungen fällen.

Durch den Grundsatz der Transparenz sind alle Entscheidungen, die Kreise treffen, für alle Projektmitglieder sichtbar. Sollte es vorkommen, dass ein Kreis eine Entscheidung im Konsent gefällt hat, ein anderes Projektmitglied aber überzeugt ist, dass sie die Zielerreichung des Projektes gefährdet, kann dieses Thema durch den Delegierten in den Koordinationskreis und von dort in den entsprechenden Kreis getragen werden. (Oft wird die Abkürzung genommen, und die Person kann ihr Bedenken direkt in den Kreis einbringen.) So ist theoretisch die Mitsprache der ganzen Gemeinschaft an jeder Grundsatzentscheidung jedes Bereichs gegeben, praktisch geschieht dies jedoch selten, sodass in der Regel die Entscheidung allein von dem entsprechenden Kreis getroffen wird.

Die Praxiserfahrung zeigt, eine gut zusammengesetzte Auswahl einer Großgruppe kann sinnvoller und effektiver Entscheidungen für diese

Gruppe treffen als eine große Gruppe selbst. Im normalen Projektalltag ist es fast immer so, dass Gruppen sich nach Interesse und Zeitkapazität selbst formieren, wodurch es zu Schieflagen kommen kann. Damit die Zusammensetzung einer Gruppe dem Thema, mit dem sie sich beschäftigen möchte, entspricht, gehen manche Projekte den Weg, die Gruppenzusammensetzung zu bestätigen, bevor die Gruppe Entscheidungskompetenz bekommt. Mindestens die leitende Person wird vom Koordinationskreis bestimmt, um abzusichern, dass die Gruppe kompetente Entscheidungen trifft, die im Sinne der Ziele der Organisation sind. In Wirtschaftsunternehmen trifft die Person, die das Unternehmen leitet, gemeinsam mit der Personalabteilung die Personalentscheidungen. In Gemeinschaften braucht es dafür einen anderen Weg. Einen Vorschlag dafür mache ich auf den nächsten Seiten.

Es kann sehr positive Auswirkungen auf das Gemeinschaftsleben haben, die Großgruppe von der Aufgabe zu entlasten, für komplexe Themen Entscheidungen zu finden. Denn das gibt mehr Zeit, um gemeinsam zu feiern, sich sozialen Prozessen zu widmen oder sich intensiv zu Themen auszutauschen, die für das Projekt gerade wichtig sind – ohne den Druck, zu einer Entscheidung kommen zu müssen, denn die Entscheidung wird von einer Kleingruppe getroffen. Dieser Schritt ist jedoch für viele Projekte eine echte Kulturveränderung, die vorbereitet und bewusst gemacht werden muss. In der Praxis wurde diese Veränderung, wenn sie gut eingeführt wurde, jedoch stets als große Entlastung erlebt.

5.2.5. Jenseits der Soziokratie: Wie können Gemeinschaften eine soziokratisch inspirierte Struktur sinnvoll aufstellen?

In der theoretischen Reinform der Soziokratie kommen Vollversammlungen nicht vor. Allerdings wurde die Soziokratie auch erfunden, um top-down organisierte Unternehmen hin zu mehr Partizipation zu verändern. In diesen Unternehmen ist klar, wer in der Führungsebene ist und wer in welchen Bereichen arbeitet. Die Zusammensetzung der Kreise steht weitgehend fest.

In einem Gemeinschaftsprojekt sind diese Positionen jedoch nicht einfach gesetzt, sondern die Mitglieder müssen sie sich selbst geben. Daher gibt es viele Gemeinschaften, die diese Aufgabe – zumindest die Bestätigung für die wesentlichsten Rollen – der Vollversammlung zuordnen.

Mögliche Aufgaben, die in einem »von der Soziokratie inspirierten« Modell für Gemeinschaftsprojekte bei der Vollversammlung bleiben würden, sind:

1. Die Wahl der »Leitung« als Teil des Koordinationskreises

Wie oben beschrieben, setzt sich der Koordinationskreis aus der Leitung und den Delegierten der Kreise zusammen. Die Leitung entspricht meist dem Vorstand im Vereins- und Genossenschaftsrecht. Da dieser Vorstand schon aus rechtlichen Gründen in einer Mitgliederversammlung gewählt werden muss, ist es sinnvoll, den Vorstand als die Leitungsebene im Koordinationskreis zu sehen und in dieser Rolle von der ganzen Gemeinschaft wählen zu lassen. Der Vorstand teilt dann unter sich auf, wer als Leiter:in in welchen Kreis geht.

2. Zusammensetzung der Kreise

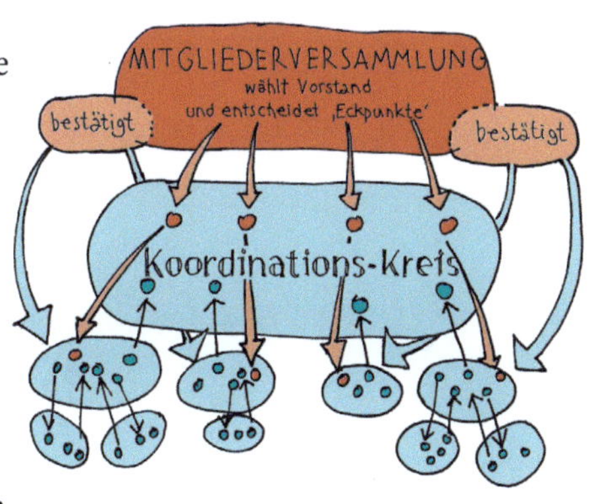

Ebenfalls kann es sinnvoll sein, die Zusammensetzung der Kreise, die direkt dem Koordinationskreis untergeordnet sind, durch die Vollversammlung zu bestätigen, um sicherzugehen, dass diese Kreise die Vielfalt der gesamten Gemeinschaft widerspiegeln. Die weiter untergeordneten Ebenen werden dann von den jeweiligen Kreisen legitimiert. Wenn sich eine soziokratische Kultur eingespielt hat, ist es oft ausreichend, dass der Koordinationskreis diese Kreise bestätigt oder die Kreise sich selbst konstituieren. Nur bei Einwänden gegen die Besetzung einzelner Kreise wird sie durch die verbundenen Kreise geprüft.

In der Praxis von Gemeinschaftsprojekten werden Arbeitskreise meist selbstorganisiert nach Lust und Interesse besetzt. Oft ist dies eine gute

Besetzung oder kann die Basis für einen ersten Vorschlag zur Zusammensetzung eines Kreises sein. Trotzdem ist sinnvoll zu prüfen, ob diese Zusammensetzung die Gesamtheit der Mitglieder repräsentiert und fähig ist, für das Projekt als Ganzes zu denken, und ob die notwendige Kompetenz für die Aufgaben des Kreises in der Gruppe vorhanden ist. Denn nur dann wäre diese Besetzung gut genug, um es auszuprobieren.

3. Die Veränderung der ursprünglichen Ziele und Eckpunkte des Projektes

Diese Art von Grundsatzfragen würde in einer klassischen soziokratischen Organisation für ein Unternehmen der Topkreis mit dem Lenkungskreis treffen. In Gemeinschaftsprojekten sehe ich die Vollversammlung in dieser Rolle.

Damit liegen nur wenige Entscheidungsfragen bei der Vollversammlung. Die Gesamtgemeinschaft gewinnt dadurch Zeit, um die Gemeinschaft auf andere Art zu pflegen, durch Methoden der tiefen Kommunikation, gemeinsame Rituale oder Feste oder um ein Thema gemeinsam intensiv und tief zu erforschen, bevor ein Kreis dann auf dieser Basis eine Entscheidung trifft.

5.2.6 Vieldiskutierte Punkte der Soziokratie für Gemeinschaftsprojekte

Was ist ein schwerwiegender, sachlich begründeter Einwand? Die theoretische Definition eines schwerwiegenden Einwands ist eindeutig: Ein schwerwiegender Einwand ist einer, der aufzeigt, dass wir bei Verwirklichung des Vorschlags die festgelegten Ziele des Projektes nicht erreichen können.

In der Praxis ist es aber oft schwierig, eine gemeinsame Sicht auf die Frage zu entwickeln, ob ein Vorschlag wirklich die Zielerreichung gefährdet oder nicht. Wie wird damit umgegangen, wenn jemand der Überzeugung ist, einen schwerwiegenden Einwand zu haben, und der Rest der Gruppe diesen Einwand nicht für schwerwiegend hält?

In vielen Fällen gelingt es, Einwände in den Beschlussvorschlag zu integrieren. Bei diesem Prozess hilft die Frage: »Was brauchst du, um sicherzustellen, dass der Vorschlag unsere Ziele nicht gefährdet?« Die Integration des Einwands in die Beschlussfassung ist in der Regel eine Verbesserung des Beschlusses. Manchmal ist es eine inhaltliche Veränderung, manchmal eine kürzere zeitliche Befristung und die Kontrolle, ob eine Befürchtung eintritt oder nicht, die Einwände außer Kraft setzen können. Im Sinne von »good enough for now and safe to try« können viele Beschlussvorschläge einfach ausprobiert und dann kurzfristig evaluiert werden.

Es bleiben nur wenige Fälle übrig, in denen allein die Person mit Einwand der Meinung ist, dass es sich um einen schwerwiegenden Einwand handelt, der sich nicht in den Vorschlag integrieren lässt. Aber diese Fälle gibt es, und solche Situationen können die Gruppe wirklich lähmen und manchmal großen Schaden auslösen.

Manche Soziokratieschulen lassen die Entscheidungshoheit, was ein schwerwiegender Einwand ist, ganz bei dem Einwendenden. Andere legen fest, dass, wenn die anderen Kreismitglieder den Einwand nicht als schwerwiegend empfinden, er auch nicht als schwerwiegender Einwand gilt. In der Holokratie (die viele Elemente der Soziokratie übernommen hat) wird ein Set von Fragen verwendet, die zu beantworten sind, um zu klären, ob ein Einwand schwerwiegend ist. Wieder andere haben festgelegt, die Entscheidung an den nächsthöheren Kreis zu delegieren, wenn ein Kreis aufgrund von Einwänden nicht zu Entscheidungen kommen kann.

Meiner Erfahrung nach ist es wichtig, die Definition, was ein schwerwiegender Einwand ist, nicht nur der einwendenden Person zu überlassen. Es braucht einen Weg für die seltenen Fälle, in denen Einwände aus persönlichen »Filmen« heraus erwachsen und nicht integriert werden können, um das Projekt vor einer Blockade zu schützen. Auch wenn es nur selten vorkommt, ist es wichtig, bereits im Vorfeld eine Strategie festzulegen, wie mit diesen Konfliktfällen umgegangen wird. Dies kann die Delegation an den nächsthöheren Kreis sein, doch in dem Fall muss klargestellt sein, was geschieht, wenn die gleiche Person auch in diesem Kreis sitzt.

Der »bessere« Vorschlag ist kein Argument?

Eine zunächst seltsam anmutende Festlegung des soziokratischen Systems ist, dass ein »besserer Vorschlag« kein Grund für einen schwerwiegenden Einwand ist. Da es nicht darum geht, einen perfekten Beschluss zu fassen, sondern nur einen Beschluss, der gut genug für jetzt und sicher genug ist, um ausprobiert zu werden, wird in Kauf genommen, einen Beschluss zu fällen, der vielleicht nicht der beste ist.

Ursache für diese Herangehensweise ist die Entscheidungsfindung in verschiedenen Phasen. In der Phase, in der ein Vorschlag formuliert wird, wird durchaus angestrebt, einen möglichst guten Vorschlag zu machen. Verschiedene Vorschläge werden mit Argumenten gegeneinander abgewogen.

Während dieses Prozesses ist es wichtig, zu hören und zu berücksichtigen, welche Vorschläge Rückendeckung haben und für wie »gut« Vorschläge von den Kreismitgliedern gehalten werden. Mit dem Ziel, einen wirklich guten, vom Großteil der Gruppe getragenen Vorschlag zu entwickeln, können hier neben den Runden auch Stimmungsbilder, Aufstellungen, systemisches Konsensieren und Ähnliches in die Entscheidungsfindung integriert werden.

Ob ein Vorschlag der »beste« ist, darüber wird es immer wieder unterschiedliche Meinungen geben. Daher ist die Meinung, dass es einen besseren Vorschlag gibt, kein schwerwiegender Einwand, wenn auch im Vorfeld schon andere Vorschläge diskutiert und verworfen wurden. Denn welcher Vorschlag der »beste« ist, ist immer eine Frage des persönlichen Geschmacks.

Da der Ansatz der Soziokratie ist, Beschlüsse zu fassen, die ausprobiert werden, dann immer weiter verbessert werden können, kann mit einem mittelprächtigen Vorschlag begonnen werden. Dieser wird nachkorrigiert, solange sicher ist, dass er die Zielerreichung nicht gefährdet.

5.2.7 Weitere hilfreiche »Tools« aus der Soziokratie

Klare Trennung von Grundsatzentscheidungen und operationellen Entscheidungen

Die Soziokratie sorgt für mehr Klarheit in den Entscheidungsstrukturen, indem sie bewusst zwischen Grundsatzentscheidungen und operationellen Entscheidungen unterscheidet. Die Grundsatzentscheidungen werden von den Kreisen im Konsent getroffen, operationelle Entscheidungen können auch von den verantwortlichen Einzelpersonen im Rahmen der Grenzen getroffen werden, die vorher im Grundsatz festgelegt wurden. Implizit geschieht das in fast jedem Projekt. Die Soziokratie trägt dazu bei, diese Herangehensweise bewusster zu machen, indem sie unterschiedliche Kriterien für die beiden Arten von Entscheidungen hat. Operationelle Entscheidungen sind die Entscheidungen, die festlegen, wie genau die Grundsatzentscheidungen umgesetzt werden sollen. Sie brauchen keinen Konsent, aber sie brauchen Feedback und Korrekturmöglichkeit, wenn auffällt, dass sie die Organisation nicht voranbringen.

Rahmen für Kreistreffen

Auch welchen Rahmen das Treffen eines Kreises hat, ist in der Soziokratie festgelegt. Für die Bearbeitung der inhaltlichen Punkte wird die soziokratische Kreismoderation empfohlen, die ich unten vorstelle. Vor der Bearbeitung der inhaltlichen Punkte stehen am Anfang jedes Treffens ein kurzes Check-in, ein Klären der Rahmenbedingungen des Treffens (wie lange, wer leitet, wer schreibt Protokoll?) sowie die Bestätigung der Tagesordnung und des Protokolls der letzten Sitzung.

Danach folgt der inhaltliche Teil mit soziokratischer Kreismoderation zu den anstehenden Themen. Zum Abschluss gibt es als Check-out ein kurzes Feedback an die Leitung und die anderen Gruppenmitglieder.

METHODE

Soziokratische Kreismoderation

Das Schema der »Soziokratischen Kreismoderation« (SKM) ist insbesondere für komplexe und kontroverse Entscheidungsfindungen sehr sinnvoll. Der theoretischen Grundannahme nach ist es für jede Entscheidungsfindung wichtig,

- alle Sach- und Informationsfragen zu klären, damit alle auf dem gleichen Stand sind;
- anschließend Raum für die Emotionen und Reaktionen auf den Vorschlag/das Thema zu lassen;
- erst dann die konkreten Meinungen/Bedenken/Einwände zu hören und danach zu einem Vorschlag zu kommen.
- Es ist wichtig, dass alle zu Wort kommen und nicht nur diejenigen, die in einer Diskussion das Wort ergreifen.

So gibt es in der soziokratischen Kreismoderation verschiedene Runden, in denen jeweils keine offene Diskussion herrscht, sondern ein Kreismitglied nach dem anderen in einer Runde zu Wort kommt. Wenn er/sie nichts zu sagen hat, kann er/sie weitergeben.

Ablauf:

1. **Klärung des Zeitrahmens und des Zieles oder der Tagesordnung des Treffens, Verteilung der Rollen.**
2. **Kurzes Check-in**: Was beschäftigt die Kreismitglieder gerade? In welcher Stimmung sind sie hier?
3. **Vorstellung des Themas und der Motivation**, warum ein Beschluss benötigt wird.
4. **Klärungsrunde**, in der alle Sachfragen gestellt und möglichst geklärt werden sollen.
5. **Reaktionsrunde** für ein erstes Bild, wie die Reaktionen und Gefühle zu dem Thema sind.

(Wenn sich herausstellt, dass es ein sehr emotionales Thema ist, ist vor der Klärung der Sachfrage eventuell noch eine andere Ebene nötig. Besteht die erste

Reaktionsrunde in voller Zustimmung, kann gleich zur Entscheidungsfindung übergegangen werden. Meist folgen auf die Reaktionsrunde jedoch Punkt 6 bis 8.)

6. **Erste Meinungsrunde**, in der jedes Kreismitglied seine oder ihre Position erläutert.
7. **Zweite Meinungsrunde**, in der die Kreismitglieder auf die Positionen der anderen reagieren können.
8. Jemand – oft die Gesprächsleitung – formuliert, aufbauend auf den Beiträgen aus den vorherigen Runden, einen **konkreten Beschlussvorschlag**.

(Wenn es divergierende Ideen für Beschlussvorschläge gibt, können Gespräch, Stimmungsbilder oder Systemisches Konsensieren zur Frage, welcher Beschlussvorschlag zunächst abgestimmt wird, weiterhelfen.)

9. **Konsentrunde zu dem Beschlussvorschlag**: Geben alle Mitglieder Konsent, oder gibt es schwerwiegende, sachlich begründete Einwände? Gibt es Einwände, geht die Runde zurück zu Punkt 4 oder findet nach kurzem Austausch über den Einwand einen neuen Beschlussvorschlag.

Besteht Konsent, kann gefeiert werden. Der Beschluss wird schriftlich festgehalten.

10. **Kurzes Check-out**

(Die Punkte 3 bis 9 werden für jedes Thema, für das ein Beschluss gefunden werden soll, wiederholt.)

Im Ablauf der soziokratischen Kreismoderation fließen viele Qualitäten zusammen, die für gute Entscheidungsfindung elementar sind.

Oft genug werden in anderen Zusammenhängen Entscheidungen getroffen, zu denen gar nicht alle Beteiligten den gleichen Sachstand haben. Dass die ausführliche Informationsphase als Erstes kommt, ist eigentlich selbstverständlich und gerät doch oft in Vergessenheit. Die Trennung von emotionalen Reaktionen und Meinungen gibt es in vielen Zusammenhängen, in der SKM sind dafür verschiedene Runden vorgesehen. Erst nachdem alle Reaktionen und Meinungen gehört wurden, wird ein Beschlussvorschlag erarbeitet, der dann zum Konsent vorgestellt wird.

5.2.8 Fazit

Die Soziokratie ist ein Organisations- und Entscheidungsmodell mit viel Potenzial für Gemeinschaftsprojekte. Ihre Einführung sollte jedoch mit einer bewussten Struktur- und Kulturgestaltung einhergehen, statt einfach nur zu sagen: »Jetzt organisieren wir uns soziokratisch!« Es braucht ein Training aller Mitglieder, die Besonderheiten in Organisation, Entscheidungsstruktur und Kultur zu verstehen.

Für weitere Informationen zu Soziokratie:
Soziokratiezentrum Deutschland: *https://soziokratiezentrum.de/*
Soziokratie 3.0.: *https://s3lf.org/*

5.3 Arbeitsgruppentreffen – ein wichtiges Element von Gemeinschaft

Gemeinschaft wird stark dadurch geprägt, wie Arbeitsgruppentreffen ablaufen. Auch wenn es hier vordergründig um Sachthemen geht – diese Treffen schaffen Gemeinschaft und sind eine wichtige Basis für die Gemeinschaftskultur. Daher sollten diese Treffen auch bewusst dafür genutzt werden. Zur Freude am Gemeinschaftsleben gehören Begegnung sowie die Freude am konstruktiven Austausch und effektiven Arbeiten. Konstruktive Arbeitsgruppentreffen sind daher sehr gemeinschaftsbildend.

Gerade für Gruppen, die (noch) nicht zusammenleben, ist es oft eine gute Lösung, Arbeitstreffen mit zwanglosen Treffen zu koppeln, also zum Beispiel ein gemeinsames Abendessen vor Beginn des Treffens zu planen oder nach dem Treffen noch zu einem zwanglosen Ausklang bei einem Getränk zusammenzubleiben.

Für die eigentlichen Arbeitsgruppentreffen gilt: Zwei Rollen sollten in allen Arbeitsgruppentreffen geklärt werden: die Fragen, wer das Treffen »fazilitiert« (dazu gleich mehr) und wer das Protokoll schreibt. Manchmal gibt es zusätzlich klar definierte Verantwortliche für spezifische Themen und eine Rolle wie die/den »Hüter:in der Achtsamkeitsglocke«.

Fazilitation

Es hebt die Qualität von Treffen gewaltig, wenn eine Person sich dafür verantwortlich fühlt, die Treffen zu strukturieren und zu fazilitieren. In Gruppen, die viel Diskussionserfahrung haben, ist dies selbstverständlich. In Gruppen, die weniger Erfahrung haben, wird oft davon ausgegangen, dass »wir doch alle bei Bedarf mitmoderieren können«. Dies endet aber oft in unproduktiven Sitzungen. Gute Fazilitator:innen haben keine Machtposition in der Gruppe, sondern sind primär Diener:innen der Gruppe. Sie haben die Aufgabe, dafür zu sorgen, dass ein gutes Arbeitsklima herrscht und die zur Verfügung stehende Zeit konstruktiv genutzt wird. Sie behalten die Tagesordnung und die Gruppenenergie im Auge und haben die Aufgabe, dafür zu sorgen, dass alle zu Wort kommen und alle Punkte abgeschlossen werden. Ihre Aufgabe ist es, Vorschläge für den Ablauf zu machen, verschiedene Methoden zu integrieren und den Impuls dazu zu geben, wann ein Punkt beendet oder darüber abgestimmt wird. Sie haben aufgrund ihrer Rolle die Aufgabe, das Vorgehen zu entscheiden, wenn von der Gruppe keine klare Entscheidung für ein Vorgehen kommt.

In basisdemokratischen Gruppen gibt es immer wieder lange Diskussionen um ein Vorgehen, das selbst nur fünf Minuten gebraucht hätte. Fünf Minuten Diskussion über die Frage, ob eine Pause 10 oder 15 Minuten lang sein soll, sind einfach nicht angemessen.

Hier liegt die Macht der fazilitierenden Person darin, etwas festzulegen, wenn von der Gruppe kein eindeutiger Impuls kommt. In Sachfragen ist die Macht dagegen gering, Fazilitator:innen sollen sich mit Beiträgen zu Sachfragen eher zurückhalten. Es ist im Gegenteil wichtig, dass ein Thema möglichst von jemandem fazilitiert wird, der/die keine starke Meinung zu dem Thema hat. Erfahrene Fazilitator:innen geben die Moderation von Punkten, in denen sie inhaltlich mitreden wollen, für diese Zeit an andere ab.

Moderation oder Gesprächsleitung

… sind die in Deutschland üblicheren Bezeichnungen für diese Rolle der ein Treffen strukturierenden Person. *Moderare* ist Latein und bedeutet »mäßigen«. Genau das kann eine Aufgabe »der Rolle« sein. Manchmal geht es jedoch gerade nicht ums Mäßigen, sondern um das Herauskristallisieren von Positionen. Auch eine Leitung ist »die Rolle« nur bedingt, sondern sie stellt eher einen Dienst an der Gruppe dar.

Fazilitation

Daher bevorzuge ich das Wort »Fazilitation«, auch wenn es im deutschen Sprachgebrauch noch unüblich ist. Der Begriff stammt vom lateinischen *facilitare* und bedeutet »etwas leicht machen«. Genau das ist die Aufgabe, die ich hier beschreibe. Daher nutze ich im weiteren Verlauf dieses Buches die Wörter »Fazilitation« und »Fazilitator:in« oder »fazilitieren«.

Protokollant:in

Wichtig, damit Arbeitsgruppentreffen nachhaltige Ergebnisse produzieren, sind die Protokolle.

Ein gutes Protokoll ist das Gedächtnis der Gruppe. Zu oft ist es schon vorgekommen, dass Themen mehrfach diskutiert wurden, weil sich die Gruppe nicht mehr einig war, was eigentlich vor vier Wochen zu diesem Thema besprochen wurde. Die menschliche Erinnerung trügt uns oft und ist dann Anlass für neue Diskussionen und Streitigkeiten. Ein Protokoll sorgt an dieser Stelle für Klarheit.

Es braucht selten komplette Verlaufsprotokolle. Dennoch ist es für die Zukunft hilfreich, wenn nicht nur die Ergebnisse protokolliert werden, sondern auch die Diskussionen, die dazu führten. Dies macht nachvollziehbarer, was abgewogen wurde.

Das Wichtigste ist natürlich, dass die Protokolle die Punkte, die beschlossen wurden, korrekt wiedergeben. Hier kann die Frage der/des Protokollierenden »Könnt ihr mir jetzt noch mal fürs Protokoll sagen, was wir genau beschlossen haben?« sehr hilfreich sein – auch für die Klarheit innerhalb der Gruppe. Denn oft ist eine Gruppe nach einer langen

Protokoll Vorstandssitzung, 10.01.2020

Anwesend: Anna, Hanna, Günter, Anton,

Protokollantin: Eva

TOP	Beschluss	Todo für
E-maildiskussionen	Lorem ipsum dolor sit amet, consectetur adipisici elit, sed eiusmod tempor incidunt ut labore et dolore magna aliqua.	Anna
Namensänderung	Excepteur sint obcaecat cupiditat non proident, sunt in culpa qui officia deserunt mollit anim id est labor	Günter obcaecat, Anton labor
Gästehaus	Duis autem vel eum iriure dolor in hendrerit in vulputate velit esse molestie consequat, vel illum dolore eu feugiat nulla facilisis at vero eros et accumsan et iusto.	Hanna
Toilettenwagen	Ut wisi enim ad minim veniam, quis nostrud exerci tation ullamcorper suscipit lobortis nisl ut aliquip ex ea commodo consequat. Duis autem vel eum iriure dolor in hendrerit in vulputate velit	

Nächste Termine:
Freitag, 13.2., 11 Uhr, Mi, 2.3, 16.4., jeweils 11 Uhr.

Offene Tops für nächstes Mal

- Budgetüberblick
- Personalplanung
- Sommercamp
- |

Verlaufsprotokoll:

E-maildiskussionen

Lorem ipsum dolor sit amet, consectetur adipisici elit, sed eiusmod tempor incidunt ut labore et dolore magna aliqua. Ut enim ad minim veniam, quis nostrud exercitation ullamco laboris nisi ut aliquid ex ea commodi consequat. Quis aute iure reprehenderit in voluptate velit esse cillum dolore

Diskussion der Meinung, sich einig zu sein und etwas beschlossen zu haben, aber dennoch gibt es unterschiedliche Verständnisse davon, worüber Einigkeit erzielt worden ist. Umgekehrt ist es oft der Protokollierende, der in der Diskussion aufkommende Ergänzungen zu dem schon vorhandenen Beschlussvorschlag schriftlich hinzufügt und am Ende einer Diskussion gebeten wird, zusammenzufassen, wie sich die Ergänzungen in den Beschlussvorschlag einarbeiten lassen.

Heute werden Protokolle meist gleich in einen Laptop oder ein Tablet getippt, das erleichtert die Endbearbeitung erheblich.

Wesentliche Schritte nach der Sitzung zum Erstellen eines wirklich praktikablen Protokolls sind:

1. **Das Überarbeiten der Mitschrift und das Vorschalten einer Tabelle mit Ergebnisprotokoll.** Hier werden kurz die Punkte und die Ergebnisse festhalten sowie wer für welche Umsetzung zuständig ist. Das sorgt für Transparenz und als Gedächtnisstütze für die Aufgabenverteilung.

   Die meisten Protokoll-Lesenden werden dann nur die Tabelle ansehen. Wen es interessiert, wie es zu einem Beschluss kam, kann das längere Verlaufsprotokoll studieren.

2. **Die Bestätigung des Protokolls durch die Anwesenden.** Um sicherzustellen, dass ein Protokoll der Erinnerung aller am Treffen Teilnehmenden entspricht, ist es eine gute Angewohnheit, wenn der/die Protokollant:in das Protokoll nach der Sitzung an alle Mitglieder des Kreises sendet und um Rückmeldung dazu bittet, ob alle Beiträge korrekt dargestellt wurden. Erst nach diesem »Korrekturdurchlauf« wird später ein endgültiges Protokoll verschickt, in das alle Nachkorrekturen eingearbeitet wurden. So wird das Protokoll dann zu einer Koproduktion und einem Dokument, das langfristig zurate gezogen werden kann.

Fotoprotokolle

Manche Gruppen bevorzugen die Variante, alles Wesentliche auf Flipcharts zu visualisieren und zu fotografieren. Dies ist dann in der Regel vor allem ein Ergebnisprotokoll.

Ich empfehle in diesem Fall, auch die Flipcharts abzutippen oder zumindest in eine Textdatei einzufügen, in der die Überschriften stehen, die zum Beispiel die digitale Suche nach Stichworten oder Ähnliches ermöglicht. Denn nachträglich in Fotoprotokollen nach bestimmten Beschlüssen zu suchen, hat sich in der Praxis als sehr mühselig erwiesen. Protokolle dienen genau dafür, dass Beschlüsse nachgelesen werden können.

Ablauf von Sitzungen

Die weiter oben vorgestellte Soziokratische Kreismoderation ist ein Weg, Arbeitsgruppentreffen konstruktiv und effektiv zu gestalten. Sie kann auch genutzt werden, wenn die Organisation sonst nicht soziokratisch aufgestellt ist. Ich rate jeder Gruppe, sich von den Qualitäten, die in der Soziokratischen Kreismoderation stecken, inspirieren zu lassen, auch wenn die Schritte nicht immer genauso aussehen müssen, wie im Soziokratie-Lehrbuch beschrieben.

Der Punkt 1 (Klärung von Zeiträumen, Tagesordnung und Zielen, Verteilung der Rollen) sollte selbstverständlicher Bestandteil jedes Treffens sein.

Für viele Projekte ungewöhnlich ist schon Punkt 2: kurzes Check-in. Ein Arbeitstreffen damit zu beginnen, über Persönliches zu reden? Genau das ist es aber, was gemeinschaftliches Arbeiten von anderen Arbeitszusammenhängen unterscheidet. Die Menschen, die zusammenarbeiten, sind keine Rädchen in einer Maschine, sondern Menschen, die sich gerade mit bestimmten Themen beschäftigen, erfreut oder genervt sind, gerade Kraft gewonnen haben oder frustriert wurden. Wenn wir das wissen, verstehen wir ihre Haltungen und Reaktionen in der Arbeit besser.

Auch wenn das Check-in bei Arbeitstreffen in der Regel sehr kurz ist und nur zwei bis drei Minuten pro Person zulässt, verbindet es, sich regelmäßig mit Menschen zu treffen und kurz zu hören, was sie beschäftigt. Es legt eine gute Grundlage für konstruktives Miteinanderarbeiten.

Runden, die das A und O der Soziokratischen Kreismoderation sind, sind in der Theorie eine ganz hervorragende Methode, um alle Menschen zu Wort kommen zu lassen und alle Stimmen zu hören. In der Praxis sind sie eine sinnvolle Methode, die in bestimmten Situationen unbedingt angeraten ist, wenn wenige Lautstarke die Diskussion dominieren. In anderen Situationen darf es gern auch Raum für andere Diskussionsformen geben. (Dies ist in der Soziokratie natürlich auch möglich, der Kreis muss nur im Konsent entscheiden, von der Rundenform abzuweichen.) Manchmal ist eine offene Diskussion erfrischender und konstruktiver.

Die theoretische Abfolge

Unabhängig von der konkret angewandten Methode ist es stets sinnvoll, bei komplexen Entscheidungsfindungen folgende Schritte zu durchlaufen:

1. Alle auf einen Informationsstand bringen.
2. Emotionalen Reaktionen Raum lassen und sehen, ob es Themen gibt, die so voller Brisanz sind, dass zunächst die emotionale Ladung angeschaut werden muss.
3. Positionen und Argumente hören und abwägen.
4. Entscheiden.

Diese Schrittfolge wird in der Soziokratie mit Runden gelöst, es gibt (vor allem in der amerikanischen Cohousing-Szene) die Variante der »coloured cards« (Farbkärtchen, siehe Kasten), in der die gleiche Qualität ganz anders erreicht wird.

METHODE

Moderation mit Farbkärtchen

aus der amerikanischen Cohousing-Bewegung

Benötigte Materialien:

- **Kärtchen** in den Farben Weiß (mit Blitzzeichen), Orange, Gelb, Grün und Blau in der gleichen Anzahl der teilnehmenden Personen.
- Ein **Flipchart**, das die Bedeutung der Kärtchen für alle visualisiert. (Das Fettgedruckte – siehe unten – wird visualisiert, das weniger Fettgedruckte in der Einführung gesagt.)

Bedeutung der Farben:

Weiß = Störung: Ich habe eine Störung, auf die sofort reagiert werden muss. Eine Störung kann zwei Ebenen haben:

1. Es ist eine starke emotionale Verletzung, die mich nicht mehr zuhören lässt.
2. Eine technische Störung: Ich finde, eine Pause ist nötig; es muss gelüftet werden ..., lasst uns mal einen Energizer/einen Moment Stille einschieben.

Orange = Wertschätzung: Ich möchte meine Wertschätzung ausdrücken für ...

Gelb = Frage: Um mir eine Meinung bilden zu können, brauche ich noch eine Information.
Hinweis: Es gibt Menschen, die in Fragen verpackte Meinungen einbringen. Solche Fragen haben hier nichts zu suchen. Fragen der Art »Findest du nicht, dass dies …?« sind keine Fragen, sondern Meinungen. Erfahrungsgemäß braucht es etwas Übung und Klarheit der Gesprächsleitung, weil Menschen oft versuchen, ihre Meinungen in Fragen zu packen.

Grün = Ich kann zur Klärung beitragen. Klärung bedeutet meist Antworten auf Fragen, manchmal auch weitere Informationen, die in den Augen der Person noch fehlen.

Blau = Meinung. Es findet eine normale Diskussion mit Rednerliste statt, allerdings mit einem entscheidenden Unterschied: **Die Rednerliste wird nach Farben geführt.** Zu allen Zeiten kommen zunächst die weißen Kärtchen dran, dann die orangefarbenen, dann die gelben, dann die grünen und dann die blauen. Die Person, die die Rednerliste führt, muss also ein Blatt Papier mit verschiedenen Spalten für die Farben haben, um den Überblick zu bewahren.

Dieser kleine Moderationstrick hat verschiedene positive Aspekte: Die Diskussion ist lebendiger als in straff nacheinander organisierten Runden. Dennoch werden die Qualitäten, zunächst alle Informationen vor den Meinungen zu hören, aber auch Raum für heftige Emotionen zu geben, gewahrt. Und es kommt noch ein positiver Aspekt dazu:

Durch die orangefarbene Karte, die zu kurzfristigem Rederecht verhilft, wird die Gruppe ermutigt, mehr Wertschätzung auszusprechen, die sonst häufig vergessen wird. (Ernte!)

Ich habe gehört, dass diese Methode in vielen amerikanischen Wohnprojekten mit Erfolg angewandt wird. In Sieben Linden gehört sie zu unserem Methodenkoffer und wird angewandt, wenn wir emotionale Sachdiskussionen erwarten. In diesen Situationen hat sie sich schon häufig sehr bewährt.

Abschließender Hinweis: Keines der vorgestellten Modelle, wie Gruppentreffen moderiert werden können, ist perfekt und für alle Situationen und alle Gruppen zu gebrauchen. Jede Gruppe muss ihren eigenen Weg finden, Gruppentreffen konstruktiv zu gestalten.

5.4 Rechtsformen und Verträge

Projekte, die kurzfristige Initiativen planen, brauchen sich um Rechtsformen kaum zu kümmern. Die wenigsten wissen, dass sie eine GbR bilden, wenn sie gemeinsam beim Bäcker Brötchen kaufen oder wenn sie für eine Urlaubskasse zusammenlegen.

Solch eine kurzfristige Initiative, die keine großen Geldsummen involviert, kann problemlos informell laufen. Gemeinschaftliche Wohn- und Arbeitsprojekte sind jedoch in der Regel sehr langfristig angelegt, und sie involvieren hohe Summen dauerhaft investierten Geldes. Hier ist eine intensive Auseinandersetzung mit der Frage nach Grundbesitz und Gestaltung der Verträge ein Muss in der Gründungsphase. Die kompetente Verantwortungsübernahme des Vorstandes ist ein Muss für die gesamte Lebensdauer des Projektes.

Grundsätzlich gilt: Verabredungen stets schriftlich festhalten! Wenn Projektmitglieder Geld für den Immobilienerwerb zur Verfügung stellen, muss immer vorher festgehalten werden, zu welchen Konditionen das Geld überlassen wird und wie die Kündigungsoptionen sind!

Ich werde an dieser Stelle keine ausführliche Abwägung der verschiedenen Rechtsformen treffen, sondern nur eine allgemeine Übersicht sowie wichtige Prinzipien vorstellen. (Zusätzliche Informationen finden sich im Anhang.)

Das wichtigste Prinzip:

Eine Gemeinschaft von Individuen auf Augenhöhe braucht gleiche Rechte an dem Objekt. Immer wieder begegne ich Initiativen, in denen ein Einzelner eine Immobilie besitzt und darin eine Gemeinschaft gründen möchte. Ebenso kommt es vor, dass eine Gruppe schon lange ein Objekt sucht, aber noch keine Rechtsform hat. Wenn dann das scheinbar ideale Objekt sehr kurzfristig erworben werden muss, wird es von einer kleinen Untergruppe »erst mal« gekauft, um es für die Gesamtgruppe zu sichern. Beides sind Konstellationen, in denen Konflikte vorprogrammiert sind.

Immobilieneigentum ist eine große finanzielle Verantwortung und keine Formalie, die ignoriert werden darf.

Auch ein gemeinschaftliches Zusammenleben mit dem Vermieter einer Immobilie kann wunderschön sein und über viele Jahre gut und gemeinschaftlich funktionieren. Es muss jedoch allen Beteiligten bewusst sein, dass im Konfliktfall klar ist, wer der Herr oder die Chefin im Haus ist, denn Hausbesitzende haben deutlich mehr Rechte – aber auch erheblich mehr Verantwortung – als die Mieter:innen.

FALLBEISPIEL 1

Nicht immer profitieren die Besitzenden

In der Gründungsgruppe eines Gemeinschaftsprojektes hatten von sechs Menschen vier etwas Kapital, die anderen besaßen gar keines. Die vier gründeten eine GbR, die das Objekt kaufte. Informell sollte das Eigentum aber keine Rolle spielen – alle zahlten Miete an die GbR, alle engagierten sich für die Sanierung des Gebäudes.

Über einen Zeitraum von zehn Jahren zogen ein GbR-Mitglied und zwei aus der Gründergeneration, die keine Besitzer:innen waren, aus. Insgesamt lebten zwölf Menschen eine Weile auf dem Hof und gingen wieder. Immer wieder gab es Konflikte, weil diejenigen, die dort lebten, Miete zahlten und gleichzeitig ohne Bezahlung Renovierungsarbeiten in dem Haus machten. Die Mieter waren unzufrieden, dass sie durch ihre Arbeit den Wert eines Hauses steigerten, das ihnen nicht gehörte.

Schließlich engagierte die Gruppe mich, um einen Prozess der gemeinsamen Besitzübernahme zu begleiten. Es war leicht, eine gemeinsame Ausrichtung für das Projekt zu finden – und es gab die große Bereitschaft der Besitzer-GbR, das

Objekt zu überführen. Auch die Frage nach einer potenziellen gemeinsamen Rechtsform war schnell geklärt.

Die Überraschung kam, als es darum ging, zu welchem Preis die Besitzer-GbR das Haus an die anderen verkaufen wollte.

Wir schauten gemeinsam in die Bücher, prüften Kaufpreis, Investitionen, Mieteinnahmen über die Jahre, und die Besitzer:innen nannten einen potenziellen Kaufpreis, der deutlich unter der Summe von Kaufpreis plus Investitionen minus Mieteinnahmen lag. Doch da der Wert von Immobilien in diesem Teil Deutschlands in den letzten zehn Jahren gesunken war, war den Mitbewohner:innen dieser Preis dennoch viel zu hoch. So scheiterte die Übernahme durch die Gemeinschaft, und die alten Besitzer:innen blieben auf der Immobilie sitzen.

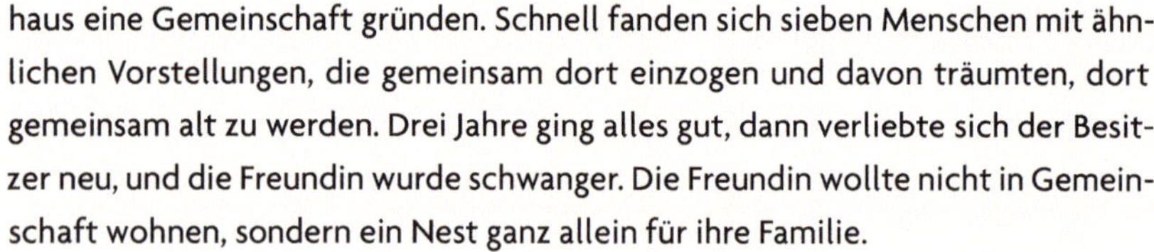

FALLBEISPIEL 2

Verständliche Prioritätenveränderung

Der Erbe einer Bauernfamilie wollte im familiären Bauernhaus eine Gemeinschaft gründen. Schnell fanden sich sieben Menschen mit ähnlichen Vorstellungen, die gemeinsam dort einzogen und davon träumten, dort gemeinsam alt zu werden. Drei Jahre ging alles gut, dann verliebte sich der Besitzer neu, und die Freundin wurde schwanger. Die Freundin wollte nicht in Gemeinschaft wohnen, sondern ein Nest ganz allein für ihre Familie.

Lange, zähe Auseinandersetzungen über die Frage, ob und wie das auf dem Gelände möglich sei, waren die Folge. In dieser Auseinandersetzung gab es nicht die Freiheit zu entscheiden, dass die ursprüngliche Gemeinschaftsvision Bestand hat, weil die neue Familiensituation für den Besitzer Vorrang hatte. Das Resultat: Vier der ursprünglichen Besetzung verließen das Projekt. Heute leben dort die Familie des Erben und eine weitere Familie aus der Gemeinschaft zufrieden in einem klaren Mieter-Vermieter-Verhältnis.

Hinweis: Alle Fallbeispiele in diesem Buch sind jeweils konkreten, mir bekannten Beispielen nachempfunden. Wenn kein explizites Einverständnis des Projektes vorlag, ihre Geschichte zu veröffentlichen, habe ich die Beispiele anonymisiert und in Details verändert, damit keine Rückschlüsse auf das Projekt gezogen werden können.

Manche Gemeinschaften sind bewusst so ausgelegt, dass der Besitz nur einem/wenigen gehört, etwa spirituelle Gemeinschaften, deren Haus dem Lehrer oder einer Organisation des Lehrers/der Lehrerin gehören. So ist eine klare Macht- und Entscheidungsstruktur festgelegt. Auch wenn für das Alltagsleben andere Festlegungen bestehen und gelebt werden mögen, muss allen Beteiligten bewusst sein: Im ernsthaften Konfliktfall kann der Eigentümer durch Kündigung oder Verkauf das Ende des Projektes oder den Rauswurf einzelner Menschen (im Rahmen des Mietrechtes) bestimmen. Trotzdem kann dort schönes, gemeinschaftliches Leben möglich sein. Es fehlt dort jedoch der Aspekt von Augenhöhe. Dessen sollten sich alle Beteiligten bewusst sein und nicht davon ausgehen, dass Besitz doch »nur eine Formalie« ist.

Wenn eine Gruppe eine Gemeinschaft auf Augenhöhe plant, so sollte sie darauf achten, dass es gleiche Rechte aller an der Immobilie gibt. Die gebräuchlichsten Formen für Lebensgemeinschaften und Wohnprojekte stelle ich im Folgenden kurz vor.

5.4.1 Die Wohneigentümergemeinschaft

Jedes Haus in Deutschland, in dem Eigentumswohnungen sind, ist eine Wohneigentümergemeinschaft. Dies ist eine sehr gebräuchliche Rechtsform, die weit verbreitet ist und meist wenig mit dem zu tun hat, was in diesem Buch unter Gemeinschaft verstanden wird.

Aber auch viele gemeinschaftliche Bauprojekte realisieren ihr Projekt in einer Wohneigentümergemeinschaft. Jede Partei hat in dem Fall ihre eigene, ganz abgeschlossene Wohnung, die ihr volles Eigentum ist. Es gibt dafür ein eigenes Grundbuchblatt, in dem das Eigentum eingetragen ist. Die Eigentümer können für den Bau/Kauf der Eigentumswohnung einen Kredit aufnehmen, der über das Grundbuch gesichert wird. Sie können die Wohnung nach ihrem Gutdünken wieder verkaufen, und selbstverständlich gehört die Wohnung zur Erbmasse, wenn die Person verstirbt.

In einer Wohneigentümergemeinschaft (WEG) gibt es immer auch Gemeinschaftsflächen. In den traditionellen WEGs sind das die Treppenhäuser, Räume für Müll, Fahrradabstellräume, eventuell eine Waschküche und oft auch die um das Haus liegenden Grünflächen.

Wohnprojekte, die auf Wohneigentum basieren, haben meist mehr Gemeinschaftsflächen: Sie planen Gemeinschaftsräume, Gästezimmer, vielleicht eine Werkstatt oder einen Musikraum. Und sie haben höhere Ansprüche an ihr Miteinander als die klassischen WEGs, die sich oft nur treffen, um über Renovierungsarbeiten im Haus abzustimmen.

In WEG-Verträgen von gemeinschaftlichen Wohnprojekten ist oft festgelegt, dass die Wohnungen nur mit Zustimmung der Projektbeteiligten weiterverkauft werden dürfen. Dies ist in §12 Abs. 2 des Wohneigentumsgesetzes ausdrücklich erlaubt. Diese schöne Willenserklärung ist eine wichtige Grundbedingung für Gemeinschaftsleben, nämlich dass die Entscheidung füreinander eine bewusste Entscheidung ist. Wenn ein Mitglied verkaufen möchte, schützt der deutsche Staat allerdings das Eigentumsrecht stärker als das Recht von Gemeinschaften, und die WEG darf ihre Zustimmung nur aus wichtigem Grund verweigern.

Dass die Gemeinschaft lieber einen anderen Kandidaten hätte, ist für die deutsche Rechtsprechung leider kein solch wichtiger Grund. Es müssen handfeste Gründe angeführt werden, warum der Käufer den Hausfrieden stören könnte oder seinen finanziellen Verpflichtungen nicht nachkommt. Erkennt ein Gericht eine Nichtzustimmung nicht an, wird es teuer für die Wohneigentumsgemeinschaft.

Außerdem können die Eigentümer die Wohnung selbstverständlich ganz eigenverantwortlich vermieten, und natürlich geht das Eigentum im Todesfall an die Erben über.

Wer eine Wohneigentümergemeinschaft gründet, muss sich im Klaren sein, dass, über einen längeren Zeitraum gesehen, vermutlich Menschen in der Gemeinschaft leben werden, zu denen die Gemeinschaft nicht bewusst »ja« gesagt hat. Trotzdem gibt es viele gut funktionierende Wohnprojekte in Wohneigentum. Im Durchschnitt haben Wohneigentumsprojekte einen weniger hohen Anspruch an Gemeinschaftsleben als Projekte mit gemeinschaftlichem Eigentum. Ausnahmen bestätigen aber auch hier die Regel.

5.4.2 Die Genossenschaft

Genossenschaften wurden Mitte des 19. Jahrhunderts (Vorläufer schon früher) entwickelt. Sie stellen eine Rechtsform dar, die es Menschen ermöglicht, sich zusammenzuschließen, um ihr wirtschaftliches Wohl durch das Zusammenlegen ihrer Mittel besser zu erreichen. In der Landwirtschaft schlossen sich kleine Landwirte zusammen, um gemeinsam bessere Preise für den Einkauf von Futtermitteln und den Verkauf ihrer Produkte zu erzielen. Beim Handwerk gab es ähnliche Initiativen. Auch die ersten Wohnungsbaugenossenschaften entstanden: Menschen schlossen sich zusammen, um für sich gemeinsam Wohnraum zu schaffen.

Damals waren dies ähnliche Initiativen, wie es Wohnprojekte heute sind. Über die Jahre haben sich die meisten zu recht konventionellen Unternehmen entwickelt, aber nach wie vor haben zum Beispiel Wohnungsgenossenschaften einen anderen Anspruch an den Umgang mit den Mietern als große Immobilienfirmen. Und nach wie vor wählen die Genoss:innen (oder Delegierte) dort die Verantwortlichen. Wenn mit der Wohnungswirtschaft Gewinn gemacht wird, wird er auf die Genoss:innen verteilt. Gewinnerzielung ist jedoch nicht die Absicht von Genossenschaften, sondern das Ziel ist, gute Lebensumstände für ihre Mitglieder zu schaffen.

Kurz gesagt: Genossenschaften sind für Gemeinschaftsprojekte erfunden worden und haben viele Eigenheiten, die sie zu sehr sinnvollen Rechtsformen dafür machen.

Was Genossenschaften auszeichnet, ist:

- klare Regelungen darüber, wie Kapital eingebracht und wieder entnommen wird;
- Beteiligung der Mitglieder am Gewinn, wenn es ihn gibt;
- Mitbestimmung der Mitglieder in der Generalversammlung;
- Pro-Kopf-Stimmrecht (in der Regel);
- Möglichkeit, »investierende Mitglieder« zuzulassen: rechtssichere Möglichkeit für die Arbeit mit Geld aus dem Umfeld des Projektes (siehe auch Kapitel 6.2.4, »Arbeit mit Geldern von Unterstützer:innen«).

- Reine Wohnungsvermietungsgenossenschaften sind körperschaftssteuerbefreit. Dafür dürfen sie aber nicht mehr als 10 Prozent ihres Umsatzes aus etwas anderem als Wohnungsvermietung an Mitglieder erzielen.

Ein weiterer großer Vorteil von Genossenschaften ist, dass sie als förderwürdig angesehen werden, sodass potenzielle Genossenschaftsmitglieder bis zu 50.000 Euro KfW-Darlehen mit extrem günstigen Zinsen zum Erwerb von Genossenschaftsanteilen für eine Wohnungsgenossenschaft aufnehmen können.

Viele Initiativen scheuen vor einer Genossenschaftsgründung zurück, da sie gehört haben, Genossenschaften seien teuer. Das stimmt insofern, als eine Genossenschaft Mitglied in einem Prüfungsverband sein muss, der sie (je nach Größe) ein- bis zweijährlich prüft. Dies verursacht zusätzliche, nicht unerhebliche Kosten. Viele Genossenschaften haben diese Prüfung aber auch schätzen gelernt: Die meisten Menschen, die Gemeinschaftsinitiativen gründen, haben keine Erfahrung im Management von gemeinsamem Immobilieneigentum. Hier kann ein wohlwollend-fachlicher Blick einer externen Instanz sehr unterstützend sein.

Für sehr kleine Gruppen sind die Gründungs- und Prüfungskosten tatsächlich ein wesentlicher Faktor. Ab einer Gruppengröße von sieben Parteien empfehle ich die Genossenschaft als eine sinnvolle Rechtsform. Andere Berater:innen nennen etwas höhere Zahlen. Die Prüfungskosten steigen nicht linear mit dem Umsatz, daher sind die Prüfungskosten vor allem für kleine Projekte ein wesentliches Argument.

Bevor eine Genossenschaft in das Handelsregister eingetragen wird und damit eine eG – eine eingetragene Genossenschaft – wird, muss die Gründungsinitiative ein Gründungskonzept vorlegen, das vom Genossenschaftsverband geprüft wird. Auch dies kostet Geld. Das Gründungskonzept entspricht jedoch ziemlich genau den Plänen und Berechnungen, welche die Initiative sowieso machen muss, um herauszufinden, ob sie ihren Traum tatsächlich realisieren kann. Genossenschaften lassen sich also nicht gründen, ohne fundiert durchgerechnet zu haben, ob das Projekt realisierbar ist. Genaue Kalkulationen haben schon einige Projekte vor Fehlentscheidungen bewahrt.

Für die Gründung von Genossenschaften gibt es in Deutschland eine wunderbare hilfreiche Instanz: den Zentralverband Deutscher Konsumgenossenschaften (zdk) mit Sitz in Hamburg. Dies ist kein Prüfungsverband, sondern eine Beratungsorganisation, die Genossenschaftsinitiativen kostenfrei und sehr kompetent berät. Die Internetseite des Verbandes *www.genossenschaftsgruendung.de* hält viele wertvolle Informationen bereit. Eine Gründung, die vom zdk begleitet wurde, wird von manchen Genossenschaftsprüfungsverbänden kostenfrei geprüft, da sie ihren Kollegen beim zdk vertrauen.

Manche Berater:innen raten aufgrund der sogenannten Nachschusspflicht von einer Genossenschaft als Rechtsform ab. »Nachschusspflicht« bedeutet, wenn die Genossenschaft bankrottgeht, haften die Mitglieder nicht nur mit ihrem Anteil, sondern auch darüber hinaus mit weiterem Vermögen. Das möchte natürlich niemand. Diese Sorge ist jedoch nur insofern berechtigt, solange die Nachschusspflicht nicht in der Satzung ausgeschlossen wurde. Jede gute Beratung zur Genossenschaftsgründung wird daher empfehlen, in die Satzung von Anfang an den Satz aufzunehmen: »Die Nachschusspflicht wird ausgeschlossen.« Problem gelöst!

Übrigens: Es gibt auch reine Mietergenossenschaften. Das Immobilieneigentum ist dann bei jemand anderem, und die Gruppe mietet als Genossenschaft. So ist es zum Beispiel auch möglich, im Eigentum von etablierten Wohnungsgenossenschaften oder vertrauenswürdigen Immobilienbesitzern ein Gemeinschaftsprojekt aufzubauen.

5.4.3 Der Verein

Vereine sind recht leicht zu gründen und zu führen und sind vielen Menschen vertraut. Daher entscheiden sich viele kleine Projekte für die Form des Vereins. Das funktioniert oft gut, und es gibt viele schöne Beispiele für Wohnprojekte in Vereinsbesitz. Nichtsdestotrotz ist ein Verein nicht für eine wirtschaftliche Unternehmung gedacht. Es gibt immer wieder Berichte von Vereinen, die zur Auflösung gezwungen waren, weil sie keine ideelle Ausrichtung hatten, sondern ein Wirtschaftsunternehmen waren.

Vereine, die gemeinsam ein Haus bewirtschaften, könnte das auch betreffen. Der oben genannte zdk setzt sich daher in vielen politischen

Gremien dafür ein, dass wirtschaftliche Vereine explizit genehmigt werden. Derzeit ist die Rechtslage noch eine andere.

Zudem hat der Verein rechnerisch selten Eigenkapital, da die Menschen ihr Kapital für den Hausbau in der Regel nicht spenden, sondern leihen. Das macht Vereine für manche Banken nicht kreditwürdig. Die alternativen Banken (GLS-Bank, Triodos-Bank) sehen aber auch nachrangige Mitgliederdarlehen ähnlich wie Eigenkapital an.

5.4.4 Exkurs: Gemeinnützigkeit

Spätestens beim Verein kommt die Frage nach der Gemeinnützigkeit auf. Theoretisch könnten sowohl ein Verein als auch eine Genossenschaft gemeinnützig sein. Aber für die wenigsten Gemeinschaften und Wohnprojekte, die ich begleite, kommt – unabhängig von der Rechtsform – eine Gemeinnützigkeit infrage. Denn das gemeinschaftliche Wohnen ist nicht gemeinnützig im Sinne des deutschen Steuerrechts, sondern eine wirtschaftliche Tätigkeit. Als dies festgelegt wurde, wurde die Körperschaftssteuerbefreiung für reine Wohnungsgenossenschaften erfunden, die zwar keine Gemeinnützigkeit ist, aber doch eine erhebliche Steuererleichterung.

Gemeinnützigkeit kommt nur für Projekte infrage, deren Hauptanliegen (wirklich!) etwas anderes ist als Wohnen. Dieses Hauptanliegen muss zu den gemeinnützigen Zwecken zählen, zum Beispiel Bildung oder Naturschutz. Wohnen kann in diesem Fall nur ein »wirtschaftlicher Geschäftsbetrieb« sein, der sich dem gemeinnützigen Zweck unterwerfen muss und Gewinne liefert, aus denen die gemeinnützigen Aktivitäten finanziert werden können.

Für die meisten Projekte, die gemeinnützige Aktivitäten planen, empfiehlt es sich, neben der Rechtsform für das gemeinsame Wohnen eine gemeinnützige Rechtsform aufzubauen, die diese Aktivitäten übernimmt. Zwischen der gemeinnützigen Rechtsform (meist ein Verein oder auch eine Stiftung, siehe unten) und der nicht gemeinnützigen Rechtsform für das gemeinschaftliche Wohnen können Synergieeffekte entstehen.

5.4.5 Mietshäuser Syndikat

Hinter diesem seltsamen Namen versteckt sich eine geniale Idee von Freiburger Wohnprojekten: Häuser sollen dauerhaft als Mietshäuser erhalten und der Spekulation entzogen werden, selbst wenn die aktuelle Bewohnergruppe den Beschluss fassen sollte, das Gebäude zu verkaufen.

Oft steckt die Gründungsgeneration viel unbezahlte Arbeit in ein Projekt. Nach 20 Jahren sind die Häuser abbezahlt, die Mieten niedrig, und es leben andere Menschen in dem Gebäude. Die Gründergeneration, die es aufgebaut hat, ist längst woanders. Die Menschen, die dann die Gemeinschaft ausmachen, könnten mehrheitlich entscheiden, die Häuser oder Eigentumswohnungen daraus zu verkaufen und den Profit privat einzustecken. Wenn die Gründergeneration dies verhindern möchte, ist eine Beteiligung am Mietshäuser Syndikat eine überlegenswerte Alternative. Die Häuser sind stets im Eigentum einer GmbH, die aus zwei Organisationen besteht: der Mietshäuser Syndikats-GmbH und dem Hausverein, der spezifisch für dieses Projekt ist und in dem die Bewohner:innen des Hauses wohnen. Alle Alltagsentscheidungen trifft der Hausverein. Bei Verkaufsüberlegungen wird das Mietshäuser Syndikats in der Regel von seinem im Gesellschaftsvertrag festgelegten Vetorecht Gebrauch machen.

Inzwischen ist das Mietshäuser Syndikat ein großes Netzwerk von sehr unterschiedlichen Projekten mit sehr viel Erfahrung geworden – als Syndikatsmitglied kann ein Wohnprojekt von diesem Netzwerk sehr profitieren. Unter anderem hat dieses Netzwerk den Anspruch, neue Projekte durch alte in Form von Solidartransfer zu unterstützen.

Mehr Informationen hierzu unter: *www.syndikat.org*

5.4.6 GmbH, UG, Kommanditgesellschaft

Theoretisch sind weitere mögliche Rechtsformen für Wohnprojekte eine normale GmbH, eine Unternehmergesellschaft und/oder eine Kommanditgesellschaft. Wer diese Lösungen in Erwägung zieht, sollte sich dazu fachlich beraten lassen.

5.4.7 Gesellschaft bürgerlichen Rechts

Ist eine Gemeinschaft für eine bestimmte Lebensphase gedacht und beinhaltet wenig gemeinsames Eigentum, zum Beispiel eine Gruppe, die gemeinsam ein Haus oder eine Wohnung mietet, dann ist eine Gesellschaft bürgerlichen Rechts, kurz GbR genannt, eine sinnvolle und unaufwendige Lösung. Die Mieter gründen eine GbR oder auch BGB-Gesellschaft, vielleicht ohne den Begriff überhaupt zu kennen. Die GbR entsteht durch die gemeinsamen Unterschriften unter den Mietvertrag. Jede:r der Mieter:innen haftet gesamtschuldnerisch für die volle Miete. Untereinander gibt es natürlich Absprachen, wie die Miete aufzuteilen ist. Das Risiko hier ist gering, da sich Schulden und Außenstände sehr schnell bemerkbar machen und es kein gemeinsames Eigentum gibt, außer vielleicht ein paar Küchengeräten und Lebensmitteln, wenn gemeinsam gekocht wird.

Anders sieht es aus, wenn eine Gruppe als GbR ein Haus kauft. In dem Fall besitzt die Gruppe gemeinsam einen hohen Wert. Auch hier haften die GbR-Mitglieder gesamtschuldnerisch. Jede Forderung gegen ein GbR-Mitglied kann in das Vermögen der GbR vollstreckt werden. Das heißt konkret, wenn ein GbR-Mitglied Schulden hat oder auf einmal Zahlungsverpflichtungen bekommt (zum Beispiel Schadensersatz nach politischen Aktionen wie Feldbefreiung, Unterhaltsschulden, Spielschulden oder ein selbst verschuldeter Unfall, bei dem jemand querschnittsgelähmt wurde), dann können die Gläubiger:innen auf das gemeinsame Immobilieneigentum zugreifen, es verkaufen lassen und den Gewinn für die Deckung der Schulden verwenden. Zwar ist das GbR-Mitglied dann theoretisch verpflichtet, den anderen den Schaden irgendwann zu ersetzen, aber er/sie wird in den seltensten Fällen dazu in der Lage sein. Daher rate ich von einer GbR als Besitzorganisation ab.

5.4.8 Stiftung

Viele Projekte träumen davon, ihr Wohnprojekt im Rahmen einer Stiftung zu realisieren. Meist denken sie dabei an eine gemeinnützige Stiftung und hoffen auf großzügige Zustiftungen von Menschen außerhalb des Projektes. Hier ist zunächst zu beachten, was ich oben schon zur Gemeinnützigkeit gesagt habe: Da gemeinsames Wohnen nicht gemeinnützig ist, wird es unmöglich, eine gemeinnützige Stiftung zu gründen, die explizit das gemeinsame Wohnen zum Ziel hat.

Stiftungen können trotzdem ein interessanter Baustein für die rechtlichen Konstruktionen zur Realisierung von Projekten und Lebensgemeinschaften sein. Denn viele Projekte haben gemeinnützige Ziele. Wenn es im Projekt oder im Projektumfeld Menschen gibt, die sich gern als Stifter:innen für das Projekt sehen, kann es sinnvoll sein, eine Stiftung zu gründen, welche die gemeinsame Immobilie (oder nur den Grund, auf dem die Immobilie steht) als wirtschaftlichen Geschäftsbetrieb betreibt und mit dem aus den Mieten erwirtschafteten Geld die gemeinnützigen Zwecke des Projektes umsetzt. Das erspart der Restgruppe die Finanzierung des Gebäudes (oder des Grundes). Stattdessen gibt es nur monatliche Miet- oder Pachtzahlungen, die oft leichter zu stemmen sind.

Dazu braucht es allerdings Menschen, die bereit sind, viel Geld tatsächlich zu stiften, das heißt, dieses Geld dauerhaft in die Stiftung zu geben. Das können Menschen der Gründungsgruppe sein, aber auch Außenstehende, die diese Idee gut finden. Es ist aber eher ein Glücksgriff, wenn eine finanzschwache Gruppe einen derartigen Mäzen findet.

Eine andere Möglichkeit, mit Stiftungen zusammenzuarbeiten, ist es, mit einer Stiftung zu kooperieren, die sich mit dem Ziel gegründet hat, Land für Gemeinschaftsprojekte zu kaufen und zu sichern. In Deutschland sind mir vier Stiftungen bekannt, die dies tun:

- die Stiftung trias
- die Grundstiftung Tempelhof
- die Stiftung Freiräume
- die Edith-Maryon-Stiftung (mit Sitz in der Schweiz, aber Projekten auch in Deutschland)

Bei allen genannten Stiftungen sind in der Regel eigene Zustiftungen nötig. Es ist fast nie so, dass die Stiftung eine Million auf dem Konto hat und sich freut, dieses Geld in das Land eines Projektes zu investieren. Die Stiftungen dienen quasi als Dienstleister oder Rahmen, mit dem Stiftungslösungen umgesetzt werden können. Durch das Grundeigentum in der Stiftung kann – wie beim Mietshäuser Syndikat – langfristig sichergestellt werden, dass ein Projekt dauerhaft den Zielen dient, für die es gegründet wurde und wofür die Gründungsgeneration in der Regel sehr viel ehrenamtliche Arbeit investiert hat.

Manchen Projekten gelingt es, eine Stiftung dafür zu gewinnen, das gesamte Objekt für die Gemeinschaft als Vermögensanlage für ihre Stiftungszwecke zu kaufen und anschließend in Erbpacht an das Projekt zu geben. In einer Zeit, in der traditionelle Geldanlagen wenig Geld bringen, ist das, insbesondere für kleinere alternative Stiftungen (siehe zum Beispiel unter dem Stichwort »Wandelstiftungen« im Internet), eine interessante Form, mit der Vermögensanlage zusätzlich ihre eigentlichen Ziele zu erfüllen. Diese Art der Kooperation sind aber Einzelfälle.

5.4.9 Exkurs: Erbbaurecht

Eine gängige Lösung für die Kooperation mit Stiftungen ist folgende Vorgehensweise: Die Stiftung kauft den Boden, und die Gemeinschaftsorganisation erhält einen Erbbaurechtsvertrag für die Gebäude. In einem Erbbaurechtsvertrag können auch ideelle Festlegungen getroffen werden, zum Beispiel wofür die Gebäude genutzt werden oder dass sie nicht ohne Zustimmung vom Grundbesitzer weiterverkauft werden können.

Erbbaurecht als Ausweg aus dem »Besitzerdilemma«

Gleichzeitig kann Erbbaurecht auch von Privatpersonen ausgestellt werden. Dies kann dann eine Lösung sein, wenn eine Person so viel Geld hat, dass sie die Immobilie selbst kaufen könnte, oder diese bereits besitzt und die anderen zu wenig Kapital haben, um die Immobilie zu übernehmen, aber monatliche/jährliche Erbpacht zahlen könnten.

In dem Fall kann für das Gemeinschaftsprojekt eine Rechtsform gegründet werden, die das Objekt mit einem Erbbaurechtsvertrag mit jährlichen Zahlungen übernimmt. In dem Vertrag können die ideellen Ziele der Gründungsinitiative – zu denen in dem Beispielfall auch der Immobilienbesitzer gehört – festgelegt werden. Als Person hat der Immobilienbesitzer (und seine Erben) dann lediglich das Recht auf die vertraglich festgelegten Zahlungen und keine weiteren Rechte, welche die Gemeinschaft betreffen. Sollte es zu einem Konflikt in der Gemeinschaft kommen, ist nicht von vorneherein klar, wer die mächtigere (oder für die Immobilie verantwortungsvollere) Position hat, da die Immobilie durch den Erbbaurechtsvertrag in grundbuchlich gesichertem Besitz der Gemeinschaftsorganisation ist.

5.4.10 Formelle und informelle Strukturen

Ein wichtiges Prinzip im Umgang mit Rechts- und Besitzformen ist es, formelle und informelle Strukturen möglichst kongruent zu halten. Für die Eigentumsfrage wurde das oben bereits ausführlich erörtert, es betrifft jedoch viele andere Bereiche ebenfalls.

Die Entscheidung für ein Grundprinzip von Entscheidungskultur und die Satzung wird am Anfang eines Projektes gefällt. Im Laufe eines Projektlebens entwickeln sich Strukturen weiter, und das ist gut so. Da Satzungen und offizielle Rollen aufwendig zu ändern sind – sie brauchen offizielle Mitgliederversammlungen und Notartermine –, entwickeln sich in Gemeinschaftsprojekten mit der Zeit oder auch von Anfang an für die Gemeinschaft akzeptierte Strukturen »neben« oder sogar »anstatt« der formellen satzungsgemäßen Strukturen. »A ist nur auf dem Papier Vorstand.« »In der Satzung steht, dass wir mit Mehrheit entscheiden, aber in Wirklichkeit entscheiden wir im Konsens.« Derartige Lösungen sind in vielen mir bekannten Gemeinschaften üblich.

Die formalen Strukturen werden als pro forma gesehen, und es herrscht die Überzeugung, sie könnten getrost weitgehend ignoriert werden. So stehe ich manchmal vor der Situation, dass ein Vorstand, der ja »nur pro forma« Vorstand ist, aus wirtschaftlichen oder verantwortungsgemäßen Gründen Bauchschmerzen mit einer Entscheidung hat, sich aufgrund des basisdemokratischen Grundverständnisses aber an die Vorgaben seiner Gemeinschaft hält. »B hat die Vorstandsrolle übernommen, aber wir entscheiden immer alles zusammen.«

Bei derartigen Sichtweisen wird außer Acht gelassen, dass die satzungsgemäß festgelegten Strukturen jene sind, die im Zweifelsfall von außen in die Haftung genommen werden. Nicht das Plenum wird wegen fahrlässiger Tötung vor Gericht zitiert, wenn jemand auf einer schlecht gesicherten Baustelle verunglückt – es ist der Vorstand! (Oder der Bauleiter oder der Sicherheitsbeauftragte …) Nicht die Gemeinschaft haftet mit dem Privatvermögen, wenn ein Projekt in die Insolvenz geht und ein Gläubiger feststellt, dass nicht ordentlich gewirtschaftet wurde. Es sind die Menschen, die als Vorstand eingetragen sind – selbst wenn der Vorstand im expliziten Auftrag der Vollversammlung handelt! Daher sollten keine finanziellen und sicherheitsrelevanten Entscheidungen umgesetzt werden, hinter denen die aktuellen Vorstandsmitglieder nicht wirklich stehen können.

Skurril wird die Diskrepanz zwischen formellen und gemeinschaftlich festgelegten Strukturen, wenn die Gemeinschaft für sich informell festgelegt hat, im Konsens zu entscheiden, in der Satzung aber Mehrheiten verankert sind – vielleicht sogar mit dem schlauen Gedanken, im heftigen Konfliktfall eine Handlungsoption zu lassen. Wie werden dann offizielle Protokolle geschrieben? Denn wenn im Protokoll steht, dass ein Beschlussvorschlag wegen einer einzigen Ablehnung nicht durchkam, ist das ein Verstoß gegen die Satzung, und damit gilt dann pro forma der Beschluss, gegen den es ein Veto gab.

Daher ist es wichtig, darauf zu achten, dass die wesentlichen Pfeiler der tatsächlichen Entscheidungskultur wirklich in der Satzung oder Geschäftsordnung verankert sind. Eine Möglichkeit der Integration ist es, informelle Strukturen als Vorbereitung für die formellen Sitzungen zu nutzen. Zum Beispiel indem zunächst in einer informellen Versammlung eine soziokratische Wahl für eine Rollenbesetzung stattfindet. Das Ergebnis dieser soziokratischen Wahl wird dann in der offiziellen Versammlung als die Entscheidungsvorbereitung betrachtet, und diese Entscheidung wird mit satzungsgemäßer Mehrheit bestätigt.

Wichtig ist, dass die gelebten Strukturen einer Gemeinschaft den satzungsgemäßen Strukturen in keiner Weise konkret widersprechen – wenn das der Fall ist, sollte schleunigst eines der beiden geändert werden.

5.5 Informationsmanagement

Ein wichtiger Aspekt des Themas Struktur ist das Informationsmanagement in Projekten. Wie wird dafür gesorgt, dass Beschlüsse Jahre später wiedergefunden werden können, wenn es Unklarheiten gibt, wie der Beschluss eigentlich lautete? Wie wird die Gemeinschaft darüber informiert, was Kleingruppen und entscheidungsberechtigte Kreise tun?

In Minigemeinschaften von bis zu fünf Menschen, die bereits zusammenleben, kann dies durch ein Schwarzes Brett – heute häufig ein Whiteboard – in der Küche oder einem Gemeinschaftsraum passieren. Bei größeren Gemeinschaften überwiegen die Vorteile, die ein digitales Informationsmanagement bringt, bei Weitem die Nachteile. Daher tun Gründungsgruppen gut daran, sich frühzeitig mit dem Thema Informationsmanagement zu beschäftigen und ein gutes digitales System frühzeitig einzuführen und zu nutzen.

Es gibt inzwischen viele gute Plattformen, die es Gruppen ermöglichen, gemeinsam Dateien zu verwalten und Informationen auszutauschen. An dieser Stelle können IT-Experten sicher bessere Ratschläge geben als ich, daher werde ich hier keine Plattformen empfehlen oder Vor- und Nachteile gegeneinander abwägen.

Allgemein gilt: Die Möglichkeiten des digitalen Informationsmanagements sind **Fluch und Segen zugleich**.

Diskussionen in Foren oder E-Mail-Verteilern sind eine große Quelle für Verletzungen und Missverständnisse. Wenn es in einer Gemeinschaft zu einem Thema »heiß hergeht«, gibt es oft die Tendenz, den Konflikt auch über digitale Kanäle auszutragen. Das ist in den seltensten Fällen gemeinschaftsbildend. Daher ist es wichtig, eine gemeinschaftsfördernde Kultur der Kommunikation in Mailverteilern und Foren zu lernen.

Eine gute Kultur ersetzt hier Regeln, aber meist ist es sinnvoll, Regeln zu erstellen, damit sich die Kultur entwickeln kann.

Wichtig zu wissen: E-Mails sind sehr dienlich für den Austausch von Sachinformationen, tragen aber zur Eskalation bei, wenn sie in emotionalen Diskussionen genutzt werden. Das Ganze potenziert sich noch, wenn sie in emotionalen Diskussionen in Verteilern verwendet werden. Emotionale Beiklänge kommen beim Gegenüber in E-Mails oft sehr anders an als in persönlichen Gesprächen. Oft werden Emotionen hineininterpretiert oder als schärfer wahrgenommen als vom Schreiber beabsichtigt – und schon ist der nächste Konflikt da.

Eine wichtige Regel ist meiner Erfahrung nach, emotionale Aussagen, die auch andere betreffen, nicht in digitalen Verteilern zu erörtern. Aussagen wie »XY hat sich gemein verhalten« oder auch die abgemilderte Variante: »XY hat mich mit dem, was er getan hat, so verletzt, dass ich gar nicht weiterweiß!« gehören nicht in Verteiler, sondern in ein persönliches Gespräch (am besten in der Sprache der Gewaltfreien Kommunikation formuliert).

Die größten Nachteile von Plattformen zum digitalen Informationsmanagement sind die sehr unterschiedlichen Schwellen und Kompetenzen, die Menschen für den Umgang mit ihnen mitbringen. Während die Nutzung digitaler Systeme für die einen zum Alltag dazugehört, ist die Nutzung für andere, gerade für manche Menschen der älteren Generation, ein Buch mit sieben Siegeln, mit dem sie sich so wenig wie möglich beschäftigen wollen. Daher ist es wichtig, ein einfach zu bedienendes System zu wählen und digital unerfahreneren Gemeinschaftsmitgliedern Unterstützung zur Seite zu stellen, sodass sie wirklich partizipieren können. Zudem gibt es immer noch Menschen ohne Zugang zum Internet und Computern. Diese Menschen sollten eine Kontaktperson haben, die sie bei Bedarf informiert. Da sie weniger stark in die Kommunikationsflüsse eingebunden sein werden als Menschen, die täglich alle News auf ihr Smartphone geliefert bekommen, hat dies Einfluss auf die Position dieser Person in der Gemeinschaft. Genau mit diesem Thema beschäftigt sich das nächste Kapitel »Rang und Macht«.

5.6 Rang und Macht – ein Tabuthema in vielen Gemeinschaften

Die Ethik des Gemeinschaftskompasses basiert auf einem achtsamen Umgang mit sich selbst, anderen Menschen und der Mitwelt. Im Alltagsverständnis sind die Wörter »Macht«, »Hierarchien« und »Privilegien« Reizwörter, die Phänomene ansprechen, die ebendiesen Werten entgegenstehen.

Wir streben eine Gleichberechtigung aller Menschen an. Gleich-Wertigkeit, Gleich-Würdigkeit aller Menschen, in meinen Augen sogar aller Wesen, ist ein hohes Gut. Dieses Denken führt leicht zu dem Schnellschluss, dass es keine Hierarchien, keine »Ränge« (in der Sprache der Prozessarbeit nach Arnold Mindell, Definition siehe unten) geben dürfe und Macht und Privilegien etwas Schlechtes seien, das beseitigt werden müsse.

Fakt ist aber, dass Individuen extrem unterschiedlich sind. Aus Unterschiedlichkeiten ergeben sich verschiedene Kompetenzen und damit – überall in der Natur – auch unterschiedliche Ränge und Rollen. Jede Tiergruppe hat eine gewisse Struktur. Das ist in menschlichen Zusammenhängen nicht anders. Es hilft nichts, diese Tatsache zu ignorieren oder zu bekämpfen.

Die Prozessarbeit nach Arnold und Amy Mindell eröffnet eine neue Sichtweise auf das Thema Rang und Macht, indem sie betont, wie wichtig ein Bewusstsein für diese Dynamiken ist, um nicht von ihnen überwältigt zu werden. Dazu gehört zunächst die Sensibilisierung für unsere individuellen »Ränge«.

5.6.1 Was bedeutet »Rang«?

Mit Rang bezeichnet Arnold Mindell (1995, 1997) die »Summe aller Privilegien«, die eine Person hat. Privilegien sind Wahlmöglichkeiten, die der Person, die sie besitzt, meist selbstverständlich scheinen, die aber nicht alle Personen haben. Bewusst wird den Menschen ein Privileg meist erst, wenn sie es nicht (mehr) haben. Das führt in der Regel dazu, dass Menschen sich oft nicht dessen bewusst sind, wenn sie hohe Rang-

METHODE

Mein individueller Rang

Manche Rangaspekte sind kontextabhängig. Gibt es Kontexte, in denen du die gleichen Eigenschaften unterschiedlich »hoch« einordnest?

Rangdimension	Meine persönliche Situation
Sozialer Rang Alter, Geschlecht(sorientierung), Hautfarbe, Muttersprache, finanzieller Hintergrund, familiärer Hintergrund, Netzwerke, Bildungsstand, Nationalität etc.	
Persönlicher Rang Urvertrauen, Intelligenz, spirituelle Eingebundenheit, Introversion/ Extraversion, Selbstbewusstsein, eigene Krisenerfahrungen und wie damit umgegangen wurde, Reflexionsfähigkeit, Kompetenzen, Wahrnehmungsfähigkeiten, Energielevel, Gesundheit/ Behinderungen, Flexibilität im Denken und Reagieren, Lernbereitschaft etc.	
Struktureller Rang im Unternehmen, in der Organisation, in der Situation, definierte Position, aber auch Dauer der Zugehörigkeit	

positionen innehaben. Den meisten Menschen werden aber die Situationen, in denen sie niedrige Rangpositionen haben, dagegen schmerzhaft bewusst. Ein viel zitiertes historisches (wenn auch vermutlich erfundenes Beispiel) für diese Ignoranz ist ein Zitat, das der französischen Königin Marie-Antoinette zugeschrieben wird. Als sie erfuhr, dass die Bauern revoltierten, weil sie kein Brot hatten, soll sie gesagt haben: »Wenn sie kein Brot haben, dann sollen sie doch Kuchen essen!« Rang hat verschiedene Wurzeln und ist sehr situativ, er kann sich je nach Situation sehr stark unterscheiden. Ich unterscheide zwischen **sozialem Rang**, der dem sozioökonomischen und kulturellen Hintergrund einer Person entspringt, **persönlichem Rang**, der sich aus den Kompetenzen, der psychischen Stabilität und Erfahrungen sowie der persönlichen Energie zusammensetzt, und **strukturellem Rang**, der aus der Position in der Struktur der Organisation/Gruppe, in der die Person sich befindet, resultiert. (Mindell und seine Schüler:innen haben mehrere unterschiedliche Unterscheidungen entwickelt, mir scheint diese Dreiteilung die plausibelste.)

5.6.2 90 Prozent aller Konflikte sind Rangkonflikte

Sehr viele Konflikte um Sachthemen eskalieren, da hintergründige Rangkonflikte bestehen. Rangthemen ohne Vorwurf ansprechen zu können eröffnet völlig neue Wege der Konfliktlösung.

In einem Rangkonflikt ist es meist so, dass **sich beide Seiten eines Konflikts gefühlt in einem niedrigen Rang sehen**. Wenn wir aus einer niedrigen Rangposition heraus reagieren, schaltet die Psyche auf »Gefahr!«, und wir nutzen meist eine der drei archetypischen Reaktionen auf Bedrohung: Kampf, Flucht oder Totstellen. Das sind ebenfalls drei typische Reaktionen auf Meinungsverschiedenheiten mit jemandem, der gefühlt eine höhere Rangposition innehat als wir selbst: aggressiv argumentieren, in Schweigen verfallen oder die Situation/Gruppe verlassen. Alle drei Reaktionen führen selten zu Verständigung und konstruktiven Konfliktlösungen.

Daher ist ein zunächst paradox anmutender, aber enorm sinnvoller Ratschlag aus der Prozessarbeit zum Umgang mit Rangkonflikten: **»Überschätze deinen eigenen Rang!«** (Diamond 2017). Ich stelle mir dabei die Frage, ob ein Konflikt, in dem ich stecke, dadurch verschärft wird, dass ich von meinem Gegenüber als Bedrohung seines/ihres Ranges wahrgenommen werde. Es könnte sein, dass mein Gegenüber nur aus meiner Sicht »unangemessen« reagiert. Eine andere Erklärungsmöglichkeit, die sich aus diesem Ratschlag ergibt, ist der Gedanke, dass ich mich selbst vielleicht von dem anderen in meinem »Rang« angegriffen fühle und ich deshalb eskaliere. Wenn ich mir meines hohen Ranges bewusst bin, kann ich leichter deeskalieren. Dies kann viele Konflikte entschärfen und Möglichkeiten zur Verständigung aufzeigen. Dazu gehört aber auch ein sehr achtsamer Umgang mit dem Thema Rang.

5.6.3 Bewusster Umgang in Situationen mit eigenem »hohen Rang«

Es braucht von Menschen, die in einer bestimmten Situation einen höheren Rang haben, ein starkes Bewusstsein für die Privilegien, die dieser Rang mit sich bringt, und einen achtsamen Umgang mit ihrer Rangposition. Dies ist nicht so einfach, denn wie bereits erwähnt, sind die eigenen Privilegien meist unbewusst, werden kaum wahrgenommen und häufig heruntergespielt. In Gemeinschaften, in denen »Rang« ein Tabu ist, kommt zu der immer vorhandenen psychologischen Tendenz, Rang nicht wahrzunehmen, hinzu, dass ein hoher Rang nicht den Gruppenwerten entspricht und er daher erst recht ausgeblendet wird.

Trotzdem wirkt er. Aus diesem Grund ist innere Arbeit, mit der wir uns bewusst machen, an welchen Punkten wir gegenüber anderen Privilegien haben, so wichtig.

So sagt eine Person, die selbst keine Probleme hat, vor Gruppen zu sprechen, leicht: »XY hätte doch im Plenum was sagen können!« Diese Person hat nicht wahrgenommen, dass es XY viel schwerer fällt, im Plenum etwas zu sagen, als ihr selbst. Doch genau in derartigen Situationen braucht es ein Bewusstsein der eigenen Privilegien.

Wenn wir uns bewusst machen, dass unsere Positionen und Kompetenzen – die zum Teil hart erarbeitet sein können – Privilegien sind, die wir bei anderen nicht voraussetzen können, dann sind wir auf einem guten Weg. Für viele ist eine Bewusstseinsveränderung nötig, um sich selbst entspannt sagen zu können: »Hier habe ich einen hohen Rang!« Dies trauen sich die wenigsten, da hoher Rang gerade in Gemeinschaften oft tabuisiert ist. Diese Erkenntnis ist jedoch der erste, wichtige

Schritt. Im nächsten Schritt gilt es, bewusst mit dem eigenen hohen Rang umzugehen, zum Beispiel darüber zu sprechen, wie ich diesen Rang sinnvoll zum Wohle der Gruppe einsetzen kann. In diesem Zusammenhang ist es wichtig, ein Bewusstsein dafür zu entwickeln, in welchen Momenten ich sehr aufmerksam sein muss, um andere nicht damit zu »überfahren«.

Da es für viele Gruppen vollkommenes Neuland ist, über Rang zu sprechen, ist es empfehlenswert, die ersten Schritte dazu entweder in sehr vertrautem Kreis zu gehen, in dem es keine ernsthaften Konflikte gibt, oder von einer erfahrenen Supervision begleitet, damit dieses sensible Thema sicher »nach vorne losgeht«. Hat die Gruppe gelernt, Rang als Thema zu betrachten, das keine Kritik beinhaltet und entspannt angesprochen werden darf, wird dies das Gruppenleben sehr erleichtern.

Ein höherer Rang beinhaltet eine größere Verantwortung. Ein hoher Rang erleichtert es, »Brücken zu bauen«. Daher ist das Aufeinanderzugehen insbesondere eine Aufgabe von Menschen mit hohem Rang.

Oft denken aber gerade Menschen, die eine anerkannte Position haben, dass sie ihre Schwächen nicht zeigen dürften, da sie dadurch ihre Stellung und damit ihre Position verlieren würden. Viel vertrauensbildender ist es jedoch, mit den eigenen Schwächen offen umzugehen und auf diese Weise das Podest der »Hochrangigen« zu verlassen.

Für Menschen, die in ihrem Kontext eher eine ranghohe Position einnehmen, ist es hilfreich, sich immer wieder ganz bewusst in Rollen zu begeben, in denen sie eine niedrige Position einnehmen, und diese ganz bewusst zu erfahren. Das kann zum Beispiel bedeuten, als Helfer:in irgendwo mitzuarbeiten, als Teilnehmer:in ein Seminar zu besuchen, einer Sportgruppe oder einem Chor beizutreten, ohne dort jemanden zu kennen, und diese Erfahrungen bewusst zu erleben und zu reflektieren.

5.6.4 Bewusster Umgang in Situationen mit erlebt »niedrigem Rang«

Der eigene Rang ist nie objektiv festgelegt, er ist immer auch eine Frage der Selbsteinschätzung. Wenn ich mich in einer Beziehung unbewusst als »rangniedriger« einordne, bin ich das in einer Facette der Realität auch, aber sicher gibt es eine andere Facette. Eine sehr wichtige Wachstumsaufgabe ist es, nicht im niedrigen Rang zu verharren, sondern bewusst die eigene Wirksamkeit zu entfalten! Dies sollte natürlich mit Augenmaß und offen für Feedback vonstattengehen (siehe auch Kapitel 5.6.5).

Wenn ich mir klarmache, wo meine Kompetenzen liegen, die mir einen höheren Rang zusprechen, nehme ich diesen Rang automatisch ein Stück an, kann aktiver agieren und diesen Rang mehr und mehr für mich entdecken.

5.6.5 Lernen, über Rang zu sprechen

Zu einem bewussten Umgang mit Macht in Gemeinschaftsprojekten gehört eine Kultur, in der das Thema »Rang« angesprochen werden darf, ohne dass es peinlich oder mit Schuldvorwürfen behaftet ist.

Dazu gehört als Erstes ein Bewusstsein des eigenen persönlichen Ranges. Meist hat jeder Mensch in irgendeiner Situation und Dimension einen hohen Rang und in anderen einen niedrigen. Es macht das Zugehen auf andere einfacher, wenn wir an den eigenen hohen Rang anknüpfen. Oft sind wir uns eher unserer niedrigen Ränge bewusst, weil es als schmerzlich erfahren wird, Privilegien zu vermissen. Der eigene hohe Rang wird oft als Selbstverständlichkeit hingenommen. Wenn ich mir selber bewusst mache, dass ich als langjähriges Projektmitglied, als Person mit einer bestimmten strukturellen Position oder einfach als Person, der das Sprechen in Gruppen leichtfällt, eventuell mit dem, was ich sage, eine stärkere Wirkung habe als andere, dann kann ich manche Konflikte und Missverständnisse aufklären.

Ohne das Rangbewusstsein werden oft Argumente angeführt, wie zum Beispiel: »Das haben wir doch gemeinsam besprochen!«, »Du hättest doch was sagen können!« Bei Menschen, die weniger Durchsetzungsvermögen haben, bewirken diese Argumente aber meist nur eine Verhärtung der Fronten.

Eine fortgeschrittene Übung für Projekte, die bewusst am Rangthema arbeiten, ist das Ansprechen von subjektiv empfundenem niedrigen Rang. Wenn ich wegen meines subjektiv niedrig empfundenen Ranges in einem Konflikt heftig reagiere, aber trotzdem noch sagen kann: »Ich fühle mich an dieser Stelle von dir in meinem Rang bedroht!«, kann das Lösungsmöglichkeiten eröffnen, wenn die Gemeinschaft gelernt hat, das Thema Rang urteilsfrei anzusprechen. Je mehr die Gruppe gemeinsam gelernt hat, Rangbewusstsein zu entwickeln und darüber zu sprechen, umso leichter wird diese Kommunikation. In einer Gruppe, in der nicht gemeinsam am Thema »Rangbewusstsein« gearbeitet wurde, kann eine derartige Aussage vielleicht sogar die Konfrontation verschärfen.

Rang ist sehr situativ und manchmal geradezu paradox: Wenn ich anspreche, dass ich mich im Rang niedriger fühle, stelle ich mich damit auf gewisse Art sofort auf eine höhere Rangstufe. Indem ich Rangbewusstsein signalisiere, unterstelle ich der anderen Person damit meist indirekt, dass sie ohne Bewusstsein für ihren Rang – also gegen die Werte der Gemeinschaft – gehandelt hat.

In egalitären Projekten, in denen die Gleichberechtigung sehr stark im Vordergrund steht, kann jemand sehr schnell von einer hohen in eine niedrige Rangposition zurückfallen, wenn ihm oder ihr eine »mächtige Position« vorgeworfen wird, weil sie damit gegen die Werte der Gruppe verstößt.

5.6.6 Offenheit für Feedback

Für alle Menschen ist es unterstützend, wenn sie bereit sind, Feedback anzunehmen. Gerade um Rangbewusstsein zu entwickeln, ist es unerlässlich, Feedback einzuladen: In welchen Situationen wirke ich dominant und vielleicht einschüchternd, obwohl ich es gar nicht sein will und dies auch nicht von mir erwarte? In welchen Augenblicken fühle ich mich schwach, und wie nehmen mich meine Mitmenschen in dieser Rolle wahr? In welchen Momenten fällt meinen Vertrauten auf, dass ich Unsicherheit hinter besonders selbstsicherem Auftreten verstecke? Bei welchen Gelegenheiten würden sich Menschen wünschen, dass ich spreche, obwohl ich es mir gar nicht zutraue?

Die Einladung, über Rangthemen zu sprechen, über die Rangposition, die Menschen einnehmen, sich im Sinne eines Forschungsraumes auszutauschen, ohne negativ zu urteilen, ist ein wichtiger Schritt für das individuelle und gemeinschaftliche Bewusstsein.

5.6.7 Gemeinschaftskultur

Mein Idealbild von Umgang mit Macht und Rang ist eine Kultur, in der angestrebt wird, die Kräfte der ganzen Gruppe zum Besten der Gemeinschaft und aller Individuen einzusetzen. Das umfasst **einen bewussten Umgang mit Rang und Macht, um alle Individuen zu unterstützen, in ihre eigene Kraft zu kommen.** Dazu gehört auch, dass Menschen mit viel Gestaltungskraft die Chance haben, ihre Gestaltungskraft auszuleben, ohne andere damit »unterzubuttern«.

Um dies zu erreichen, benötigen wir

- eine offene Kommunikation über Rangfragen;
- das Bewusstsein der Menschen, die höhere Ränge einnehmen, für die Tatsache, dass dies oft einschüchternd oder anmaßend wirkt;
- ein Wertschätzen der für die Gruppe hilfreichen Schätze und Kompetenzen, die zu den hohen Rangpositionen gehören, und eine Offenheit, sie zu nutzen, und
- eine Struktur und Kultur, die es sich zur Aufgabe macht, möglichst viele Menschen in ihre Kraft zu bringen.

In Gemeinschaften, die nach Hierarchiefreiheit streben, gibt es leider häufig zwei andere – meist aber nicht konstruktive – Arten, mit der Rangthematik umzugehen:

1. Es darf keine Hierarchien geben! **Daher wird nicht darüber gesprochen**, dass einige Menschen einen höheren Einfluss auf das Gemeinschaftsgeschehen haben als andere. Das macht es aber schwierig, die unterschwelligen Konflikte, die damit verbunden sind, zu erkennen und verborgene Strukturen zu verändern.
2. Da es keine Hierarchien geben darf, **werden Menschen, die eine hohe Gestaltungskraft oder aus anderen Gründen eine hohe Rangposition**

haben, häufig ausgebremst und/oder kritisiert. Oft wird ihnen vorgeworfen, zu viel Macht auszuüben und andere zu unterdrücken. Das schwächt die Gruppe, die davon profitieren würde, wenn alle Menschen ihre Gestaltungskraft zum Wohle aller ausleben könnten.

Hohen Rang wertschätzen – und die Verantwortung und das Bewusstsein dazu einfordern

Ein hoher Rang in einem Gemeinschaftsprojekt rührt fast nie nur von einem hohen strukturellen Rang her – sondern beruht in der Regel auf Kompetenzen und Ressourcen, die eine Person aufgrund ihrer Persönlichkeit und ihres sozialen Hintergrunds mitbringt. Dies sind Schätze für das Projekt. Diese Schätze können einer Gruppe dienen, wenn sie sinnvoll eingesetzt werden.

Gruppen, in denen Menschen mit hohen Gestaltungskompetenzen bewusst oder unbewusst »klein gehalten« werden, schwächen ihre Kraft unnötig. Es ist sehr wichtig anzuerkennen, wenn jemand eine besondere Fähigkeit hat, und das entsprechend zu würdigen und für die Gruppe zu nutzen.

Gleichzeitig darf von Menschen in höherem Rang ein Bewusstsein dafür eingefordert werden, was ihr Rang an Verpflichtung und Rücksichtnahme gegenüber Menschen, die in einer bestimmten Funktion weniger privilegiert sind, bedeutet. Aber auch das muss mit Bewusstsein und Achtsamkeit geschehen, denn subjektive Rangpositionen können sich schnell verändern.

Ein Weg, extrem schnell eine Veränderung der subjektiven Rangdynamik zu erzeugen, ist es gerade in hierarchiefreien Gruppen, Menschen ihren Rang vorzuwerfen. Ein Vorwurf wie »Du dominierst sowieso immer alles!« oder »Du als Mann darfst mir als Frau gar nichts sagen!« triggert augenblicklich einen Konflikt, in dem die Person, der ihr hoher Rang vorgeworfen wird, sich sofort subjektiv in einem extrem niedrigen Rang fühlt, weil ihr vorgeworfen wird, mit ihrer Persönlichkeit gegen die Grundwerte der Gruppe zu verstoßen. Aus dieser subjektiv niedrigen Rangposition wird dann entsprechend (mit Kampf, Flucht, Totstellen) wenig konstruktiv reagiert, und der Konflikt verschärft sich.

5.6.8 Konstruktiver Umgang mit Rangfragen – ein Beitrag von Gemeinschaften zu gesellschaftlichem Wandel

Wir kommen aus einer Kultur, in der Rang und Macht historisch mit Machtmissbrauch und »Macht über andere« verbunden und negativ besetzt sind. Daraus entwickelte sich in der Gemeinschaftsszene das Ideal von hierarchiefreien Gemeinschaften, in denen es keine Leitung und keine Menschen geben durfte, die mehr entscheiden dürfen als andere.

Diese Entwicklung führte aber häufig zu einer Schwächung dieser Projekte, da sie Menschen mit hoher Gestaltungskompetenz oft in ihrer Kraft ausbremste. Das wiederum gab Vorschub für eine – in meinen Augen skeptisch zu sehende – Gegenbewegung, welche die Hierarchie wiederentdeckt und anfängt, unkontrollierbare Bewusstseinshierarchien zu entwickeln. Dies birgt jedoch das Risiko in sich, wieder in alte, autoritäre Machtmuster »über andere« zu rutschen.

Die Perspektive der Prozessarbeit bietet in meinen Augen einen Ausweg aus dem Dilemma zwischen dem Weg, auf dem durch Ausbremsen der Mächtigeren das Projekt geschwächt wird, und dem Weg, auf dem wenigen die höchste Kompetenz und damit Entscheidungsfähigkeit zugesprochen wird.

Ich sehe eine große und wichtige gesellschaftliche Aufgabe darin, einen neuen Umgang mit Rang und Macht zu entwickeln. Die Frage, wie wir in unseren Projekten dazu beitragen können, alle Menschen darin zu unterstützen, in ihre Gestaltungskraft zu kommen und ihren ganz eigenen hohen Rang zum Wohle aller einzusetzen, ist wesentlich für den gesellschaftlichen Wandel.

5.6.9 Warum steht dieses Kapitel im Aspekt »Struktur« – gehört es nicht eigentlich ins Kapitel »Individuen und Gemeinschaft«?

Ich habe das Thema »Rang und Macht« im Kapitel »Individuen und Gemeinschaft« gestreift und kurz eingeführt. Es ist ein Thema, das im Schnittbereich zwischen Struktur und Individuen und Gemeinschaft steht. Ich habe es an diese Stelle gesetzt, denn die Strukturen haben sehr viel mit Rang und Macht zu tun. Rangbewusstsein sorgt für einen anderen Umgang mit Strukturen. Deshalb soll das Kapitel an dieser Stelle die Brücke schlagen und deutlich machen, dass auch im Thema »Strukturen« sowohl sehr viele Fallen als auch Optionen zur Stärkung von Individuen und Gemeinschaft stecken.

Mit dem durch dieses Unterkapitel geschärften Blick auf das Thema »Rang« fällt auf: In der Soziokratie sind implizit sehr viele Aspekte enthalten, die bewussten Umgang mit Rangfragen unterstützen. Alle Mitglieder der Organisation sind in ihrem Bereich in einer Entscheidungsposition, da alle Kreise einen Bereich haben, in dem sie entscheiden. Menschen, die sich leicht und gern einen Überblick verschaffen, sind häufiger in Kreisen, die als strukturell »höher« bewertet werden. Im Wesentlichen sind es aber einfach andere Kreise mit allgemeineren Entscheidungsdomänen.

In den Entwicklungsgesprächen werden bewusst Menschen auf strukturell unterschiedlichen Rangebenen eingeladen, Feedback zu geben. Die Betonung der Runden für die Entscheidungsfindung schafft Raum für Menschen, die in offenen Diskussionen weniger leicht ihre Meinung sagen.

5.7 Zusammenfassung und praktische Tipps

Strukturen haben einen ganz wesentlichen Einfluss auf das Gelingen von Projekten. Sie beeinflussen nicht nur das faktische Gelingen, sondern ob und wie die Gemeinschaft sich entfalten kann.

Für gemeinschaftliche Lebens- und Arbeitsprojekte ist die Frage nach den Besitzverhältnissen eine essenzielle. Für welche der dafür sinnvollen Rechtsformen sich schlussendlich entschieden wird, ist dann eher eine Geschmacksfrage. Doch die Besitzverhältnisse gemeinschaftsfördernd zu gestalten ist ein wesentlicher Schlüssel zum Blühen von Gemeinschaftsprojekten.

Das im Unterkapitel »Rang und Macht« Beschriebene schafft ein Bewusstsein dafür, dass auch Strukturen »Ränge« schaffen. Hier wird deutlich, wie stark Strukturen, individuelles und gemeinschaftliches Wachstum miteinander verwoben sind.

Bewusst Strukturen und eine gemeinsame Kultur zu schaffen, in der alle Menschen in ihre Kraft gebracht werden, ist ein wesentliches Ziel des Gemeinschaftskompasses.

6

Praxis – das Projekt anstoßen

Die Praxis eines Gemeinschaftsprojektes hat so viele Facetten, dass sie Bände füllen könnten. Je nach Ausrichtung des Projektes variieren diese Facetten. Dazu gehört das Bauen, die Geldakquise, die Immobilienverwaltung, Garten, Kinderbetreuung, Kochen, Energieversorgung, Öffentlichkeitsarbeit und vieles andere. Diese Punkte werden meist von einzelnen Menschen oder Untergruppen der Gemeinschaft übernommen, die sich darin einarbeiten oder bereits Fachkenntnisse haben.

An dieser Stelle möchte ich nur die Facetten der Praxis ansprechen, die in der Gründungsphase für die Gesamtgruppe relevant sind.

6.1 Zuerst das Objekt oder zuerst die Gruppe?

Eine Strategiediskussion, die insbesondere in Wohnprojekten immer wieder geführt wird, ist die Diskussion darüber, ob zuerst die Gruppe oder zuerst ein Haus bzw. Gelände gefunden werden sollte. Es gibt gute Argumente und erfolgreiche Beispiele für beides, genauso wie es Beispiele gibt, in denen der eine oder der andere Weg nicht funktioniert hat. Beides sind mögliche Wege.

Ich empfehle den Mittelweg, zunächst eine tragende, überschaubare Kerngruppe von drei bis acht Menschen/Parteien aufzubauen und dann mit dieser Gruppe den Ort zu suchen, an dem das Projekt in die Praxis umgesetzt werden kann.

Wenn eine Einzelperson oder ein Paar sich für einen Ort entscheidet und erst danach eine Gruppe dafür sucht, ist die Gefahr groß, dass es stets »das Projekt der Gründer« bleibt. Es ist wichtig, dass ein Gemeinschaftsprojekt schon in einer frühen Phase ein Projekt einer kleinen Gemeinschaft ist. Ich nenne das gern »Kerngruppe«, manche Gruppen nennen es »Feuerkreis«. Ab der Rechtsformgründung wird dann oft von »Genoss:innen« oder »Kommanditist:innen« gesprochen.

In dieser Kerngruppe sollte sich schon eine eigene Gemeinschaftskultur entwickeln, die das spätere Projekt prägen wird. Es ist sinnvoll, in dieser kleinen Gruppe die gemeinsame Intention und die Eckpunkte des Projektes herauszuarbeiten und festzulegen, denn in einer kleinen Gruppe kann eine klare Ausrichtung definiert werden, ohne dass zu viele Kompromisse eingegangen werden müssen.

Ist die Gruppe zu groß, bevor der eigentliche Ort gefunden wird, an dem das Projekt realisiert werden soll, ist es wiederum schwieriger oder sogar unmöglich, sich auf ein Objekt zu einigen. Die Erfahrung zeigt, dass viele Projekte an der Entscheidung für ein Objekt scheitern und nie die Schwelle zur Realisierung überwinden. Sich für einen Lebensort zu entscheiden hängt von sehr vielen, ganz persönlichen Faktoren ab. Mit jeder weiteren Person in der Gründungsgruppe steigt das Risiko, sich nicht einigen zu können, deutlich.

Die Entscheidung für einen Standort bringt häufig mit sich, dass ein Teil der Gruppe sich entscheidet, doch nicht mitzukommen. Oft weigern sich Gemeinschaftsinitiativen aus falsch verstandener Gemeinschaftssolidarität dann, sich für ein Objekt zu entscheiden, die Gruppe soll ja nicht gespalten werden. Dies erging vielen Initiativen so, die großen Wert auf Gemeinschaftsbildung legten und dann kein Objekt fanden, das alle Ansprüche erfüllen konnte.

Ich möchte alle Gruppen ermutigen, eine Projektrealisierung an einem Ort, zu dem ein Teil der Gruppe nicht »Ja« sagen konnte, nicht als »Scheitern« oder »Spaltung« zu betrachten, sondern eher als eine Art »Zellteilung«, durch die aus einem Projekt zwei oder mehrere entstehen, die freundschaftlich verbunden bleiben können. Das Projekt an dem neuen Ort wird dann neue Menschen anziehen, die wichtig für dieses Projekt sind. Es gibt in der deutschen Gemeinschaftsszene viele Beispiele, in denen aus einer Gründungsinitiative mehrere Projekte hervorgegangen sind.

6.2 Finanzierung: Solide Modelle entwickeln

6.2.1 Wie viel Eigenkapital ist nötig?

Eine wesentliche Hürde der Realisierung eines gemeinschaftlichen Wohn- oder Arbeitsprojektes ist die Frage, ob und wie die gemeinsame Immobilie finanziert werden kann. Ich habe schon Gruppen mit sehr unterschiedlichen finanziellen Ausgangssituationen begleitet, die ihre Projekte realisiert haben.

Es ist nicht unbedingt sehr viel Eigenkapital nötig, um gemeinschaftliche Projekte zu starten. Aber es braucht einen realistischen Blick auf die eigenen Möglichkeiten und eine nüchterne und engagierte Herangehensweise, um diese Hürde zu meistern.

Gruppen ganz ohne oder mit sehr wenig Eigenkapital sind gut beraten, sich zu überlegen, ob sie ihre Idee auch in einem Haus zur Miete umsetzen könnten. Denn zum Erwerb und zur Sanierung von Häusern gehört in der Regel etwas Kapital, und ein erster Grundstock für das Objekt muss von den Gemeinschaftsmitgliedern selbst oder ihrem nächsten Umfeld aufgebracht werden. Nur dann wird das Projekt vertrauenswürdig für andere Geldgeber:innen.

Ausnahme sind Projekte, die eine sehr starke soziale oder ökologische Ausrichtung und dadurch bereits ein sehr großes Umfeld an Unterstützer:innen haben. Wer zum Beispiel eine Gemeinschaft aufbauen möchte, die konkret eine große soziale Aufgabe (zum Beispiel Wohnplatz für Menschen mit Behinderungen) oder eine große ökologische Aufgabe (zum Beispiel Schutz des Hambacher Forstes) übernimmt, wird eventuell viele Unterstützer:innen anziehen, die bereit sind, für diese Aufgabe größere Geldmittel zur Verfügung zu stellen. In dem Fall kann auch mit sehr wenig Eigenkapital etwas realisiert werden.

Ein anderer Weg für Gruppen mit wenig Eigenkapital ist das gezielte Ansprechen von existierenden Wohnungsgenossenschaften, gerade auch von traditionellen, schon Generationen alten Genossenschaften. Derartige Wohnungsgenossenschaften bewirtschaften oft viele abgeschriebene Häuser und suchen nach neuen Projekten. Manchmal kommt für sie so eine Initiativgruppe wie gerufen, und sie sind bereit, entweder ein Neubauprojekt für diese Gruppe zu starten oder in ihrer Substanz etwas dafür umzuwidmen.

Wer mit wenig Kapital etwas im Eigentum der Gemeinschaft realisieren möchte, sollte realistisch in der Objektwahl sein.

Es ist zum Beispiel möglich, mit recht wenig Geld erfolgreich ein heruntergekommenes Haus in einer abgelegenen ländlichen Region Ostdeutschlands zu erwerben, dort zusammenzuziehen, eine tolle Gemeinschaft aufzubauen und das Haus nach und nach zu sanieren. Wer hingegen mit wenig Geld ein Eigentumsprojekt zum Beispiel im Einzugsbereich von Freiburg plant, wird keine Chance haben.

Auch mit Eigenkapital ist es wichtig, dass die Gruppe im Vorhinein durchrechnet, was bei den verschiedenen Schritten auf sie zukommt und was sie sich leisten kann. Was muss investiert werden, bis der erste Bauabschnitt wirklich bewohnbar ist, und welche Mieten kommen dann auf alle zu, um dort solide zu wirtschaften? Für Genossenschaftsgründungsinitiativen bietet der Zentralverband Deutscher Konsumgenossenschaften (zdk) dazu über seine Seite *www.genossenschaftsgruendung.de* kostenfreie Unterstützung an, unter anderem in Form von Excel-Tabellen, die für Wirtschaftlichkeitsberechnungen von Wohnungsgenossenschaften vorbereitet sind.

Zum soliden Umgang mit Geld gehört auch, dass zu allen größeren Finanztransaktionen immer schriftliche Verträge vorhanden sein sollten. Insbesondere wenn Menschen Kapital geben, mit dem das Projekt finanziert werden soll, muss klar geregelt sein, welche Erwartungen daran geknüpft sind. Immer wieder geschieht es, dass im Anfangsenthusiasmus, in dem ein Projekt startet, Menschen größere Summen Geld auf ein gemeinsames Konto überweisen, ohne geklärt zu haben, zu welchen Bedingungen (Zinsen?) dieses Kapital dem gemeinsamen Zweck dienen soll. Vor allem sollte geregelt sein, wie die Menschen, die das Geld gegeben haben, das Geld wieder herauslösen können. Leider haben sich schon einige Menschen, die ursprünglich ein Gemeinschaftsprojekt geplant hatten, nach einiger Zeit vor dem Richter wiedergetroffen. »Good documents make good friends«, sagen die Amerikaner. »Verträge sind zum Vertragen da« ist ein entsprechendes deutsches Sprichwort. Wenn Geld bewegt wird, darf nicht vorausgesetzt werden, dass alle die gleichen Grundannahmen dafür haben. Es ist wichtig, explizit über Zinsen und Kündigungsfristen zu sprechen, alles schriftlich festzuhalten und von allen Parteien unterschreiben zu lassen.

6.2.2 Bankdarlehen und Förderdarlehen

Im Jahr 2021, in dem ich dieses Buch schreibe, ist es gerade recht leicht, an sehr günstige Bankdarlehen zu kommen. Voraussetzung dafür ist lediglich eine Kreditwürdigkeit. Zurzeit geben Banken für Immobilienwirtschaft und Wohnungsbau Darlehen zu so günstigen Zinsen heraus, dass es möglich ist, auch mit wenig Eigenkapital Häuser zu finanzieren – wenn die Kreditwürdigkeit gegeben ist.

Ethisch ausgerichtete Banken wie die GLS-Bank, die Triodos-Bank, die Umweltbank und die Ethikbank sind für Gemeinschaftsprojekte die ersten Ansprechpartner und sollten als Hausbank gewählt werden, weil sie die Anliegen eines Gemeinschaftsprojektes viel eher verstehen.

Noch günstiger werden Darlehen, wenn Förderdarlehen in Anspruch genommen werden können. Diese Darlehen laufen ebenfalls über die Hausbank. Jeder Bank bekannt sind die Darlehen der Kreditanstalt für Wiederaufbau, kurz KfW. Trotzdem ist es gut, den Ansprechpartner der Bank daran zu erinnern, dass das Projekt Interesse hat, ein derartiges Förderdarlehen zu bekommen, da die Bank natürlich noch lieber ihre eigenen Darlehen vergibt anstatt ebenjene Förderdarlehen. Recht unbekannt sind vielen Banken die Förderdarlehen über die Landwirtschaftliche Rentenbank. Hier gibt es derzeit ein interessantes Programm »Leben auf dem Lande«, das ebenfalls zu sehr günstigen Konditionen Darlehen vergibt.

Neben den Bankdarlehen an die Gemeinschaftsorganisation gibt es die Möglichkeit, dass die Gemeinschaftsmitglieder als Privatpersonen Bankdarlehen aufnehmen, um das gemeinsame Projekt zu finanzieren. Eine sehr attraktive Möglichkeit für solche Projekte, die sich als Genossenschaft organisieren, bietet das KfW-Programm zum Erwerb von Genossenschaftsanteilen einer Wohnungsgenossenschaft, das bis zu 50.000 Euro Anteile pro Genossenschaftsmitglied mit einem sehr günstigen Zinssatz finanziert.

Dies ist übrigens eine Möglichkeit, aus einer Gruppe ohne Eigenkapital eine Gruppe mit Eigenkapital zu machen, denn dieses bankfinanzierte Geld zählt dann in den Verhandlungen der Genossenschaften mit der Bank als Eigenkapital. Voraussetzung für diese Darlehen ist natürlich, dass die Gruppe genügend Einkommen nachweisen kann, um das Darlehen auch zurückzuzahlen. Dies ist eine interessante Perspektive für junge (oder auch ältere) Menschen, die in festen Arbeitsverhältnissen stehen, aber noch nicht viel Eigenkapital angespart haben.

6.2.3 Fördermittel und Stiftungen

Die meisten Projekte, mit denen ich gearbeitet habe, träumten von Fördermitteln und der Unterstützung durch Stiftungen. Die Realität der meisten Gemeinschaftsprojekte ist jedoch, dass reines gemeinschaftliches Wohnen über die oben genannten Förderdarlehen hinaus nur sehr selten gefördert wird. Dennoch lohnt sich stets ein Blick in die Förderdatenbank (*www.foerderdatenbank.de*), um zu prüfen, wie die Lage im eigenen Bundesland aussieht. Für alte, eventuell denkmalgeschützte Häuser gibt es eventuell weitere Fördermittel, sowohl öffentliche Mittel als auch Stiftungsmittel, zum Beispiel von der Deutschen Stiftung Denkmalschutz.

Im ländlichen Raum ist zu prüfen, ob die Region, in der sich das Objekt befindet, eine Lokale Aktionsgruppe (LAG) für LEADER (oder Folgeprojekte) hat, und sich mit dem lokalen LEADER-Management in Verbindung zu setzen.

Ein Besuch bei der lokalen Wirtschaftsförderung kann weitere Fördermittelperspektiven auftun.

Stiftungen fördern in den seltensten Fällen Investitionen für den Aufbau von Gemeinschaftsprojekten (mir bekannte Ausnahmen: Deutsche

Stiftung Denkmalschutz für denkmalgeschützte Häuser oder Aktion Mensch für barrierefreien Ausbau). Von Stiftungen lassen sich eher kleinere Investitionen für wirklich gemeinnützige Ziele fördern, meistens handelt es sich eher um Gelder für Sachmittel und Honorarkosten für gemeinnützige Projekte.

6.2.4 Gelder von Unterstützer:innen

Projekte, die ein starkes unterstützendes Umfeld haben und die aktiv über ihr eigenes Wohnen hinaus wirken wollen, haben die Chance, nicht nur mit ihrem eigenen Geld und Bankdarlehen, sondern auch mit Geldern von Unterstützer:innen wirtschaften zu können.

Reine Wohnprojekte finden derartige Unterstützer:innen meist nur im ganz persönlichen Umfeld. Je stärker die Außenwirkung eines Projektes ist und je deutlicher der über die Gruppe hinaus wirkende Ansatz der Öffentlichkeit bekannt ist, desto größer ist die Chance, anstelle oder ergänzend zu Bankdarlehen mit Geldern von Unterstützer:innen zu arbeiten.

Gerade in einer Zeit, in der Geld auf der Bank überhaupt keine Zinsen, in manchen Fällen sogar Negativzinsen bringt, ist es für viele Menschen interessant, ihr Geld – wenn schon ohne oder mit wenig Zinsen – mit einer ideellen Rendite anzulegen und damit ein sinnvolles Projekt zu unterstützen.

Vorsicht, Falle!
Rechtliche Schwierigkeiten beim Arbeiten mit den Geldern Dritter

Allerdings gibt es in Deutschland eine sehr starke »Bundesaufsicht für Finanzdienstleistungen«, kurz BAFin – umgangssprachlich auch »Bankenaufsicht« genannt. Die BAFin ist eine sehr sinnvolle Einrichtung, die Menschen davor schützen soll, ihr Geld skrupellosen Betrügern anzuvertrauen, die ihnen hohe Renditen versprechen und sich dann mit dem Geld »davonmachen«.

Leider treffen sie mit ihren Gesetzen und Vorschriften auch die Szene, in der ein anderer Umgang mit Geld aufgebaut wird und Menschen sich gegenseitig solidarisch in der Verwirklichung ihrer Träume unterstützen. Denn für die BAFin ist die Annahme fremder Gelder ein »Einlagengeschäft« und fällt damit in ihre Zuständigkeit und muss streng überwacht werden.

Wenn Projekte mit Privatdarlehen, Genussrechten oder ähnlichen Methoden arbeiten möchten, um Gelder von Unterstützer:innen zu erhalten, sollten sie sich eingehend mit dieser Materie beschäftigen. Wohnprojekte, die weniger als mehrere Hundert Menschen umfassen, sollten immer dafür sorgen, dass für sie eine der Ausnahmeregelungen zutrifft. Crowdfunding-Plattformen kennen die diversen Vorschriften, und manche Ausnahmebestimmungen gelten extra für Crowdfunding-Plattformen – daher macht eine Zusammenarbeit mit einer solchen Plattform auch die rechtliche Seite leichter. Dabei sollte jedoch bedacht werden, dass es über diese Wege meist nur durch ein starkes eigenes Umfeld oder mit nennenswerten Zinsen Unterstützung gibt.

Im Anhang habe ich ein längeres Papier zu dieser Problematik beigefügt. An dieser Stelle weise ich nur auf eine wichtige Ausnahme hin, die für die Wahl der Rechtsform relevant ist.

Das Einwerben von Anteilen investierender Mitglieder für Genossenschaften ist von all diesen Bestimmungen ausgenommen. Anteile für Genossenschaften dürfen über die Website, ohne genehmigten Prospekt und ohne kompliziert ausgearbeitete Verträge eingeworben werden. In meinen Augen ist dieser Umstand ein starkes Argument für die Genossenschaft als Rechtsform.

Lohnt es sich überhaupt, mit Privatdarlehen zu arbeiten, wenn die Bankdarlehen so günstig sind? Diese Frage muss für jedes Projekt in jeder Situation individuell beantwortet werden. Grob skizziert, kann die Situation so zusammengefasst werden: Wenn viel Eigenkapital vorhanden ist, können Bankdarlehen (zumindest die Förderdarlehen) momentan oft einfacher, sogar günstiger und sicherer sein als Privatdarlehen oder auch die Anteile investierender Mitglieder.

Wenn eine Gruppe wenig Eigenkapital hat, verändert sich die Lage schlagartig. Denn wenn eine Organisation nicht in einer hohen Bonitätsstufe eingestuft ist, werden auch die Bankdarlehen sehr teuer oder gar nicht zu bekommen sein. Nun kommt die wahre Stärke der Gelder aus dem unterstützenden Umfeld zum Tragen: Da sie meist nachrangig nach dem Darlehen der Bank haften, zählen sie für Banken, wie die GLS-Bank, in der Regel als Eigenkapital. Damit erhöht sich die Bonität (Kreditwürdigkeit), was manchmal einen Bankkredit überhaupt erst möglich macht. Für die Förderdarlehen erniedrigt sich damit die Zinslast, da die Zinsen eines Förderdarlehens sehr stark von der Bonität abhängen.

TIPP

Praxistipp statt Eigenkapital

Ein Weg, mit dem eine Gruppe mit wenig Eigenkapital ihre Kalkulation gewaltig verändern kann, ist, gezielt ein Darlehen von jemandem zu suchen, der eventuell in jungen Jahren eine Erbschaft gemacht hat und das Geld perspektivisch **erst zur Rente in 20** oder mehr Jahren braucht. Dieses Darlehen sollte dann aber immer **grundbuchlich gesichert werden. Um den Bankkredit nicht zu gefährden, empfehle ich eine Sicherung im 2. Rang nach dem Bankdarlehen.**

Damit zählt dieses Geld für die Bank wie Eigenkapital, und die Gruppe kann einen klaren **Rückzahlungsplan** aufstellen: In den ersten 20 Jahren wird an die Bank zurückgezahlt, danach das Privatdarlehen.

Natürlich braucht es eine gute Portion Idealismus und Vertrauen auf der Seite der Darlehensgeber:innen und eine gute Portion solider Finanzplanung auf der Seite der Darlehensnehmer:innen, aber es gibt gute, funktionierende Beispiele für derartige Lösungen.

6.2.5 Eigenleistung

Viele Projekte rechnen damit, dass sie gegenüber »normalen« Baukosten durch Eigenleistung sehr viel einsparen können. An dieser Stelle rate ich zur Vorsicht und zu einer eher niedrigen Schätzung des Einsparpotenzials durch Eigenleistung von Laien aus der Baugruppe.

Die Anzahl der Stunden, die eine Gruppe aufbringen kann, ist naturgemäß begrenzt. Die Arbeitskraft der meisten Laien ist ökonomisch sinnvoller in ihrem erlernten und bereits ausgeübten Beruf eingesetzt als in Bauarbeiten. Auf der anderen Seite macht das gemeinsame Bauen Spaß, fördert die Gemeinschaftsbildung und sorgt dafür, dass sich die Menschen ihr neues Zuhause ganz anders »aneignen«. Bei Neubauprojekten oder Sanierungsprojekten, in denen die Gruppe erst nach der Sanierung einzieht, ist Folgendes wichtig zu bedenken: Eigenleistung verzögert oft den Baufortschritt und sorgt dafür, dass entsprechend länger Mieten an anderer Stelle bezahlt werden müssen, die nicht in die eigene Organisation fließen.

In Neubauprojekten ist es angeraten, sehr gezielt mit einem erfahrenen Architekten zu überlegen, in welchen Phasen, bei welchen Arbeiten genau Eigenleistung wirklich sinnvoll ist. Fast sicher kann Eigenleistung gegen Ende erbracht werden, zum Beispiel Ölen von Holztüren und Fenstern, Streichen der Wände oder Ähnliches. Auch in früheren Bauphasen gibt es Aufgaben, die sinnvoll in Eigenleistung erledigt werden können. Bei vielen dieser Aufgaben ist das Einsparpotenzial aber geringer als gedacht, und es ist für alle Seiten erleichternder, direkt zu Beginn eine Kalkulation mit Fremdleistungen zu erstellen.

Etwas anders sieht die Situation aus, wenn eine Gruppe ein sanierungsbedürftiges Objekt kauft, in dem sie bereits wohnt und nach und nach den Standard verbessert. Hier überwiegen die Vorteile von Eigenleistung: Fremde Handwerker, die in der Wohnung arbeiten, während dort auch gewohnt wird, sind keine Freude. Die Schnelligkeit der Fertigstellung ist weniger wichtig, da die Gruppe bereits im Objekt wohnt. Andererseits motiviert das Auf-der-Baustelle-Wohnen stärker zum Einsatz auf der Baustelle, als wenn dafür extra angereist werden muss. An alte Häuser wird ein anderer Anspruch an Baustandards gestellt als an Neubauhäuser (zum Beispiel in Hinblick auf Wärmedämmung etc.).

Wenn es im Projekt Handwerkende vom Fach gibt, sieht die Situation ebenfalls anders aus. Ihr Einsatz auf der Baustelle kann ein sehr großes Einsparpotenzial ergeben. Allerdings kann in einem Projekt, in dem jede:r in die eigene Tasche wirtschaftet, nicht davon ausgegangen werden, dass ein:e Handwerker:in lange Zeit ehrenamtlich für das Projekt baut, während andere in der Zeit ihrem Broterwerb nachgehen. Hier muss eine Lösung gefunden werden, wie diese Mehrarbeit ausgeglichen wird.

Oft ist es für das Projekt deutlich günstiger, Projektmitglieder mit einem adäquaten Stundensatz für die handwerkliche Arbeit zu bezahlen, als fremde Handwerksfirmen zu beauftragen. In Kooperation mit eigenen Fachleuten können zudem unbezahlte Eigenleistungen effektiver integriert werden, wenn beispielsweise die Arbeit so organisiert wird, dass immer ein ehrenamtlicher Helfer mit der Fachperson arbeitet.

6.3 Umgang mit Geld und Arbeit im Projekt

Im letzten Kapitel habe ich vom Aufbringen des notwendigen Kapitals für das Projekt geschrieben. Die wichtige Frage »Wie wird eigentlich untereinander, zwischen den Gemeinschaftsmitgliedern, mit Kapital, Geld und Arbeit umgegangen?« habe ich dabei bewusst nicht diskutiert.

Auch viele Gründungsgruppen umschiffen dieses Thema lange. Klar ist oft, dass die Mitglieder solidarisch sein wollen, aber was bedeutet das genau? In der Praxis von gemeinschaftlichen Projekten ist dieses Thema ein weites Feld. Es gibt Modelle, in denen jede Person ihre Eigentumswohnung besitzt und finanziert und komplett auf eigene Rechnung wirtschaftet, bis hin zu Kommunen mit gemeinsamer Ökonomie, in denen alles Kapital und alles Einkommen in einen Topf fließt und jede:r sich nach den eigenen Bedürfnissen aus diesem Topf herausnehmen kann. Jede Gruppe findet ihren eigenen Weg in einem Kontinuum von »Gemeinsamer Ökonomie« bis hin zu »Ganz individueller Ökonomie«. Ich werde auf den kommenden Seiten Beispiele aufzeigen, wie Projekte mit ökonomischen Fragen umgegangen sind und welche wichtigen Erfahrungen sie gemacht haben.

6.3.1 Was wird gemeinschaftlich finanziert und was individuell?

Das ist die Grundfrage, die bei jedem Projekt zu stellen ist. Klassische Wohnprojekte haben meist eine sehr individuelle Ökonomie, kaum anders als ein normales Haus mit Eigentumswohnungen (oder eine konventionelle Wohnungsgenossenschaft), nur dass außer den Treppen und der Waschküche auch noch ein Gemeinschaftsraum gemeinsam finanziert wird. Alles andere ist ganz in der Verantwortung der Einzelnen.

Doch selbst hier stellt sich die Frage, wie – über die reinen Geldflüsse hinaus – Ressourcen und Arbeit aufgeteilt werden. Wird selbstverständlich von jedem eine bestimmte Anzahl Stunden erwartet und darüber akribisch Buch geführt? Muss mehr zahlen, wer weniger arbeitet, und wer mehr arbeitet, wird dafür bezahlt? Oder engagieren sich die Menschen in unterschiedlichem Maße ehrenamtlich für »ihr Projekt«, weil es ihre gemeinsame Sache ist? Wird der Außenbereich gemeinsam gestaltet und von allen genutzt, oder hat auch der Außenbereich große private Anteile?

Wie wird mit individuellen Notlagen umgegangen? Gibt es eine Kultur der gegenseitigen Unterstützung, des Schenkens oder zinslosen Geldleihens, oder beschränkt sich die Hilfe auf das Ausleihen von Haushaltsgeräten?

Ich kenne wunderbare Wohnprojekte, in denen trotz sehr individueller Ökonomie eine sehr gemeinschaftlich-unterstützende ökonomische Kultur herrscht.

Projekte, die nicht nur miteinander wohnen und den Außenbereich gemeinsam nutzen, sondern auch Alltag miteinander teilen, nennen sich meist »Lebensgemeinschaften« und nicht nur »Wohnprojekte«. Daraus ergeben sich weitere Fragen zum Umgang mit Geld und Arbeit. Die folgenden Kapitel sind in erster Linie für Menschen geschrieben, die darüber nachdenken, mit den anderen Menschen in ihrer Gemeinschaft Aspekte ihres Alltags zu teilen. Ich beginne, indem ich die gemeinsame Ökonomie genauer skizziere, um dann vorzustellen, welche Zwischenformen erfahrungsgemäß ebenfalls gut funktionieren.

6.3.2 Gemeinsame Ökonomie

Gemeinsame Ökonomie ist dadurch gekennzeichnet, dass alle Gemeinschaftsmitglieder »in einen Topf« wirtschaften. Das bekannteste und durchdachteste Beispiel dafür ist in Deutschland die Kommune Niederkaufungen, die übrigens auch Beratung zu diesem Thema anbietet.

Es gibt über 30 Kommunen mit gemeinsamer Ökonomie in Deutschland, die im Netzwerk »Kommuja« zusammengeschlossen sind. Sie alle leben unterschiedliche Formen von gemeinsamer Ökonomie. Die übereinstimmende Erfahrung dieser Gemeinschaften ist: Es funktioniert – und zwar reibungsloser, als viele es erwarten würden.

Für eine gemeinsame Ökonomie muss sich grundsätzlich entschieden werden – so wie es in einer Ehe eine Grundsatzentscheidung dafür braucht, nicht mehr aufzurechnen. Gemeinsame Ökonomie funktioniert nicht mit ständigem Rechnen, wie viel die Einzelnen einbringen und herausnehmen. Nötig sind ein Überblick darüber, wie viel die Gemeinschaft einnimmt und ausgibt, sowie die Bereitschaft aller, sich für das ökonomische Wohl der Gemeinschaft mit verantwortlich zu fühlen. Ob das durch Geldverdienen, Wenig-Geld-Ausgeben, die Vorbereitung neuer wirtschaftlicher Aktivitäten für die Gemeinschaft, Sanierung oder Reparatur von Gütern der Gemeinschaft (Häuser, Autos etc.) oder die Übernahme von Arbeiten zu Hause ist, um anderen den Rücken freizuhalten, wird nicht verglichen, denn alles ist wichtig für die gemeinsame Kasse. Auch Kinderbetreuung sowie die Pflege von Kranken und Älteren gehören selbstverständlich mit zu den Arbeiten in einer Gemeinschaft mit gemeinsamer Ökonomie.

Viele haben Sorge, dass es in einer gemeinsamen Ökonomie häufige Diskussionen und Streitigkeiten um den Umgang mit Geld gibt. Natürlich gibt es Diskussionen darüber, denn die Gemeinschaft muss sich zu größeren Ausgaben eine Meinung bilden und ihren eigenen Stil im Umgang mit Ausgabewünschen entwickeln. Jedoch scheint es nicht mehr Diskussionen und Streitigkeiten um Finanzielles zu geben als in Gemeinschaften, in denen Dinge miteinander abgerechnet und verrechnet und Menschen für ihre Arbeit in der Gemeinschaft bezahlt werden.

BEISPIEL

Gemeinsame Ökonomie in der Kommune Niederkaufungen

Die Kommune existiert seit 1986 und umfasst etwa 55 Erwachsene und 20 Kinder.

Entstanden aus einem klaren linken Politverständnis, war die Entscheidung für die gemeinsame Ökonomie die logische Fortsetzung des Gedankens, dass es einen grundsätzlich anderen Umgang mit Geld geben muss und dass das Projekt dies vorleben möchte.

Alle Einnahmen (und alles Vermögen, das ein Kommunarde bei Eintritt mitbringt) fließen in eine Gemeinschaftskasse. Jede:r Kommunard:in kann aus dieser Kasse Geld für den persönlichen Bedarf entnehmen. Für die Entnahme ist keine Obergrenze definiert. Da die Kasse aber begrenzt ist, werden »größere« Entnahmen angekündigt und bei Bedarf diskutiert.

Transparenz über den aktuellen Stand der Kasse ist für dieses System sehr wichtig. Sie wird über die Monatsabrechnung erzeugt. Die Abrechnungen der vergangenen Monate hängen immer aus, die aktuelle Abrechnung wird kurz im Plenum vorgestellt.

Die Kommune hat ein eigenes »Rentensystem« entwickelt, in dem für jedes Kommunenmitglied Rentengelder angespart werden. Bei Austritt aus der Kommune bekommen die Mitglieder diesen Anteil ausbezahlt.

Inzwischen hat sich rund um die Kommune Niederkaufungen ein Netzwerk von sechs Kommunen mit gemeinsamer Ökonomie entwickelt, die untereinander einiges »tauschlogikfrei« austauschen. Vieles, was zwischen den Kommunen hin- und herfließt, seien es Lebensmittel, Produkte oder Dienstleistungen, wird nicht verrechnet.

Weitere Informationen: *www.kommune-niederkaufungen.de*

Tatsächlich erspart eine gemeinsame Ökonomie sehr viel Bürokratie und Verwaltungsaufwand – indem viel weniger interne Abrechnungen erforderlich sind als in Gemeinschaften, die keine komplette gemeinsame Ökonomie haben.

Nur wenige Gemeinschaften gehen so weit wie die Kommune Niederkaufungen und vergesellschaften nicht nur die Alltagseinnahmen, sondern auch das Kapital in der gemeinsamen Ökonomie. Viele Kommunen treffen eine Verabredung, in der das Kapital, das jemand einbringt, auch das ist, was am Ende wieder ausgezahlt wird, eventuell korrigiert um Gewinne und Verluste aus der Gemeinschaftszeit.

6.3.3 Mischformen von gemeinschaftlicher Ökonomie

Viele Gemeinschaften haben Mischformen zwischen einer gemeinsamen Ökonomie und individueller Ökonomie entwickelt.

Eine wichtige Mischform ist die einer gemeinsamen Alltagskasse oder Haushaltskasse. In diese Kasse zahlen alle Gemeinschaftsmitglieder ein, um daraus Ausgaben zu tätigen, auf die sich die Gruppe geeinigt hat. In der Regel sind das Lebens- und Putzmittel, die Miete für die gemeinschaftlich besessene Immobilie und die Kosten für Energie, Wasser, Abwasser, Müll etc. In manchen Projekten gehören auch die Kosten für die projekteigenen Autos, Tiere und Ähnliches dazu.

In der Regel wird in diese Kasse der gleiche Betrag pro Person eingezahlt. Es gibt aber auch viele andere – und teilweise solidarischere – Lösungen, die Gemeinschaften entwickelt haben:

- Beiträge nach Selbsteinschätzung (angelehnt an die Bieterrunden in SoLaWis);
- Sozialtarife auf Antrag und Solitarife auf freiwilliger Basis;
- nur Erwachsene zahlen, Kinder sind frei;
- ein gewisser Prozentsatz des Einkommens wird für die Alltagskasse verwendet.

Auch in Hinblick auf das einzubringende Kapital sind unterschiedliche Herangehensweisen möglich: Während zum Beispiel in der Kommune Niederkaufungen Menschen mit BAföG-Schulden die gleichen Chancen auf Aufnahme haben wie Menschen mit einem großen finanziellen Polster, haben viele genossenschaftlich organisierte Projekte Pflichtanteile, die alle Bewohner:innen beitragen müssen. Dies ermöglicht, den gemeinsamen Immobilienbesitz mit Beteiligung aller zu finanzieren, ist jedoch gleichzeitig – wenn es keine begleitenden anderen Lösungen gibt – eine schwierige Herausforderung für Menschen, die kein Kapital haben. (Wie im Vorangegangenen bereits erwähnt, gibt es zwar eine Möglichkeit, sehr zinsgünstige Darlehen aufzunehmen, doch sind dafür wiederum entsprechende regelmäßige Einnahmen Voraussetzung.)

In vielen Gemeinschaften haben sich informelle Lösungen etabliert, wie zum Beispiel langfristige zinslose Darlehen von Projektmitgliedern mit mehr Geld an Projektmitglieder mit weniger Geld, um allen die Zahlung von Pflichtanteilen zu ermöglichen.

Für Genossenschaften gibt es die Möglichkeit, satzungsgemäß Solidaranteile vorzusehen, die es ermöglichen, dass Menschen Anteile zeichnen, die nicht für die eigenen Pflichtanteile, sondern als Anteile für Menschen zählen, die wenig Kapital mitbringen. So läuft die solidarische Unterstützung nicht direkt von Person zu Person und schafft dadurch ein gewisses Abhängigkeitsverhältnis, sondern über die Genossenschaft.

Zudem gibt es im Kapitalbereich in vielen Gemeinschaften die Herangehensweise: Jede:r gibt, was er/sie kann, ohne die Festlegung von Pflichtanteilen oder nur mit sehr geringen Mindestanteilen.

6.3.4 Projekteigene Betriebe und gemeinsam erschlossene Einkommensquellen

Städtische Wohnprojekte sind meist so organisiert, dass die Menschen, die dort leben, ihre eigene Einkommensquelle mitbringen und ihrem Broterwerb weiter nachgehen. Je ländlicher die Projekte und je wichtiger den Projekten ein gemeinschaftliches Wirtschaften ist, desto mehr stellt sich nicht nur die Frage, wie Mieten und Lebensmittel verteilt werden, sondern die Frage, wie die Projektmitglieder dort gemeinsam oder durch individuelle Initiative Geld verdienen können. Auf diese Frage gibt es so viele Antworten, dass sie allein ein Buch füllen könnten. Ich will hier nur das Spektrum deutlich machen.

Was sind »projekteigene Betriebe«?

Projekteigene Betriebe können zum einen gemeinsam aufgebaute und von der Gemeinschaftsorganisation getragene Betriebe sein, aus denen die Mitarbeiter:innen einen angemessenen Lohn erhalten und deren Profit, so es einen gibt, direkt in die Kasse der Organisation fließt. Ich zähle zum anderen auch Betriebe dazu, die im Rahmen von individueller Ökonomie in der Gemeinschaft aufgebaut werden, dort Arbeitsplätze schaffen und vielfältige Synergieeffekte mit der Gemeinschaft erzeugen – so zum Beispiel der Baubetrieb Sieben Linden GmbH im Ökodorf Sieben Linden, der an allen Hausbauten beteiligt wird, was Auftragssicherheit für die GmbH, aber auch viel Einsparungspotenzial für die Gemeinschaft bedeutet.

Viele Gemeinschaften betreiben in irgendeiner Form eine Solidarische Landwirtschaft (SoLaWi), welche die Gemeinschaft – und oft auch das Umfeld – mit ökologisch angebautem Gemüse versorgt. Auch hier gibt es beide Lösungen der Eingebundenheit in die Gemeinschaft: Manchmal ist die SoLaWi in der Gemeinschaftsorganisation angesiedelt, manchmal ist sie ein ganz eigenes Projekt, das theoretisch unabhängig, aber stark mit der Gemeinschaft verbunden und von den Gemeinschaftsmitgliedern getragen ist.

Gemeinsame Betriebe sind oft Seminarbetriebe, Cafés, Garten- und Gemüsebau, da sie thematisch nahe an der inhaltlichen Ausrichtung des Projektes sind und daher von vielen mitgetragen werden (Beispiele hierfür: ZEGG gGmbH, Ökodorf Sieben Linden, Schloss Tempelhof).

Wenn es keine gemeinsame Ökonomie gibt, werden die Menschen, die für die gemeinschaftlichen Betriebe arbeiten (meist nach einer gewissen Anlaufzeit, in der ehrenamtliches Engagement erwartet wird), von der entsprechenden Organisation bezahlt und können damit ihren Lebensunterhalt sichern. In der Realität ist die Bezahlung in gemeinschaftseigenen Betrieben meist recht bescheiden (nahe am Mindestlohn), denn die wenigsten dieser Betriebe sind so auf Effizienz hin ausgerichtet, dass sie gute Löhne bezahlen können. Darüber hinaus widerspricht der Wert der Achtsamkeit vor allen Menschen dem normalen Wirtschaftsdenken, einem Gebäudereiniger nur einen Bruchteil dessen pro Stunde zu bezahlen, was eine Geschäftsführerin verdient. Zwar gibt es oft differenziertere Lohnsysteme als einen Einheitslohn für alle, aber mir ist kein Projekt bekannt, in dem die höchsten Stundenlöhne mehr als das Doppelte der niedrigsten Stundenlöhne betragen. (In der Diskussion um das Thema »Solidarische Ökonomie« werden Betriebe als Betriebe der Solidarischen Ökonomie gezählt, wenn das Verhältnis vom höchsten zum niedrigsten Lohn 6 : 1 nicht überschreitet.)

Vor allem aus amerikanischen Gemeinschaften mit gemeinsamer Ökonomie kenne ich die Lösung, dass es einen gemeinschaftlichen Produktionsbetrieb gibt, mit dem Geld erwirtschaftet wird und in dem alle Gemeinschaftsmitglieder bei Bedarf mitarbeiten können (zum Beispiel Hängematten herstellen – Twin Oaks Community).

Es gibt auch Gemeinschaften, die sich so weit spezialisiert haben, dass sie fast alle Arbeitsbereiche um ein spezifisches Thema herum aufbauen (zum Beispiel Schäfereigenossenschaft Finkhof eG).

6.3.5 Bezahlte und unbezahlte Arbeit im Projekt

Während die letzten Unterkapitel sich alle um die Frage des gemeinschaftlichen Geldverdienens drehten, die längst nicht für alle Projekte relevant ist, komme ich nun auf die Frage nach der Arbeit für das Projekt zurück. Die Frage, wie die notwendige oder wünschenswerte Arbeit für das Projekt verteilt wird, betrifft ausnahmslos jedes Projekt. Schließlich leben Gemeinschaftsprojekte auch davon, dass die Mitglieder ihr Projekt gemeinsam gestalten – was ein Vergnügen sein kann, aber ab einem gewissen Punkt auch als Arbeit wahrgenommen wird.

In der Gründungsphase ist diese Arbeit so gut wie immer ehrenamtlich, und für viele Projekte bleibt die Arbeit für das Projekt durchgehend ehrenamtlich. Damit ersparen Gruppen sich viele Diskussionen über Lohnhöhen und die Frage, wer wofür bezahlt wird und wer nicht. Gleichzeitig liefert es die Grundlage für viele Diskussionen über essenzielle

Arbeiten für das Projekt, die gemacht werden müssen und für die es gerade niemanden gibt, der oder die diese Arbeiten erledigt.

Wie viel unbezahltes Engagement wird erwartet?

Wie an anderer Stelle schon geschrieben, rate ich jeder Gründungsinitiative, zunächst nur Menschen aufzunehmen, die Kapazitäten haben, sich wirklich für die Gründung zu engagieren. In dieser Phase ist es sinnvoll, zum Beispiel genau festzulegen: »Wir wünschen uns Menschen, die bereit und fähig sind, mindestens fünf Stunden pro Woche ehrenamtlich für die Realisierung unseres gemeinsamen Traumes arbeiten zu können.« Sosehr ich eine derartige Festlegung für eine Gründungsphase empfehle, ist auf der anderen Seite klar, dass bei langfristigem Zusammenleben in einem Projekt Realität und Festlegung weit auseinanderklaffen werden – und das gilt es zu akzeptieren. Wenn ein Projekt inklusiv sein will, so gehören auch Menschen dazu, die mit Beruf und Familie schon so gut wie zu 100 Prozent ausgelastet sind und für die ein Kuchenbacken für einen Tag der offenen Tür schon das Äußerste an Engagement ist, das sie leisten können. Menschen in unterschiedlichen Lebens- und Gesundheitsphasen sind sehr unterschiedlich leistungsfähig für derartige Projekte. Das sollte bedacht werden.

Arbeitslose oder frühverrentete Menschen ohne Kinder können vielleicht 30 Wochenstunden für das Projekt arbeiten, ohne in Stress zu geraten. Eltern kleiner Kinder, die ihren Lebensunterhalt verdienen müssen, oder Gründer:innen von Start-up-Unternehmen haben eventuell überhaupt keine Stunde pro Woche übrig, in der sie etwas für das Projekt tun können. Dennoch ist es gut zu formulieren, dass unbezahltes Engagement in einem gewissen Umfang erwartet wird, und dazu Beispiele für Lebenssituationen aufzuzeigen, in denen von mehr oder weniger Engagement ausgegangen wird.

Konfliktpotenzial zwischen bezahlter und unbezahlter Arbeit

In Gemeinschaften mit gemeinsamer Ökonomie gibt es dieses Konfliktpotenzial nicht, weil nicht zwischen bezahlter und unbezahlter Arbeit unterschieden wird. In allen Projekten, die keine gemeinsame Ökonomie haben und die sich die Frage »Bezahlen wir intern Arbeit für das Projekt?« stellen, ist die Sorge vorhanden, dass es die Gemeinschaft zerreißen wird, wenn manche für ihre Arbeiten bezahlt werden und andere nicht. Nach meiner Erfahrung sollten Gemeinschaften sich von dieser Sorge nicht lähmen lassen. Ja, es stimmt: Bezahlte und unbezahlte Menschen in einem Projekt zu vereinen hat Konfliktpotenzial. Aber Unterschiede im Arbeitsengagement oder in den finanziellen Möglichkeiten der Einzelnen haben ebenfalls viel Konfliktpotenzial, und das kann deutlich durch bezahlte interne Arbeit abgemildert werden.

Die Bezahlung von Projektmitgliedern für Arbeiten, die getan werden müssen, ist ein Ausweg aus dem Dilemma, dass es viele notwendige Arbeiten gibt, es für die meisten Menschen aber verständlicherweise Priorität hat, sich um ihren Lebensunterhalt zu kümmern.

Wichtig ist hier, diesen Schritt von »alles ist unbezahlt« zu ersten bezahlten Jobs in der Gemeinschaft sehr bewusst zu gehen, ihn in der Gemeinschaft transparent zu gestalten und darüber zu sprechen, was es für die Einzelnen bedeutet.

Wichtig ist auch, dass gerade die vom Projekt Angestellten sich in anderen Feldern weiterhin ehrenamtlich engagieren.

6.4 Zusammenfassung und Praxistipp

Ich habe mich im Bereich »Praxis« auf die Themen »Geld« und »Arbeit« konzentriert, da dies die Praxisthemen sind, die alle gemeinschaftlichen Wohn- und Lebensprojekte beschäftigen.

Es gibt große Unterschiede im Umgang mit Geld zwischen den verschiedenen Projekten. Viele Projekte, die ich berate, träumen von einer anderen Ökonomie und finden eine »gemeinsame Ökonomie« reizvoll, trauen sich aber nicht so recht, dies in die Tat umzusetzen. Sehr oft höre ich: »Wir fangen mal so und so an, und dann kann sich nach und nach mehr entwickeln.«

Hier zeigt die Erfahrung aus der Praxis von fast allen Gemeinschaftsprojekten, die ich kenne: »Gemeinsame Ökonomie (oder starke solidarische Elemente in einer Ökonomie) funktioniert sehr viel leichter, wenn sie am Anfang eingeführt wird!« Jedem Anfang wohnt ein Zauber inne – in Phase 1 einer Gemeinschaft sind die Menschen bereit, sich auf Experimente einzulassen.

Wenn in der Praxis dann die »Verliebtheitsphase« des Anfangs endet und die ersten Konflikte auftreten, wird es zunehmend schwerer, gemeinsame Ökonomie einzuführen. Aber es wird nicht unbedingt schwerer, diese Elemente weiter fortzuführen. Denn in der Praxis werden leicht die Vorteile des gemeinsamen Wirtschaftens erkannt.

Daher rate ich allen Projekten, die darüber nachdenken, ein gutes Modell von gemeinschaftlicher Ökonomie zu entwickeln und eine klar überschaubare Frist zu setzen, in der es ausprobiert wird. In sechs Monaten gemeinsamer Ökonomie wird nichts Schlimmes passieren. »Zurückdrehen« in ein konventionelles Modell ist immer deutlich leichter, als ein konventionelles Modell in gemeinschaftliche Ökonomie zu überführen.

7

Ernte – die Früchte der Arbeit wahrnehmen und genießen

Die Ernte ist der letzte Aspekt im Projektentwicklungskreis des Gemeinschaftskompasses. Die vier Elemente »Intention«, »Struktur«, »Praxis« und »Ernte« entsprechen einem Projektentwicklungskreislauf, in dem zunächst die Ziele festgesetzt werden, für deren Ausführung ein Plan und eine Struktur entwickelt werden, die dann in die Tat umgesetzt werden. Am Ende wird evaluiert, ob das Ziel erreicht wurde, das Geschaffene wird gefeiert, und die Beiträge der Einzelnen werden gewürdigt.

Dieser Ablauf kann als klassische Reihenfolge gesehen werden, und doch sind alle Elemente des Kompasses zu jedem Zeitpunkt fast gleich wichtig. Insbesondere die Ernte ist nicht nur am Ende eines Projektes oder nach wichtigen Schritten wichtig. Die Aufmerksamkeit darauf zu richten, was sich als Früchte unserer Arbeit ergibt, ist eine fortlaufende Aufgabe.

7.1 Eine Kultur der Wertschätzung entwickeln

Der Begriff der Ernte im Gemeinschaftskompass erinnert uns daran, eine Kultur der Wertschätzung in unseren Gruppen aufzubauen und zu leben. Alles, was die Mitglieder in unsere Gemeinschaft einbringen, ist ein Geschenk, das Wertschätzung verdient.

Das schwäbische Sprichwort »Nicht geschimpft ist genug gelobt!« prägt leider auch die Mentalität vieler Gemeinschaftsprojekte. Im Allgemeinen wird sehr viel darüber lamentiert, was andere nicht machen. Diejenigen, die sehr aktiv sind, ärgern sich insgeheim, dass nicht gesehen wird, wie viel sie leisten, kommen jedoch umgekehrt selbst auch nicht auf die Idee, Anerkennung zu äußern, wenn sie sehen, was oder wie viel andere beitragen.

EINE GEMEINSCHAFTSGESCHICHTE:

»Whose Job is it anyway?«

This is a story about four people living in community named Everybody, Somebody, Anybody and Nobody.

There was an important job to be done and Everybody was sure that Somebody would do it. Anybody could have done it, but Nobody did it. Somebody got angry about that, because it was Everybody's job. Everybody thought Anybody could do it, but Nobody realized that Everybody wouldn't do it. It ended up that Everybody blamed Somebody when Nobody did what Anybody could have done.

Alle haben die Chance, den ersten Schritt dafür zu tun, die Kultur der Gruppe dahingehend zu verändern, dass immer wieder Wertschätzung geäußert wird: indem sie selbst damit anfangen.

Auch in Gemeinschaften ist Burn-out ein Thema, das berücksichtigt werden sollte. Menschen geben viel und reiben sich irgendwann auf, weil sie den Eindruck haben, es kommt nichts oder wenig zurück. Die wichtigste Burn-out-Prophylaxe in Teams und Gemeinschaften ist es, die Arbeit der anderen anzuerkennen und wertzuschätzen. Denn selten ist es die Arbeit allein, die den Burn-out produziert, die Kombination aus viel Arbeit und fehlender Wertschätzung ist die toxische Mischung, die Menschen ausbrennen lässt.

METHODE

Wertschätzungszettel

Allen Gruppenmitglieder wird ein DIN-A4-Zettel auf den Rücken geklebt, und sie bekommen einen Stift in die Hand. Dann werden alle aufgefordert, den Menschen, zu denen ihnen etwas Positives einfällt, dieses positive Feedback auf den Zettel auf dem Rücken zu schreiben. Für diese Übung sollten den Teilnehmenden circa 20 Minuten Zeit gelassen werden.

Anschließend setzen sich alle in den Kreis und dürfen gleichzeitig ihre Zettel abnehmen.

Um eine Kultur der Wertschätzung zu entwickeln, ist es – neben dem spontanen Ausdruck von Wertschätzung – sinnvoll, kleine Elemente in die Strukturen einzubauen. Eine Vollversammlung kann zum Beispiel mit einer kurzen »Dankesrunde« eröffnet werden, in der die Menschen eingeladen sind auszudrücken, wem sie wofür dankbar sind. Ebenso lässt sich ein Treffen mit einer Wertschätzungsrunde beenden.

In Treffen zur Gemeinschaftspflege sollten immer wieder Elemente eingebaut werden, in denen die Menschen die Möglichkeit haben, sich gegenseitig Wertschätzung zu geben, wie zum Beispiel die Übung der »Wertschätzungszettel«.

Warum steht hier nicht einmal das Wort »Lob«?

Ich vermeide bewusst das Wort »Lob« für wertschätzende Äußerungen, denn »Lob« ist eng verbunden mit der paternalistischen Haltung: »Ich bin diejenige, die beurteilen kann, ob du etwas gut gemacht hast oder nicht.«

Lehrer loben ihre Schüler, Eltern ihre Kinder für das, was sie für erstrebenswert halten. Das Wort »Lob« hat immer einen Beiklang von Herablassung und Formen-Wollen. Deshalb nutze ich deutlich lieber das Wort »Wertschätzung«. Es drückt aus, dass ich wirklich den Wert dessen schätze, was getan wurde, und nicht aus pädagogischer Berechnung »lobe«.

Aber Vorsicht: Hohle Wertschätzung kann ebenfalls nach hinten losgehen. Wenn ich meiner Kollegin dafür Wertschätzung ausspreche, wie toll sie etwas kopiert hat, kann das auch eine Herabwürdigung sein. Denn die Qualität von Kopien sind nun wirklich nichts, was für besondere Qualifikation einer Kollegin spricht. Wenn ich dagegen sage: »Ich bin so froh, dass du mir die Arbeit mit dem Kopieren abgenommen hast, denn das hat mir die Zeit gegeben, noch ...«, dann ist das eine echte Wertschätzung für die gleiche Arbeit.

7.2 Der Wert von Feedback

Das wertschätzende Feedback ist eine extrem wichtige Zutat für jedes Gelingen von Gemeinschaft.

Deutlich schwieriger – und doch ebenfalls sehr wichtig – ist das Ansprechen von schlechten Erfahrungen und kritischen Punkten. Wenn wir es schaffen, uns nicht nur das positive Feedback zu geben und das kritische runterzuschlucken, sondern ehrlich auch gerade schwierige Punkte konstruktiv ansprechen können, zeigt sich eine neue Qualität von Feedback. Denn hierin liegt ein noch viel größerer Schatz. Wenn eine Gemeinschaft gelernt hat, eine Wertschätzungskultur aufzubauen, kann der nächste Schritt sein, eine ehrliche Feedbackkultur zu schaffen.

Denn wir können so viel lernen, wenn wir erfahren, wie das, was wir tun, auf andere wirkt und was es bewirkt. Feedback ist ein Lernbeschleuniger, eine enorme Potenzialentfaltungsmaschine, und es ist jammerschade, dass sich die meisten Menschen nur selten trauen, sie direkt zu nutzen.

Im konstruktiven Feedback geht es darum, auf eine Art, die das Gegenüber hören und daraus lernen kann, auch kritische Punkte anzusprechen. Selten laden wir uns Feedback dazu ein, wie unser Handeln bei anderen ankommt. Dabei könnten wir uns dadurch weiterentwickeln. Es ist zutiefst gemeinschaftsbildend, wenn wir uns trauen, uns gegenseitig zum Feedbackgeben einzuladen und Feedback zu geben.

METHODE

Feedbackkultur entwickeln

1. Einführung in die Bedeutung von Feedback.
2. Vierergruppen tauschen sich aus: Was sind meine Erfahrungen mit Feedbackgeben und -bekommen? In welchen Situationen konnte ich Feedback gut annehmen? Wann kann ich es nicht? Was bräuchte ich, um Feedback gut annehmen zu können? (ca. 30 Minuten)
3. Einzelarbeit (10 Minuten): Jede Person schreibt für sich eine »Gebrauchsanweisung« für Feedback auf. »Wenn du mir Feedback geben willst, dann beachte bitte ...«
4. Paare, die sich gegenseitig vertrauen, setzen sich zusammen und stellen sich ihre »Gebrauchsanweisung« vor. Sie sind für den nächsten Monat gegenseitige »Feedbackpartner:innen« und sollten sich mindestens einmal wöchentlich zu einem kurzen gegenseitigen Feedback zu dem, was sie miteinander erlebt haben, treffen.
5. Nach einem Monat (oder einem anderen verabredeten Zeitraum) trifft sich die Gesamtgruppe wieder, berichtet von Erfahrungen und bespricht nächste Schritte.

Gleichzeitig ist es gefährlich, denn ehrliches Feedback kann natürlich auch verletzen und an ohnehin angekratztem Selbstwertgefühl nagen. Daher ist es eine Kunst und eine Vertrauensfrage, sich ehrliches Feedback zu geben und einzuladen.

Eine schöne Art, Feedback dazu zu geben, wie Menschen ihre Rollen ausfüllen, ist das Soziokratische Entwicklungsgespräch, das ein fester Bestandteil von soziokratischer Organisationsentwicklung ist.

Auch wenn Gruppen sich nicht soziokratisch aufstellen, ist es überlegenswert, derartige Feedbackgespräche fest in den Jahresplan zu integrieren.

METHODE

Soziokratisches Entwicklungsgespräch

Wenn Menschen auf soziokratische Art in Rollen hineingewählt wurden, findet ungefähr nach der Hälfte der Amtszeit ein Entwicklungsgespräch statt, um zu lernen, die Rolle noch besser auszufüllen.

Idealerweise besteht eine Feedbackgruppe aus vier Personen: der Person, die das Feedback bekommt, einer Person aus dem allgemeineren Kreis »über« ihrem Kreis, einer Person aus ihrem Kreis und einer Person aus einem mit dem Kreis verbundenen spezifischeren Kreis. So wird sichergestellt, dass die Rolle aus unterschiedlichen Perspektiven betrachtet wird.

Das Feedbackgespräch läuft in folgenden Schritten ab:

1. Die Person, die das Feedback bekommen soll, reflektiert über ihre Arbeitssituation und teilt im ersten Schritt, was für sie gut gelaufen ist, worauf sie stolz ist.
2. Die Feedbackgebenden sprechen danach und geben ihre Eindrücke von dem, was gut lief, wieder.
3. Die Person, die Feedback bekommen soll, teilt in einem zweiten Schritt, wo sie noch Verbesserungspotenzial wahrnimmt.
4. Die Feedbackgebenden geben dazu Feedback.
5. Die Person, die Feedback bekommen hat, formuliert bis zu einem nächsten Treffen, welche Lern- und Weiterbildungscommitments sie eingehen will, und legt diese schriftlich fest. Alle, die bei dem Reflexionsgespräch dabei waren, unterschreiben das Schriftstück.

7.3 Auswerten und Evaluieren

Nicht nur im zwischenmenschlichen Bereich gibt es Feedback. Feedback sind alle Reaktionen auf das, was wir tun. Um diese Reaktionen wahrzunehmen, müssen wir nur unsere Aufmerksamkeit öffnen. Die Ernte steht für das Innehalten und Auswerten, das Einholen von Feedback, ob wir mit unseren Maßnahmen unsere Ziele erreicht haben und ob wir uns noch auf dem richtigen Weg befinden.

Zur Ernte gehört daher auch das klassische Auswerten: Wie viele Menschen haben unseren Newsletter geöffnet, seit wir unser Konzept geändert haben? Waren es mehr als vorher, weniger, oder ist die Anzahl gleich geblieben? Wie viele haben auf eine bestimmte Werbekampagne reagiert – lohnt es sich, in dieser Richtung weiterzumachen? Wir haben die Preise angehoben, wie hat sich das auf die Buchungen ausgewirkt?

Wo stehen wir mit der Baufinanzierung nach dem ersten Abschnitt? Sind wir noch im Plan? Hat die Eigenleistung uns so viel Geld gespart wie angenommen?

Haben die durchgeführten Maßnahmen wirklich den Energieverbrauch gesenkt oder dazu beigetragen, dass nachlässiger mit Energiesparmaßnahmen umgegangen wird?

In der Soziokratie ist vorgesehen, zu jedem Beschluss, der gefasst wird, auch das Ziel zu benennen, warum dieser Beschluss gefasst wurde, und nach einiger Zeit zu überprüfen, ob das Ziel damit erreicht wurde oder werden kann. Diese eigentlich verblüffend einfache Vorgehensweise ist trotzdem alles andere als selbstverständlich. Wir tun viel und überprüfen selten die Wirksamkeit unserer Handlungen. Der Aspekt »Ernte« erinnert daran, das häufiger zu tun.

Auch die zweijährliche Genossenschaftsprüfung kann im Rahmen der Ernte betrachtet werden. Die Stellungnahme des Prüfers kann als willkommenes Feedback aus der Finanzwelt dazu gesehen werden, ob die Geschäftsführung mit den Ansprüchen und Gesetzen der umgebenden Welt kompatibel ist.

7.4 Feiern gehört dazu

Ein wichtiger Unterpunkt des Aspekts »Ernte« ist das Feiern. Hierzu gehören größere Feiern, mit denen besondere Momente gewürdigt werden, genauso wie kleine Momente der Anerkennung. Kein Zwischenerfolg sollte einfach so vorüberziehen, ohne dass zumindest in einem kleinen Kreis kurz »gefeiert« wurde. Das Feiern kann ein schlichtes Anstoßen mit ein paar Gläsern Saft, zum Beispiel auf das Gelingen der nächsten Etappe oder auf eine positive Nachricht, sein und ein kurzer Moment der gemeinsamen Freude, um die Arbeit, die zu diesem Zwischenerfolg geführt hat, zu würdigen. Viele Gemeinschaften haben dafür eigene Minirituale entwickelt: Das Anstoßen ist ein typisches Ritual unserer Kultur, wenn etwas zu trinken da ist. (Es ist auch möglich, mit Tee und Kaffee anzustoßen!) Es kann aber auch ein High five mit der Person sein, die den Erfolg errungen hat, ein Schulterklopfen oder ein gemeinsames Essengehen aller Beteiligten.

Große Erfolge wie lang erwartete Fördermittelbescheide, der Abschluss eines großen Arbeitspakets, ein gelungenes Sommercamp, der Einzug in ein neues Haus oder Ähnliches verdienen selbstverständlich auch größere Feiern. Feierkulturen sind sehr wichtige Elemente des Gemeinschaftslebens.

7.5 Ernte: Ausgleich und Reflexion

Die Ernte ist das Gegengewicht zum aktivistischen Tun, zur strukturierten Beharrlichkeit, sie bringt spielerische und nachdenkliche Elemente in das Gemeinschaftsleben.

Die Ernte erinnert uns daran, immer wieder einmal innezuhalten und unseren Weg mit unserem Ziel, unserer Intention abzugleichen: Welches Ziel wollten wir erreichen? Sind wir auf dem Weg weitergekommen? Laufen wir noch auf das Ziel zu? Was haben wir gelernt? Sollten wir Kurskorrekturen vornehmen, um unser Ziel zu erreichen? Oder haben wir neue Erfahrungen gemacht, die uns die Grundlage geben, unsere Ziele zu verfeinern und zu verändern?

7.6 Zusammenfassung und Praxistipps

Der Aspekt »Ernte« wurde an dieser Stelle deutlich kürzer vorgestellt als die anderen Aspekte des Gemeinschaftskompasses. Das schmälert jedoch nicht seine Bedeutung.

Die Ernte hat enormen Einfluss auf viele andere Aspekte.

Zunächst auf die Individuen: Der nährende Charakter von wertschätzendem Feedback trägt zum individuellen Wachstum und zur Burn-out-Prophylaxe bei.

Ernte ist wichtig für die Gemeinschaft: Wertschätzungskultur sowie achtsames und gleichzeitig ehrliches Feedback sind wichtige Grundlagen für ein konstruktives Miteinander.

Die Ernte unterstützt darin, unsere Intention nicht aus den Augen zu verlieren. Sie erinnert uns, zwischendurch innezuhalten und zu evaluieren, ob wir noch auf dem richtigen Weg zur Erreichung unseres Zieles sind oder ob das Ziel einer Anpassung bedarf.

Diese umfassende Bedeutung erreicht der Aspekt »Ernte«, indem in der Struktur und PraxisErnteelemente fest eingebaut werden.

Für Projekte, die sich gern im Aktivismus verlieren, ist es hilfreich, jemandem die Rolle zu übertragen, die Ernte immer wieder einzufordern und/oder Vorschläge zu machen, den Aspekt »Ernte« mit Leben zu füllen.

passt es wohl dazu?

8

Welt – Synergieeffekte schaffen

Mit dem Aspekt »Welt« bewegen wir uns auf einer neuen Handlungsebene.

Nach den beiden zentralen Handlungsebenen »Individuen« und »Gemeinschaft« haben wir in den letzten Kapiteln unsere Aufmerksamkeit auf die Handlungsebene des konkreten äußeren Projektes gelenkt. »Intention«, »Struktur«, »Praxis« und »Ernte« können zusammengefasst auch als Projektentwicklungskreis gesehen werden.

Damit unsere Projekte zum Blühen kommen, dürfen wir aber eines nie vergessen: Unsere Projekte befinden sich nicht im luftleeren Raum, sie finden hier auf dieser Erde, in dieser Gesellschaft statt.

Während viele von uns in ihrer Jugend die Haltung »Was werden die Nachbarn sagen?« zutiefst verachtet haben, sollten wir diese Frage, wenn wir ein Gemeinschaftsprojekt aufbauen wollen, ernst nehmen. Es ist sehr entscheidend, auf den Ruf eines Projektes zu achten. Denn ein schlechter Ruf macht vieles unmöglich, ein guter Ruf ermöglicht manches, das vorher undenkbar schien. Das bedeutet nicht, sich für einen guten Ruf zu verbiegen, aber doch sehr bewusst abzuwägen, wie wir in der Öffentlichkeit auftreten. Bewusste Öffentlichkeitsarbeit ist ein wichtiger Schlüssel zum Erfolg.

8.1 Netzwerke

Die Welt ist voller Lösungen – wir müssen das Rad nicht neu erfinden! Deutlich entspannter und effektiver laufen Projekte, wenn wir uns die Lösungen, die andere schon ausprobiert haben, anschauen und von ihnen

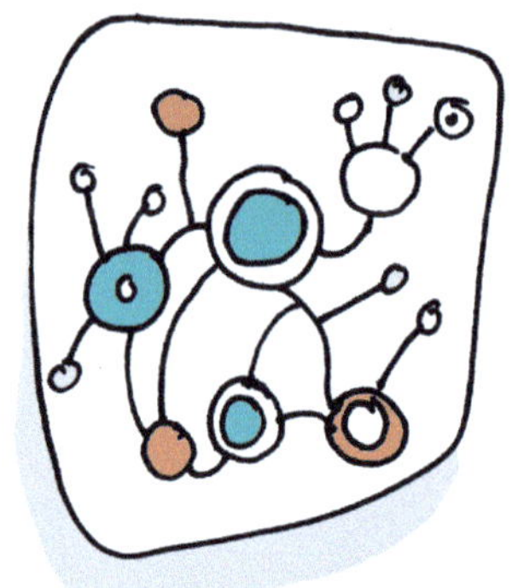

lernen. Das bedeutet kein vorbehaltloses Übernehmen, sondern ein »Sich-inspirieren-Lassen« von anderen Projekten, die Ähnliches umgesetzt haben. Welche Erfahrungen haben sie gemacht? Was davon spricht uns an? Was wollen wir bewusst anders machen?

Netzwerke sind für einen derartigen Erfahrungsaustausch sehr hilfreich. Oft bieten Netzwerke Seminare an, in denen Erfahrungen vermittelt werden. Deutschlandweit gibt es zu diesem Thema vier größere Vernetzungszusammenhänge:

Das Forum für gemeinschaftliches Wohnen – hier sind eher reine Wohnprojekte vernetzt. Sie bieten eigene Fortbildungsveranstaltungen an und geben einen Newsletter heraus.

Das Netzwerk Global Ecovillage Network Deutschland e.V. – in ihm sind die größeren ökologisch orientierten Lebensgemeinschaften Deutschlands, wie Ökodorf Sieben Linden, Schloss Tempelhof, ZEGG, Lebensgarten Steyerberg und viele andere, vernetzt. Sie entwickeln gerade eine gemeinsame Onlineplattform, auf der die gemeinschaftsrelevanten Kurse aller Mitgliedsorganisationen gemeinsam beworben werden (*lernorte.gen-deutschland.de*). Das jährliche Sommertreffen von GEN ist offen für alle und meist sehr inspirierend für alle Gemeinschaftsinteressierten. Mitglieder können größere Gemeinschaftsprojekte mit einer nachhaltigen Grundausrichtung werden, die partizipative Entscheidungsstrukturen und gemeinschaftliche Besitzverhältnisse realisiert haben.

Das Kommuja-Netzwerk vernetzt die Kommunen mit gemeinsamer Ökonomie. Die Kommunen organisieren circa alle zwei Jahre ein Festival, das sich »Los geht's!« nennt und die Gründung neuer Kommunen anstoßen soll.

Das Mietshäuser Syndikat umfasst zum Zeitpunkt des Schreibens dieses Buches 158 Projekte, die nach dem Prinzip des Mietshäuser Syndikats (siehe auch Kapitel 5.4.5) strukturiert sind. Es bietet Beratung und Vernetzung für ihre Projekte an.

Doch es ist immer gut, nicht nur »im Saft der Gemeinschaftsprojekte zu schmoren«! Auch Netzwerke jenseits der Gemeinschaftsszene, wie zum Beispiel das Paritätische Bildungswerk oder der Paritätische Wohlfahrtsverband, die Arbeitsgemeinschaft Natur- und Umweltbildung (ANU), Vereine zur Regionalentwicklung der eigenen Region etc., können wichtige Anknüpfungspunkte für Gemeinschaftsprojekte bieten. Hier kann erfahren werden, was lokal oder im eigenen Bundesland gerade diskutiert wird, hier gibt es Informationen über lokale Fördermittel und Ähnliches.

8.2 Nachbarschaftspflege

Die Urteile der Nachbar:innen über ein Projekt sind (insbesondere auf dem Land) ausschlaggebend für den Ruf eines Projektes und damit auch für seinen Erfolg. Daher ist es – gerade wenn eine Gruppe neu in ein ländliches Gebiet kommt – eine wichtige Grundregel, sich für ein gutes Verhältnis mit den Nachbarn zu engagieren. Das beinhaltet Dinge wie zum Beispiel eine Einladung an die Nachbar:innen zum Kaffeetrinken, um sich vorzustellen, Nachbarschaftshilfe anzubieten, nach der Geschichte und den Besonderheiten des Ortes zu fragen – und insbesondere viel zuzuhören, ohne zu urteilen! Auch wenn – gerade im ländlichen Raum Ostdeutschlands – politisch oft Welten zwischen neuen Gemeinschaftsprojekten und vielen der direkten Nachbar:innen liegen, geht es bei ersten Kontaktaufnahmen nicht um politische Diskurse, sondern um das Verstehen von Sorgen und Nöten. Es gibt Bedürfnisse, Lebenserfahrungen und Werte, die respektiert werden wollen, und darum geht es hier. Gerade politisch fragwürdige Haltungen der Nachbarn können leichter verändert werden, wenn ein menschlich gutes Verhältnis aufgebaut wurde, und nicht, indem sofort in Feindbilder eingestiegen wird.

Ein Beispiel für achtsamen Umgang mit den Nachbar:innen ist die bewusste Pflege des Geländes vorm Haus. Dazu zählen Vorgarten und Bürgersteig/Rinnstein. Es ist eine der letzten und wichtigsten Bürgerpflichten im ländlichen Raum, den Rinnstein unkrautfrei und den Bürgersteig bei Schneefall schneefrei zu halten. Tatsächlich hat das Unkrautentfernen auch einen faktischen Sinn, denn es garantiert die Entwässerung der Straßen des Dorfes. In meinen Augen noch wesentlicher als dieser faktische Sinn ist jedoch der nachbarschaftliche: Am gesäuberten Rinnstein nehmen die Menschen im Dorf wahr, dass hier jemand wohnt, der seinen Anteil zur Pflege des Dorfes beiträgt. Beim Rinnsteinkratzen ergibt sich zudem oft die Gelegenheit zum Gespräch mit den Nachbar:innen.

Zur Gestaltung des Vorgartens gibt es keine gesetzliche Pflicht, und dennoch ist ein Vorgarten die Visitenkarte des Projektes gegenüber dem Dorf. Daher sollte er zwar nach eigenem Geschmack, aber bewusst so gestaltet werden, dass er auch für die Dorfbewohner:innen ansehnlich ist. Für jedes Projekt sollte es hohe Priorität haben, den Vorgarten nicht einfach zum Brennnesselparadies verkommen zu lassen, sondern ihn »ansehnlich« zu machen. Dennoch braucht es zur guten Kontaktpflege mit dem Dorf auch keine kunstvoll angelegten Kiesvorgärten oder gemähten Golfrasen mit Blumenrabatten. Es geht darum, sich authentisch zu zeigen und dabei die Schönheitsmaßstäbe der Nachbar:innen nicht »unter«zustrapazieren. Eine Blühwiese mit vielen Wildblumen und einem Schild, wie wichtig Wildblumen für die Bienen sind, oder eine öfter gemähte Wiese und eine Bank, auf der sich Projektmitglieder und Dorfbewohner:innen begegnen können, können eine erste Brücke sein und einen ersten Gesprächsanlass mit den neuen Nachbar:innen bieten.

Im ländlichen Raum hat die lokale freiwillige Feuerwehr nicht nur die Aufgabe, Feuer zu löschen, sondern eine sehr wichtige Vernetzungsaufgabe innerhalb des Dorfes. Sie ist oft die letzte Organisation, die es noch im Dorf gibt, die sich für das Dorf engagiert. So ist es zum Ankommen im Ort eine gute Idee, bei der freiwilligen Feuerwehr nachzufragen, ob Unterstützung gebraucht wird. Nur selten wird die Feuerwehr das ablehnen, da sie häufig mit Nachwuchssorgen zu kämpfen hat. Das Miteinander in örtlichen Feuerwehren unterscheidet sich oft eklatant von dem in den meisten Gemeinschaftsprojekten. Auch diese Kultur gilt es zu respektieren. Mit der Zeit haben Feuerwehrleute aus Gemeinschaften oft mehr Übereinstimmungen und Anknüpfungspunkte entdeckt als vorher vermutet.

Generell gilt, wenn ein Projekt sich in einer für die Bewohner:innen neuen Gegend ansiedelt, empfehle ich, dass sich jedes Projektmitglied einen Anknüpfungspunkt in der Region sucht, an dem persönliche Kontakte geknüpft werden. Ob das die Feuerwehr, der Volleyballverein, die Kirchengemeinde, der lokale Imkerverein, eine politische Partei oder Bürgerinitiative ist, spielt keine Rolle. Idealerweise sucht sich jedes Projektmitglied ein anderes Betätigungsfeld (mehrere bei der Feuerwehr sind aber auch sinnvoll). So verankert sich ein Projekt, das neu ankommt, sehr viel schneller in der Region.

8.3 Umgang mit Ämtern und Genehmigungsbehörden

Ebenfalls Teil der Region, aber eine ganz andere Ebene als die Nachbarschaft sind die lokalen Ämter und Genehmigungsbehörden. Die meisten Gemeinschaften haben Pläne, etwas um- oder neu zu bauen, Nutzungen zu verändern, neue Projekte zu starten, zu denen auch Genehmigungen nötig sind. Oft sind die Pläne von Gemeinschaftsprojekten ungewöhnlich, sie passen nicht sofort in die bekannten Schubladen der Genehmigungsbehörden. Daher sind Diplomatie und etwas Geschick gefragt, um zum Ziel zu kommen.

In der kirchlichen Jugendarbeit habe ich etwas Wesentliches gelernt, was mir im Umgang mit Ämtern für den Aufbau des Ökodorfs Sieben Linden erheblich geholfen hat. Da ich es durch unseren kirchlichen Hausmeister gelernt habe, nenne ich es die »Hausmeistertechnik«.

Wenn wir vom Hausmeister erwarteten, dass er uns die Tür öffnete, wenn wir am Sonntag von einer Jugendfahrt kamen und unser Material verstauen wollten, bissen wir auf Granit. Nachdem er vormittags schon beim Gottesdienst gearbeitet hatte, war ihm sein Sonntagnachmittag heilig. Wenn wir ihn jedoch respektvoll ansprachen als jemanden, der uns bei der Lösung unseres Problems helfen konnte, unser Material zu verstauen, dann fand er tatsächlich immer eine Lösung. Entweder gab er uns den Schlüssel, bot eine Zwischenlösung an, die für ihn sogar Arbeit bedeutete (»Stellt es doch dort in den Schuppen, und ich räume es dann am Dienstag ein«), oder er schloss uns doch den Materialraum auf.

Auch viele Menschen in Ämtern und Genehmigungsbehörden sehen sich meist lieber als »Ermöglicher« denn als »Verhinderer«. Sie unterstützen gern, wollen das aber auch gewürdigt sehen. Dabei sind sie natürlich an ihre Vorschriften und Dienstanweisungen gebunden. Wenn wir von ihnen erwarten, dass sie »für uns springen« und ihre Vorschriften ignorieren, dann werden wir auf Widerstand stoßen und schnell Gegner:innen in den Genehmigungsbehörden haben. Wenn wir jedoch sowohl sie in ihrer Rolle als auch ihre Vorschriften ernst nehmen und sie in ihrer Kompetenz ansprechen (»Sie kennen die Vorschriften viel besser als wir und sind daher sicher fähig, für unser Problem eine gute Lösung zu finden«), dann können manchmal Berge versetzt werden.

Dazu gehört auch das Respektieren von Grenzen – manche Berge können einfach nicht versetzt werden, und manche Dinge sind einfach nicht genehmigungsfähig. Nach fast 30 Jahren Verantwortung für ein großes Projekt kann ich besser verstehen als in meiner Anfangszeit, dass Vorschriften oft auf jahrzehntelangem Erfahrungswissen gründen und – häufiger, als ich vor 30 Jahren glaubte, wenn auch längst nicht immer – tatsächlich sinnvoll sind.

8.4 Aktive Öffentlichkeitsarbeit

Wenn wir Projekte aufbauen wollen, die in die Welt wirken sollen, ist es sinnvoll, über diese Projekte auch in der Welt zu erzählen. Eine aktive Öffentlichkeitsarbeit ist zu allen Zeiten eines Projektes sinnvoll. Sie beinhaltet verschiedene Aspekte:

1. **Nachbarschaftspflege**
   Nachbarn sind eure wichtigsten Verbündeten und die wichtigsten Zeug:innen für eure Glaubwürdigkeit. Wenn ein Projekt seinen Nachbar:innen suspekt ist, dann ist es auch in der weiteren Region oft nicht als vertrauenswürdig angesehen. Denn wer direkt daneben lebt, muss es ja wissen ... Daher ist es eine besondere Aufgabe, ein gutes Verhältnis zu den Nachbar:innen zu entwickeln und sie so zu nehmen, wie sie sind. Unabhängig von eventuellen politischen Differenzen sollte die Projektgemeinschaft sich stattdessen selbst als gute neue Nachbar:innen ausweisen, die sich Kooperation wünschen und bereit sind, etwas dafür zu tun.

2. **Zeigt euch!**
   Es schafft großes Vertrauen, wenn von Anfang an transparent ist, was der Kern eines Projektes ist, und es von Anfang an das reelle Angebot zum Kennenlernen gibt. Tage der offenen Tür, Einladungen an die Lokalpresse oder auch die Offenheit spontaner Führungen für lokale Besucher:innen sind wichtige Elemente guter Öffentlichkeitsarbeit.

3. **Eigene Website**
   Eine Website, die gut gepflegt wird und immer auch aktuelle News enthält, ist heutzutage fast unerlässlich. Sie dient nicht nur der konkreten Werbung von neuen Mitgliedern oder der Bewerbung von Veranstaltungen, sondern auch dem öffentlichen Bild des Projektes. Jeder, der nach Informationen zu einem Projekt sucht, wird als Erstes im Internet recherchieren. Wichtig ist, dass ein Projekt die eigene Deutungshoheit darüber behält, wie es dargestellt wird, und dass, falls jemand recherchiert, die eigene Projektbeschreibung als Erstes auftaucht, nicht ein Artikel in der Lokalzeitung oder der Beitrag eines zufälligen Besuchers.

4. **Social Media**
   Neben der eigenen Website spielt heutzutage auch der Social-Media-Auftritt eine wichtige Rolle. Egal, wie die persönliche Haltung zu Social Media ist: Soziale Medien erreichen viele Menschen und prägen

daher das Bild eines Projektes. Wenn euer Projekt eine gewisse Größe erreicht hat, werden andere Social-Media-Inhalte erstellen, wenn ihr es nicht selbst tut. Facebook kreiert von Projekten, über die mehrfach gesprochen wird, eigene Seiten. Meiner Erfahrung nach nutzt Facebook dafür, wenn vorhanden, einen Wikipedia-Eintrag. Ich empfehle deshalb allen Gruppen, die aktiv die sozialen Medien verweigern, zumindest einen Wikipedia-Eintrag über ihr Projekt zu schreiben und in der weiteren Zukunft (es dürfen auch andere Menschen an Wikipedia-Einträgen mitschreiben!) zu pflegen, damit der Beitrag, der dann in den sozialen Netzwerken erscheint, ungefähr der Selbstdarstellung entspricht und keine reine Fremddarstellung ist.

5. **Aktive Pressearbeit**
   Eigene Pressemitteilungen oder kleine Artikel für die Regionalpresse helfen, das eigene Projekt in der Region bekannt zu machen, und sorgen dafür, dass die gedruckten Artikel auch das enthalten, was den Projektmitgliedern selbst wichtig ist. Ein gutes Verhältnis zu den Lokalreportern aufzubauen, sie einzuladen und mit der Zeit zu lernen, welcher der Reporter das Projekt am besten versteht, um diesen Reporter später persönlich zu Veranstaltungen einzuladen, ist ebenfalls ein guter Tipp für Medienarbeit.
   Wenn Medienvertreter einmal nicht kommen, so hilft oft eine kleine eigene Pressemitteilung mit Foto, sogar genau den Inhalt in die Zeitung zu bringen, der den Projektmitgliedern wichtig ist.
   Artikel und Berichte, gerade in überregionalen Medien, können Türöffner für neue Projekte und Unterstützung sein. Daher nur Mut zur Transparenz und zur Zusammenarbeit mit den Medien!
   Werden überregionale Medien auf das Projekt aufmerksam, ist angeraten zu prüfen, was der Hintergrund des Interesses ist und in welchem Rahmen und mit welcher Intention das Projekt dargestellt werden soll. Es ist wichtig zu fragen, ob der Artikel vor Veröffentlichung

gegengelesen werden darf, um sachliche Fehler richtigzustellen. Leider geht das Gegenlesen für viele Autor:innen, insbesondere anspruchsvoller Medien, gegen ihre internen Standards, doch Fragen kostet nichts. Eine Ablehnung dieses Ansinnens bedeutet nicht unbedingt, dass der Artikel deshalb ein Verriss sein wird. In diesem Fall kann darum gebeten werden, die wörtlichen Zitate vorher zu bekommen, denn Medien sind verpflichtet, wörtliche Zitate freigeben zu lassen.

8.5 Wechselwirkungen zwischen Welt und Projekt

Jedes Projekt startet mit einer gewissen Ausrichtung, was es in der Welt bewirken will. Diese Ausrichtung prägt das Projekt. Der Prozess darf aber auch umgekehrt wirken: Im konkreten Projektalltag ist es wichtig, die Antworten und Anfragen der Welt auf das eigene Wirken wahrzunehmen. Manchmal steckt darin ein Hinweis auf eine neue Aufgabe, die bis dahin noch nicht bewusst war.

Wenn neben einem Projekt ein Schulungszentrum für Neonazis oder eine Massentierhaltungsanlage entsteht, sollte dies zum Anlass genommen werden, sich zu fragen, ob das Projekt dazu Stellung beziehen soll und welche Aufgabe für das Projekt in der räumlichen Nähe dieses Objektes liegt, selbst wenn es bis jetzt kein Thema des Projektes war.

Offenheit für Feedback, wie sie sich aus dem Aspekt »Ernte« ergibt, bedeutet auch Offenheit für die Herausforderungen, welche die ganz konkrete Situation der Welt in diesem Moment an diesem Ort für das Projekt bereithält. Soziale oder ökologische Themen der Nahumgebung sollten von Projekten, die in die Welt wirken wollen, aufgegriffen werden.

Zum Wert der Achtsamkeit, der essenziell für den Gemeinschaftskompass ist, gehören Achtsamkeit gegenüber und Positionierung zu menschenverachtenden oder umweltzerstörenden Aktivitäten im eigenen Umfeld. Es reicht nicht, die eigene Insel der Glückseligen zu schaffen. Wir sind mit dafür verantwortlich, uns zu engagieren, damit die Welt um uns herum sich in eine zukunftsfähige, achtsame Gesellschaft verwandelt.

Der Einfluss der Welt auf das Projekt geht weit über die bis jetzt genannten Punkte hinaus. Die Welt gibt die Strukturen vor, in denen das

Projekt entstehen kann, indem der Staat Rechtsformen, Haftungsrisiken und Gesetze definiert. Die Welt kann unterstützen durch Fördermittel, durch Gelder von Menschen außerhalb des Projektes, durch Schenkungen und neue Menschen, die im richtigen Augenblick auftauchen.

Und die Welt kann vernichten – durch Rufmord, durch Gerichtsstreitigkeiten mit den Nachbarn oder rechtliche Vorschriften, die Pläne zunichtemachen.

Kein Projekt ist eine Insel. Und hinzu kommt: Projekte, welche die Ethik des Gemeinschaftskompasses teilen, sind Projekte, die bewusst in die Welt wirken wollen. Um zu wirken, ist es wichtig, Synergieeffekte aufzubauen.

Der wesentlichste Schlüssel zu Synergieeffekten ist die wohlwollende Begegnung mit den Menschen, Initiativen oder Behörden um uns herum. Im Sinne des alten Sprichwortes: »Wie man in den Wald hineinruft, so schallt es heraus!«

Wer eine andere Gesellschaft schaffen möchte, tut gut daran, gerade im eigenen Umgang mit der Nahumgebung damit anzufangen.

9

Die Struktur des Gemeinschaftskompasses und Bezüge zu anderen Modellen und Theorien

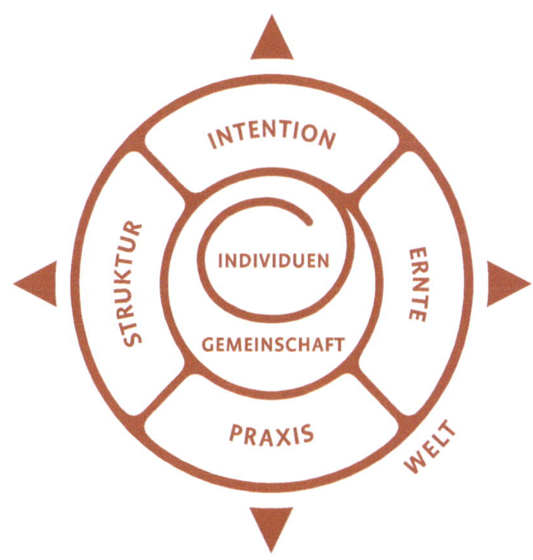

Die Anordnung der Aspekte des Gemeinschaftskompasses in der Visualisierung ist nicht zufällig oder aus optischen Gründen gewählt. Sie drückt die Essenz des Gemeinschaftskompasses aus und ermöglicht, Brücken zu anderen Modellen zu schlagen, die den Gemeinschaftskompass inspiriert haben.

Individuen und Gemeinschaft stehen sehr bewusst im Zentrum des Modells, weil sie die zentralen Punkte jeder gemeinschaftlichen Projektentwicklung sind. Selbst in der betrieblichen Organisationsentwicklung rückt der Stellenwert der Individuen immer mehr in den Vordergrund. Es ist essenziell für moderne Gemeinschaftsprojekte, das Individuum im

Zentrum zu sehen. Dies bedeutet zugleich Wertschätzung und Verpflichtung gegenüber den individuellen Unterschieden und Besonderheiten. Und es bringt die Erwartung an die Menschen in Gemeinschaft mit sich, Gemeinschaftsleben als einen Weg des persönlichen Wachstums zu sehen.

Gleichzeitig stehen die Individuen nicht allein im Zentrum, sondern in einer Dualität mit dem Aspekt »Gemeinschaft«. Die Individuen formen die Gemeinschaft, und diese formt und unterstützt die Individuen. Diese Dualität hatte ich in einer ersten Visualisierung mit einem Yin-Yang-Symbol ausgedrückt. Inzwischen habe ich mich für die Visualisierung durch den geöffneten Kreis entschieden, die deutlich macht, dass es keine klare Grenze zwischen Individuen und Gemeinschaft gibt.

Die nächste Kreisebene ist die Projektebene. Auf dieser Ebene befinden sich in der Visualisierung die Aspekte »Intention«, »Struktur«, »Praxis« und »Ernte«. Hier geschehen die praktischen Dinge, hier werden Vereinbarungen getroffen und Häuser gekauft, gebaut und belebt. Auf Projektebene läuft der klassische Projektentwicklungskreislauf.

Alle Projekte sind umgeben und eingebettet in die Welt. Dies ist die vierte Handlungsebene des Gemeinschaftskompasses.

9.1 Gemeinschaftskompass, differenziert betrachtet

Das Modell des Gemeinschaftskompasses kann auf verschiedene Weisen visualisiert und betrachtet werden.

Ich habe im vorangegangenen Verlauf des Buches die Elemente »Intention«, »Struktur«, »Praxis« und »Ernte« als »die Aspekte« in der Projektebene eingeführt. Die Elemente »Individuen«, »Gemeinschaft« und »Welt« habe ich als weitere Handlungsebenen und Aspekte hinzugefügt. So ist der Gemeinschaftskompass eindimensional abzubilden und am leichtesten verständlich. In vielen Bereichen lässt sich mit dieser Sichtweise und den sieben Aspekten sehr gut arbeiten. Betrachten wir das Modell des Gemeinschaftskompasses in der Tiefe, können wir zwei Dimensionen erkennen. Der Gemeinschaftskompass setzt sich zusammen aus den vier Handlungsebenen »Individuen«, »Gemeinschaft«, »Projekt« und »Welt«; in jeder dieser vier Handlungsebenen können wir

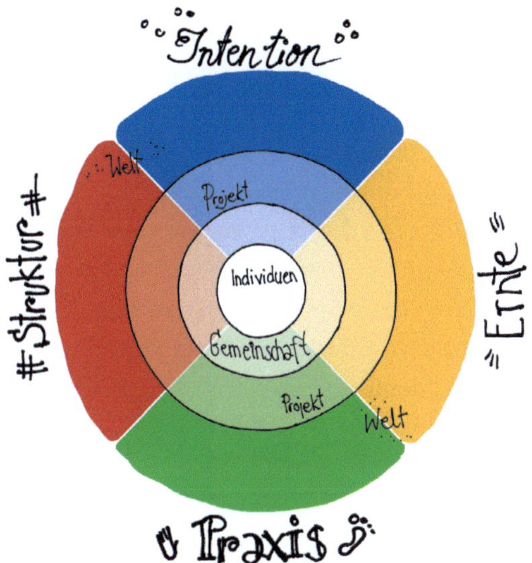

die vier Entwicklungsquadranten »Intention«, »Struktur«, »Praxis« und »Ernte« identifizieren. Um diesen Zusammenhang zu veranschaulichen, gebe ich hier Beispiele aus allen vier Entwicklungsquadranten auf den vier Handlungsebenen.

Intention

Auf der individuellen Ebene geht es um die Klärung der ganz persönlichen Intention: Warum will ich bei diesem Projekt dabei sein? Was sind die versteckten Absichten?

Auf der Gemeinschaftsebene sollte der gemeinsame Traum formuliert sein.

Die Projektebene umfasst die Eckpunkte: Was genau macht das Projekt einzigartig?

Die Weltebene umfasst die Frage, wo in der Welt das Ganze realisiert wird und wie das Projekt in die Welt wirken will.

Struktur

Die persönlichen Ränge und die Beschäftigung damit sind ein Punkt, welcher auf der individuellen Ebene mit Struktur zu tun hat.

Ein Strukturpunkt wie »Ablauf von Gruppentreffen« gehört eher zur Ebene »Gemeinschaft«, da er ganz entscheidenden Einfluss auf die Gemeinschaftspflege hat.

Die Entscheidungsstrukturen sind ein typischer Projektstrukturpunkt. Hier werden Gremien und Abstimmungswege festgelegt, hier geht es um das Projekt, das Äußere, das die Gruppe gemeinsam erreichen möchte.

Die Frage nach den Rechtsformen dagegen ist ein Strukturpunkt, der auf der Ebene »Welt« anzusiedeln ist. Wir können Rechtsformen nicht einfach erfinden, sondern müssen die Rechtsformen wählen, die unser Staat uns vorgibt, um handlungsfähig zu sein. Hier bestimmt die Welt den Handlungsrahmen sehr stark.

Praxis

Die individuelle Praxis ist der eigene Beitrag zum Projekt. Praxis auf der Handlungsebene »Gemeinschaft« sind die sozialen Treffen, Momente der Begegnung und Ähnliches. Auf der Ebene des Projektes umfasst die Praxis alles, was konkret nötig ist, um das Projekt umzusetzen: Geldflüsse, Bauen, Energiekonzepte etc. Die Praxis im Bereich »Welt« wäre Öffentlichkeitsarbeit, die Fähigkeit, rechtsgültige Verträge zu formulieren und den Anforderungen unseres Rechtssystems zu entsprechen etc.

Ernte

Ernte im Bereich der Individuen ist das eigene persönliche Wachstum, aber auch die schönen Erlebnisse, die Freundschaften, die entstehen, der geschützte Rahmen für die Kinder oder die Unterstützung von Älteren – alles, was das Projekt an Konsequenzen für die Einzelnen bietet (leider auch manchmal Frust und Burn-out). Ernte im Bereich von Gemeinschaft sind zum Beispiel schöne Feiern und Rituale. Ernte im Bereich Projekt ist das gebaute Objekt, der gestaltete Garten, das gemeinsame Essen. Ernte in der Handlungsebene »Welt« wäre zum Beispiel der Fördermittelbescheid, die Unterstützung durch Freunde und Sympathisanten, der günstige Bankkredit, der Preis, den ein Projekt bekommt.

Diese Differenzierung des Gemeinschaftskompasses macht es leichter, Brücken zu anderen Modellen zu schlagen, und sie ist für manche

Anwendungen des Modells geeigneter. Daher werde ich in diesem und dem nächsten Kapitel immer wieder Bezug auf diese Zweidimensionalität nehmen.

9.2 Dragon Dreaming nach John Croft

Eine wichtige Quelle des Gemeinschaftskompasses ist das Dragon Dreaming nach John Croft. John ist ein wichtiger und sehr inspirierender Lehrer für mich gewesen, ohne seine Inspiration sähe dieser Kompass sicher anders aus. Dragon Dreaming ist eine Planungsmethode für Projekte, die sich im Dienst von Individuen, Gemeinschaft und Welt sehen. Auch beim Gemeinschaftskompass taucht diese Verbindung auf, denn in der Formulierung der Ethik des Gemeinschaftskompasses hat mich John Croft inspiriert.

John Crofts Projektplanungsmethode ist stark von der Philosophie der australischen Aborigines getragen. Dies ist in vielem spürbar und fasziniert zahlreiche Menschen, die gemeinschaftliche Projekte aufbauen möchten.

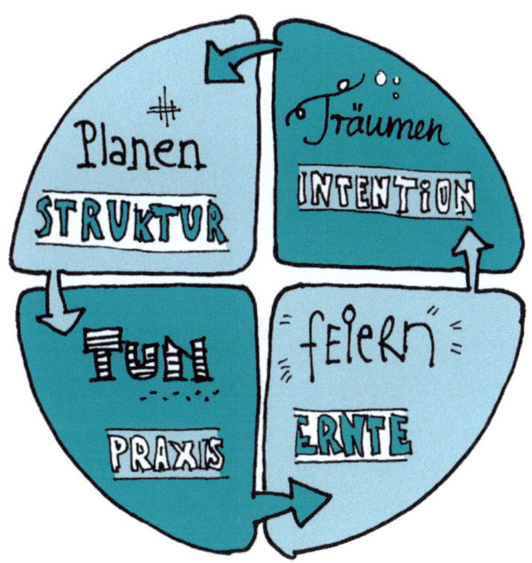

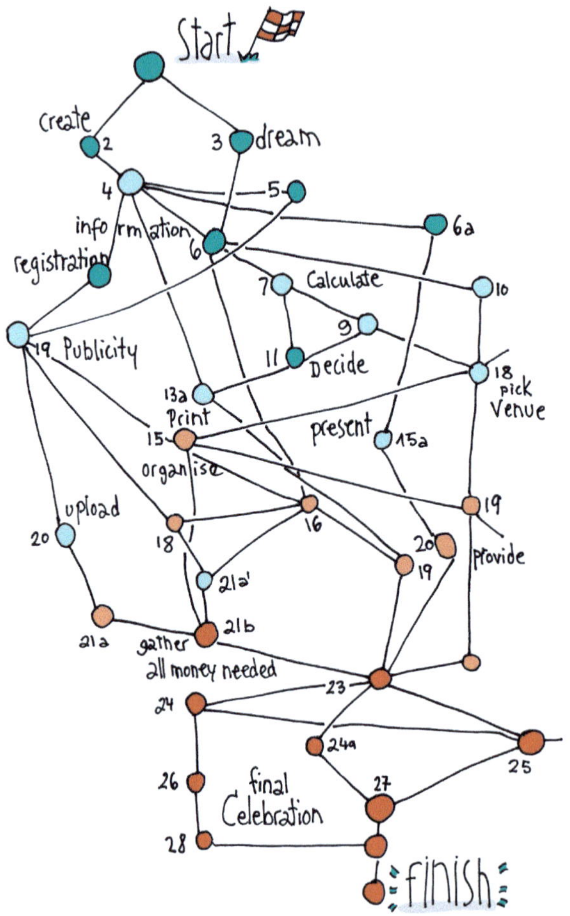

Das Karrabirdt, der Spielplan des Projektes nach John Croft

Es werden vier Phasen eines Projektes unterschieden, denen jeweils die gleiche Aufmerksamkeit geschenkt werden soll, um das Projekt gelingen zu lassen. Die vier Phasen sind: Träumen – Planen – Tun – Feiern.

Die Ähnlichkeit zu den vier Aspekten in der Projektebene des Gemeinschaftskompasses (und auch die gleiche Anordnung gegen den Uhrzeigersinn) darf als Hommage an die Bedeutung des Dragon Dreaming für den Gemeinschaftskompass verstanden werden. Ich habe mich dabei für andere Worte entschieden, weil mir die Betonung der Struktur wichtig ist – Planung ist mehr als Struktur. Auch folge ich nur in den Grundzügen, nicht aber in der gesamten Theorie und Methodik dem Dragon Dreaming.

Insbesondere ist meine Herangehensweise in vielem westlich-rationaler geprägt als das sehr stark von den Indigenen inspirierte Dragon Dreaming Crofts. Er lehrt beispielsweise, dass alles in einem Traum Platz haben kann. Ich baue aus meiner Erfahrung mit reellen Projekten in der Intentionsphase durchaus die Prüfung ein, ob die Träume wirklich zusammenpassen, denn nichts ist frustrierender, als zu versuchen, zwei Träume, die nicht miteinander kompatibel sind, in einem realen Projekt zu verwirklichen.

Ein wichtiger Unterschied zwischen Gemeinschaftskompass und Dragon Dreaming ist, dass ich das Herzstück des Dragon Dreamings, das »Karrabirdt«, welches den Arbeitsplan eines Dragon-Dreaming-Projektes darstellt, nicht verwende. Mein westlich-rationales Hirn braucht an Stelle des »Spinnennetzes« andere Arbeitspläne, die sich klarer nach Themen ordnen. Wie der Gemeinschaftskompass zur Entwicklung von Schritten zur Projektplanung dienen kann, werde ich an anderer Stelle vorstellen.

9.3 Themenzentrierte Interaktion nach Ruth Cohn

Ein weiterer Ansatz, der im Gemeinschaftskompass steckt, ist die Themenzentrierte Interaktion nach Ruth Cohn. Sie identifiziert im TZI-Dreieck die vier Elemente Ich, Wir, Es (Aufgabe, für die eine Gruppe zusammenkommt) und Globe (Welt). Diese entsprechen exakt den oben genannten vier Ebenen des Gemeinschaftskompasses:

- Individuen = Ich
- Gemeinschaft = Wir
- Projektebene (Intention, Struktur, Praxis, Ernte) = Es
- Globe = Welt.

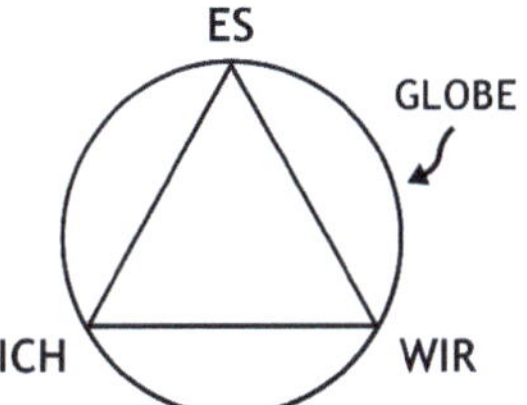

Alle Gesprächsregeln der Themenzentrierten Interaktion können als Gesprächsregeln für den Gemeinschaftskompass dienen.

1. Vertritt dich selbst in deinen Aussagen; sprich per »Ich« und nicht per »Wir« oder per »Man«.
2. Wenn du eine Frage stellst, sage, warum du fragst und was deine Frage für dich bedeutet.
3. Sei authentisch und selektiv bei deiner Kommunikation. Mache dir bewusst, was du denkst und fühlst, und wähle, was du sagst und tust.
4. Halte dich mit Interpretationen von anderen so lange wie möglich zurück. Sprich stattdessen deine persönlichen Reaktionen aus.
5. Sei zurückhaltend mit Verallgemeinerungen. Sie unterbrechen den Gruppenprozess. Sie dienen dem Gesprächsverlauf nur, wenn sie einen Themenbereich zusammenfassend abschließen und zu einem neuen Thema überleiten.
6. Wenn du etwas über das Benehmen oder die Charakteristik eines anderen Teilnehmers aussagst, sage auch, was es dir bedeutet, dass er so ist, wie er ist (das heißt, wie du ihn siehst).
7. Seitengespräche haben Vorrang. Sie stören und sind meist wichtig. Sie würden nicht geschehen, wenn sie nicht wichtig wären. Sie können neue Anregungen bringen, Unklarheiten herausstellen, Missverständnisse verdeutlichen oder auf eine gestörte Interaktion (Beziehung) hinweisen.
8. Nur einer spricht zur selben Zeit.
9. Wenn mehr als einer zur selben Zeit sprechen will, verständigt euch in Stichworten, worüber ihr zu sprechen beabsichtigt.

(Ruth Cohn: Von der Psychoanalyse zur Themenzentrierten Interaktion. Stuttgart, 1994.)

9.4 Gewaltfreie Kommunikation nach Marshall Rosenberg

Die Gewaltfreie Kommunikation nach Marshall Rosenberg bietet einen Ansatz zu wirklich authentischer Kommunikation und viele hilfreiche Werkzeuge, wie Individuen in ehrlichen Kontakt miteinander kommen und sich selbst sowie einander besser verstehen können. Die ihr zugrunde liegende Haltung überlappt sich weitgehend mit jener, auf der das gesamte Kapitel »Individuen in Gemeinschaft« aufbaut.

Einige der Hinweise, die ich rund um »Individuen und Gemeinschaft« gegeben habe, sind direkt von Marshall Rosenberg übernommen. Erfahrungen in GFK sind enorm hilfreich, um das Miteinander von Individuen in Gemeinschaft zum Blühen zu bringen. Ich verdanke meiner Beschäftigung mit der Gewaltfreien Kommunikation sehr viele Erkenntnisse und Ansätze, die in dieses Buch und in meine Arbeit mit Gruppen eingeflossen und die wertvoll für jedes gemeinschaftliche Projekt sind. Ich lade daher jede Gemeinschaft ein, gemeinsam einen Einführungsworkshop in die Gewaltfreie Kommunikation zu machen, um eine gemeinsame Basis für die eigene Bewusstseinsarbeit und konstruktive Auseinandersetzungen zu schaffen.

An dieser Stelle gebe ich nur eine sehr kurze Einführung in Rosenbergs Ansatz. Er lehrt eine Kommunikation, in der es um das Verstehen und Verständlichmachen der eigenen Beweggründe und der/des anderen geht.

Es ist hilfreich, sich in vier Schritten nacheinander auszudrücken:

1. Wahrnehmung
2. Gefühl
3. Bedürfnis
4. Bitte.

Wichtiger, als ganz genau in diesen vier Schritten zu sprechen, sind jedoch die Grundsätze, die diesen Schritten zugrunde liegen:

1. Wahrnehmung: keine Verallgemeinerungen, sondern konkrete nachvollziehbare Fakten ausdrücken. (Nicht: »Du bist immer zu spät!«, sondern: »Es ist 16.15 Uhr, wir waren um 16 Uhr verabredet.«)

2. Gefühl: Oft halten wir Interpretationen für Gefühle. »Ich fühle mich vernachlässigt« ist eine Interpretation des Verhaltens und beinhaltet einen Vorwurf, dass die andere Person mich vernachlässigt. »Ich bin traurig, verzweifelt, wütend …« ist ein Gefühl, unabhängig davon, ob mein Gegenüber mich vernachlässigen wollte oder nicht. Dieses

Gefühl hat etwas mit mir zu tun, es wird durch das Gegenüber nur ausgelöst, das Gegenüber ist nicht dafür verantwortlich. Es sagt nichts über das Gegenüber aus, sondern etwas über mich, zum Beispiel über meine Bedürfnisse.

3. Bedürfnisse: Hier wird deutlich, was mir wichtig ist und daher mein Gefühl auslöst. Etwa: »Gemeinsame Zeit ist für mich sehr kostbar, und ich möchte jede Minute davon genießen.« Oder auch: »Mir ist Pünktlichkeit wichtig, weil ich viel zu tun habe.«

4. Bitte: Dieser vierte Schritt ist nicht immer notwendig, aber wenn eine Erwartung an das Gegenüber besteht, soll sie als Bitte geäußert werden. Rosenberg schlägt vor, sehr konkrete, umsetzbare Bitten zu formulieren, auf die sich die angesprochene Person explizit einlassen kann. Gleichzeitig impliziert das Wort »Bitte«, dass auch ein »Nein« als Antwort möglich ist.

In meinen Augen noch wichtiger als diese vier Schritte des Redens, die in jeder GFK-Einführung gelehrt werden, ist das Zuhören in der Gewaltfreien Kommunikation.

»Mit Giraffenohren hören« nennt Rosenberg es. Die Giraffe steht bei ihm als Symboltier für gewaltfreie Kommunikation, da die Giraffe das Landtier mit dem größten Herzen ist. Mit Giraffenohren hören bedeutet, auch in Vorwürfen und Konflikten aus der Rede des Gegenübers einen (eventuell misslungenen, aber verständlichen) Versuch herauszuhören, seine/ihre Bedürfnisse zu äußern. Rosenberg hat dazu zwei sehr wichtige Sätze gesagt:

»Die Schönheit in einem Menschen zu sehen ist dann am nötigsten, wenn er auf eine Weise kommuniziert, die genau das am schwierigsten macht.”

»Du kannst dich jederzeit entscheiden, wie du die Worte deines Gegenübers aufnimmst, die Macht liegt bei dir.«

Konflikte können eindrucksvoll entschärft werden, wenn man auf Vorwürfe und Aggressionen nicht ebenfalls mit Vorwürfen oder mit Verteidigungen reagiert, sondern die Bedürfnisse, die hinter diesen Angriffen stecken, wahrnimmt. Interesse für die Bedürfnisse, die hinter Angriffen oder anderem negativ wahrgenommenen Verhalten stecken, ist oft der Schlüssel zur Deeskalation.

An diesen Schlüssel knüpft auch das Thema »Rangkonflikte« an. Dort habe ich thematisiert, dass es in Konflikten stets hilfreich ist, sich seiner eigenen Position bewusst zu sein. Mit Giraffenohren hören ist ein ähnlicher Ansatz: Ich versuche wahrzunehmen, warum die andere Person verletzt oder getriggert ist.

9.5 Prozessarbeit nach Arnold Mindell

Beim Thema »Rang und Macht« habe ich die Prozessarbeit nach Arnold Mindell bereits eingeführt. Diese auch »Prozessorientierte Psychologie«, »World Work« und »Deep Democracy« genannte Methode ist in Deutschland kaum bekannt und umfasst ein sehr breites Feld, das ich an dieser Stelle nur skizzieren kann. Die Prozessorientierte Psychologie (PoP) ist ein Ansatz für ein Bewusstsein, dem die Psychologie C. G. Jungs, Quantenphysik, Buddhismus und Schamanismus zugrunde liegen.

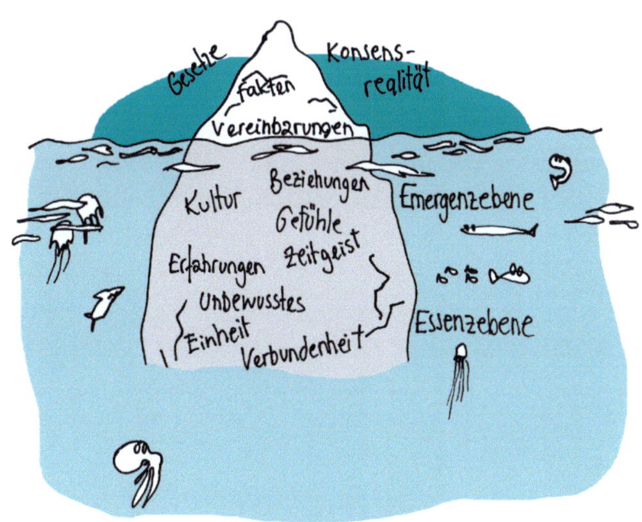

Die drei Ebenen nach Mindell:
Konsensrealität, Emergenzebene und Essenzebene

Daraus ergibt sich ein Blick auf die Welt, der nicht nur die quantifizierbare und für alle Menschen gleich erlebbare Konsensrealität umfasst, sondern auch zwei weitere Realitätsebenen: die Emergenzebene (auch Traumland genannt) und die Essenzebene. In der Prozessarbeit sind alle diese Ebenen gleich wichtig.

Um diese verschiedenen Ebenen wahrzunehmen, ist eine Aufmerksamkeit auf folgenden Kanälen wichtig:

- visueller Kanal (Sehen)
- auditiver Kanal (Hören)
- propriozeptiver Kanal (Eigenwahrnehmung)
- kinästhetischer Kanal (Bewegungskanal)
- Weltkanal (Signale aus dem Umfeld).

Oft genug wird in Gruppenprozessen nur einem kleinen Anteil des auditiven Kanals Beachtung geschenkt: den Worten, die jemand äußert. Selbst dies ist nur ein Ausschnitt aus einem der fünf Kanäle, denn neben den Worten ist auch die Tonlage von Bedeutung, die Lautstärke und Schnelligkeit, mit der gesprochen wird, ob die Stimme zittert oder sich überschlägt.

Die Prozessarbeit eröffnet durch den bewussten Wechsel der verschiedenen Kanäle und durch ihr komplexes Modell eine Vielfalt von neuen Einsichten. Einen Ausschnitt davon habe ich mit dem Thema »Rang und Macht« in einem vorigen Kapitel eingeführt.

Die Grundhaltung der Prozessorientierten Psychologie ist eine Haltung der »Tiefen Demokratie«. Diese Grundhaltung impliziert, dass alles, was ist, wahrgenommen werden will und da sein darf. Alle Stimmen, aber auch alles, was unter der Oberfläche ist – die Verletzungen, die kulturellen Normen und persönlichen Werte, die Stimmungen, die Gefühle, Emotionen, die Rollen und Ränge, das Unbewusste und die Glaubenssätze –, werden mit der Haltung »Aha, das gibt es auch!« wahrgenommen und respektiert. Nichts wird marginalisiert, sondern alles bekommt seinen Raum.

Wesentlicher Ansatz der Prozessarbeit ist es, stets dem Prozess zu folgen. Das, was im Prozess auftaucht, ist die richtige Spur, die uns zeigt, wie es weitergehen kann. Der Prozess lehrt uns und gibt uns Feedback, er weist auf den nächsten Schritt hin. Wir müssen nur unsere Aufmerksamkeit für das Feedback schulen. Denn das Feedback kommt nicht nur aus dem verbalen Kanal, auf den die meisten Prozessbegleiter:innen geschult sind, sondern aus allen Kanälen.

In vielen Gemeinschaften in Spanien, Großbritannien und Italien wird die Prozessarbeit als ein Ansatz für intensive Gemeinschaftsbildung genutzt. Dort haben Gruppenprozesse im Sinne der Prozessarbeit den gleichen Stellenwert wie in deutschen Gemeinschaften die im Kapitel »Wie entwickeln wir eine gute Kommunikationskultur?« vorgestellten Methoden. In Deutschland ist das Potenzial, das für gemeinschaftliche Projekte in der Prozessarbeit liegt, noch kaum bekannt. Seit es aber auch in Deutschland ein Institut für Prozessarbeit gibt, das Ausbildungen in diesem Ansatz anbietet, erwacht das Interesse daran.

9.6 Inspirationen zu Gefühlen, Emotionen, Intuition und Herzintelligenz von Vivian Dittmar

Eine weitere wertvolle Inspirationsquelle für viele Gemeinschaften ist die Arbeit von Vivian Dittmar. Sie schafft es, mit ihren Büchern, Workshops und Vorträgen innere Prozesse durch trennscharfe, klare Definitionen in ein neues Licht zu rücken und damit nicht nur die Kommunikation darüber zu erleichtern, sondern gleichzeitig eine andere Kultur des Umgangs damit zu ermöglichen.

Von Vivian Dittmar habe ich die Unterscheidung zwischen Gefühlen und Emotionen und den Begriff des »emotionalen Rucksacks« übernommen.

Gefühle sind die authentischen, aktuellen und weisen Reaktionen unseres Körpers auf das, was uns in diesem Moment begegnet. Vivian Dittmar unterscheidet fünf Grundgefühle, die jeweils Schlüssel der Kraft für die Individuen sein können. Gefühle können wichtige Wegweiser sein, indem sie uns auf Dinge hinweisen, die für uns wichtig sind, die unser kognitives Bewusstsein aber weniger deutlich zugeben möchte.

Die Freude sagt: »Ja – weiter so!«

Die Trauer macht die Liebe zu etwas, was verloren scheint, bewusst.

Die Wut ist das Schwert, das die Grenze zieht: »So nicht!«

Die Angst lädt ein, kreativ neue Lösungen zu suchen.

Die Scham fordert zur Selbstreflexion auf.

Anderes, was umgangssprachlich als »Gefühle« bezeichnet wird, nennt sie »Empfindungen« und ordnet sie folgendermaßen ein:

Körperliche Empfindungen sind die direkten Meldungen der Sinneszellen: Riechen, Schmecken, Sehen, Tasten, Hören und Schmerz. (Ich füge hinzu: und die Eigenwahrnehmung.)

Biologische Programmierungen sind die Gefühle, die ihren Ursprung in unserer Tiernatur haben: Hunger, Durst, sexuelle Erregung, Muttergefühle, biologische Angst und Aggression. Diese biologischen Programmierungen tragen dazu bei, unser Leben und den Fortbestand unserer Art zu sichern.

Als Emotionen bezeichnet Vivian Dittmar »akkumulierte, angestaute und unerlöste Gefühle«. Es sind Gefühle, die in dem Moment, als sie eine gesunde, gefühlsmäßige Reaktion auf eine Situation waren, nicht den Raum bekommen haben, den sie gebraucht hätten. Daher »stauen sie sich im System und werden zu Emotionen«. Diese Emotionen bilden den »emotionalen Rucksack«, den fast alle Menschen mit sich herumschleppen. Sie führen zu unerwarteten emotionalen Ausbrüchen. Diese Ausbrüche haben häufig eine Heftigkeit, die nichts mit der Situation zu tun hat, die sie auslösen. Vivian Dittmar lehrt, diesen emotionalen Rucksack durch »Entladungen« nach und nach abzubauen und den Schatz, der in den gefühlsmäßigen Reaktionen steckt, die nicht von alten Emotionen überlagert sind, wiederzuentdecken.

Eine weitere, Augen öffnende Unterscheidung, die mich sehr inspiriert hat und für viele gemeinschaftliche Entscheidungsfindungen wichtig ist, bietet der Ansatz, den Vivian in ihrem Buch *Das innere Navi. Wie du mit den fünf Disziplinen des Denkens Klarheit findest* (2019) trifft. Diese fünf

Disziplinen des Denkens haben alle ihre Berechtigung mit unterschiedlichen Qualitäten. Vivian Dittmer identifiziert folgende Disziplinen:

- **Ratio:** das rationale Abwägen aller Fakten, die wir kennen.
- **Intuition:** die innere Stimme, die uns Impulse gibt, welcher Weg genommen werden soll.
- **Herzintelligenz:** entscheidet ohne weitere Kriterien zwischen »gut« und »böse« und wird aus unseren Gefühlen sowie der Verbindung zu anderen Wesen gespeist.
- **Inspiration:** Mit ihr bekommen wir Geistesblitze aus dem Universum oder vom Göttlichen oder den morphogenetischen Feldern (je nach spiritueller Ausrichtung).
- **Absicht:** gibt unserem Handeln eine Richtung und einen Maßstab vor.

Für Vivian Dittmar stehen diese fünf Disziplinen des Denkens nicht in Konkurrenz zueinander, sondern sie ergänzen sich gegenseitig und bilden gemeinsam, wenn sie alle ihre Aufgabe in ihrem Rahmen erfüllen, das perfekte »innere Navi«.

»Damit unser inneres Navi reibungslos funktionieren kann, bedarf es nicht nur jeder einzelnen Disziplin. Erst im Zusammenspiel der fünf Denkweisen offenbart sich unsere innere Führung. Es ist der Abgleich zwischen Inspiration und Intuition, der Handlungsimpulse mit den nötigen Informationen versorgt, und umgekehrt, Herzintelligenz und Ratio sind beides wichtige Prüfinstanzen, die sich optimal ergänzen. Sie gleichen sich aus und klopfen Entscheidungen nicht nur auf ihre Machbarkeit, sondern auch auf Sinnhaftigkeit ab. Die Absicht hat dann die Aufgabe, die Ergebnisse unserer Denkprozesse so auszurichten, dass sie in der Welt wirksam werden.« (Dittmar, Das innere Navi, Edition Est 2019, S. 95)

Es kann viele Diskussionen konstruktiver machen, wenn eine Gruppe das Bewusstsein teilt, dass all diese fünf Disziplinen des Denkens eine Berechtigung haben und sie für unterschiedliche Arten von Entscheidungen in unterschiedlichem Maße wichtig sind.

9.7 CLIPS – Community Learning Incubator Program for Sustainability

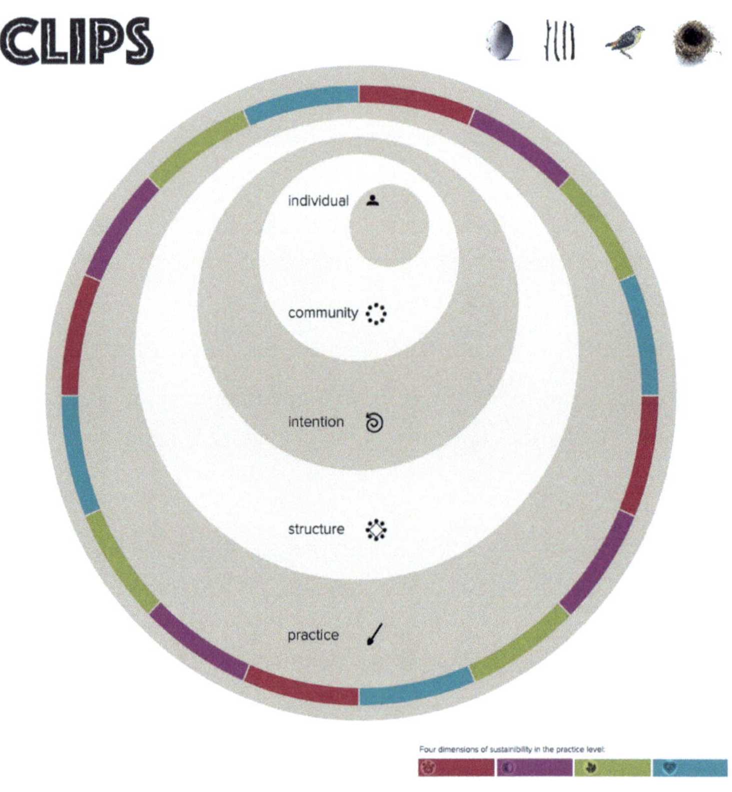

Quelle: https://clips.gen-europe.org/incubator/.

Wer im Internet das Stichwort »CLIPS« eingibt, wird Informationen und Materialien in zehn verschiedenen Sprachen zu einem Modell finden, das dem Gemeinschaftskompass sehr ähnlich ist. Das ist kein Zufall.

CLIPS ist ein internationales Netzwerkprojekt aus dem Europäischen Ökodorfnetzwerk, das mehrfach durch die EU (Erasmus+, Lebenslanges Lernen) gefördert wurde. Gemeinschaftsberater:innen aus inzwischen zwölf europäischen Ländern haben sich zusammengesetzt und ihre Erfahrungen diskutiert, verglichen und daraus ein Modell dazu entwickelt, was wichtig ist, um gemeinschaftliche Initiativen umzusetzen. Ich war aktiver Teil dieses Prozesses.

Beim allerersten Treffen wurde der Gemeinschaftskompass in seiner damaligen Form vorgestellt und sehr interessiert aufgenommen und diskutiert. Andere Berater:innen stellten ihre Ansätze vor, und im Anschluss arbeitete die Gruppe daran, die Synthese all dieser Ansätze in ein gemeinsames, von diesem Netzwerk entwickeltes Modell zu integrieren.

Das Modell »CLIPS« identifiziert fünf der Ebenen (Individuen, Gemeinschaft, Intention, Struktur und Praxis), welche die Grundlage des Gemeinschaftskompasses sind, als Ebenen, die für Gemeinschaftsaufbau wichtig sind. Es integriert die Gemeinschaftskompass-Aspekte »Ernte« und »Welt« in diese fünf Ebenen.

Ich habe mich auch nach vier Jahren gemeinsamer Arbeit am CLIPS-Projekt entschlossen, weiter mit dem Gemeinschaftskompass und den sieben Aspekten zu arbeiten statt mit den fünf Ebenen, auf die sich meine Kolleg:innen fokussiert haben, weil ich die beiden Aspekte »Ernte« und »Welt« weiterhin gesondert betrachten will.

Die Bedeutung dieser beiden Aspekte ist für mich so wesentlich, dass ich sie nicht subsummieren möchte. Beide Aspekte separat zu benennen ermöglicht darüber hinaus die Brücken zum Dragon Dreaming und zur Themenzentrierten Interaktion.

Nichtsdestotrotz – wer hinter die Strukturierung schaut, sieht, wie sehr sich CLIPS und der Gemeinschaftskompass ähneln, denn sie sind miteinander gewachsen und haben sich gegenseitig inspiriert. Viele Seiten des CLIPS-Guide wurden von mir geschrieben, und viele Methoden, die CLIPS jetzt nutzt, habe ich dort eingebracht.

Umgekehrt habe ich durch die gemeinsame Arbeit mit den Kolleg:innen aus anderen Ländern Europas viel Neues gelernt und in den Gemeinschaftskompass integriert. So kam beispielsweise der Hinweis zur Prozessarbeit und zur Bedeutung von Rang und Macht durch dieses Netzwerk.

Informationen über CLIPS (und damit wertvolles Material für Gemeinschaftsgruppen zum kostenfreien Download) in zehn Sprachen sind hier zu finden: *https://clips.gen-europe.org/*.

9.8 Fazit

Der Gemeinschaftskompass wäre nichts ohne die Inspirationen, die ich aus all den oben genannten (und weiteren) Quellen bezogen habe. Die ausführliche Beschreibung der Quellen soll das Verständnis für manche Prozesse schärfen und den Leser:innen Lust machen, sich damit zu beschäftigen und so noch mehr »Handwerkszeug« zu bekommen, um konstruktiv mit den vielen Herausforderungen umgehen zu können, die das gemeinschaftliche Leben und Arbeiten bietet.

Sicherlich gibt es sehr viele andere Inspirationsquellen, die vielleicht zu einer ähnlichen Systematisierung geführt hätten. Menschen, die in meinen Seminaren waren, haben immer wieder Brücken zu Modellen geschlagen, von denen ich noch nie gehört hatte. Ich bin überzeugt, dass sich gerade in unserem Zeitalter des Wandels sehr viel Weisheit und Erfahrung zu sozialen und gemeinschaftlichen Prozessen entwickeln und verbunden werden. Der Gemeinschaftskompass mit seinen sieben Aspekten kann hier als hilfreiche Handreichung dienen, das Feld zu systematisieren. Er zeigt auf, wie all dieses Wissen dazu beitragen kann, gemeinschaftliche Projekte gut zu gestalten und so einen Beitrag zum notwendigen Wandel zu liefern.

10

Anwendungen des Gemeinschaftskompasses

10.1 Der Gemeinschaftskompass als Diagnoseinstrument

Bis jetzt habe ich in die Inhalte, Struktur und Quellen des Gemeinschaftskompasses eingeführt. Nun möchte ich aus einer anderen Perspektive heraus die Frage untersuchen: Wie und wofür kann der Gemeinschaftskompass genutzt werden?

Der große Erfahrungsschatz, der den Gemeinschaftskompass inspiriert hat, und die vielen daraus abgeleiteten Methoden sind an sich schon sehr hilfreich für den Aufbau und das Weiterentwickeln von Gemeinschaftsprojekten. Unter der schlichten Systematisierung des Gemeinschaftskompasses verbirgt sich sehr viel Wissen und Methodenkompetenz um Prozesse, die gemeinschaftliche Initiativen beschäftigen. Dieses Wissen und diese Methoden sind jedoch nur in wenigen Punkten originär vom Gemeinschaftskompass, sondern, wie im letzten Kapitel dargestellt, aus sehr vielen Quellen inspiriert und zusammengebracht.

Das Besondere am Gemeinschaftskompass ist die Systematisierung durch sieben Aspekte, welche diesen zu einem Ansatz macht, der vieles erklärt und zahlreiche Handlungs- und Anwendungsmöglichkeiten eröffnet. Für ein erstes Arbeiten mit dem Gemeinschaftskompass sind das Wissen um die sieben Aspekte und wenige begleitende Sätze ausreichend. Wird dieses Wissen durch fundierte Erfahrungen und Kompetenzen im Umgang mit Menschen und Gruppen aus einem der vielen inspirierenden Ansätze, die es heute gibt, ergänzt, kann der Gemeinschaftskompass bereits nach dem Studium dieses Buches Erfolg versprechend angewendet werden.

Der Kompass identifiziert sieben Aspekte, die wichtig sind, um gemeinschaftliche Projekte erfolgreich umzusetzen. Dieser Satz impliziert, dass die Frage, in welchem Maße eine Gemeinschaft auf alle sieben Aspekte achtet und sie kompetent in die Projektentwicklung integriert, ein wesentlicher Indikator dafür ist, ob und mit wie vielen Schwierigkeiten sie ihr Projekt umsetzen kann, und an welchen Stellen Hilfe und Unterstützung nötig sind. Daher ist der Gemeinschaftskompass ebenfalls ein starkes Werkzeug zur Diagnose des Zustands und Unterstützungsbedarfs eines Projektes.

Hierfür gibt es verschiedene Wege: die intuitive Diagnose und die Diagnose mit dem Standortbestimmungsfragebogen (siehe Anhang).

Um die »intuitive Diagnose« zu nutzen, wird mit etwas Zeit in den Gemeinschaftskompass eingeführt. Anschließend wird den Zuhörer:innen eine Visualisierung des Kompasses ausgehändigt, und sie werden gebeten, in diesem Spiegel auf ihr eigenes Projekt zu schauen, sich dazu Notizen zu machen und das Projekt dann in jedem Aspekt zu »benoten«.

Für die Arbeit mit dem Fragebogen »Standortbestimmung mit dem Gemeinschaftskompass« wird kurz in den Fragebogen eingeführt (entweder ausgedruckt oder im Internet). Anschließend werden die Zuhörenden gebeten, den Fragebogen auszufüllen.

Ich bitte die Gruppen, mit denen ich arbeite, stets, die Diagnose zunächst in Einzelarbeit durchzuführen. Denn nur hier bekommen die wirklich persönlichen Sichtweisen ihren Raum. Beim Einsammeln der Ergebnisse der Einzelarbeit ist wichtig, dass jede Person Zeit bekommt, ihre Einschätzung zu teilen. Wenn Gruppen von Anfang an gemeinsam diskutieren, wie sie ihr Projekt einstufen, werden leise, vom Gruppenkonsens abweichende Stimmen eventuell nicht gehört, und diejenigen, die normalerweise mit ihrer Haltung die Gruppe beeinflussen, werden es auch hier wieder tun.

Wenn verschiedene Menschen ihr Projekt im Spiegel des Gemeinschaftskompasses beurteilen, werden naturgemäß verschiedene Ergebnisse herauskommen. In dieser Vielfalt der Ergebnisse steckt eine der wahren Stärken der Standortbestimmung. Ganz im Sinne einer wesentlichen Grundhaltung des Kompasses (Anerkennen subjektiver Wahrheiten) sollte nicht fälschlicherweise angenommen werden, dass mit der einen oder anderen Projektdiagnose »die Wahrheit« über das Projekt herausgefunden wurde. Wir kommen der Wahrheit näher, wenn wir die Vielfalt der Ergebnisse betrachten (nicht unbedingt den Mittelwert). Denn nur so erfahren wir die wirklich interessanten Dinge über das Projekt.

Die Fragebogenvariante im Internet liefert (wenn alle Daten in das Formular eingegeben werden) trotzdem einen Mittelwert, der zwar nicht die Wahrheit über das Projekt darstellt, aber den Durchschnitt der Projektbeurteilungen durch die Mitglieder. Da Tabellenkalkulationen es leicht machen, verschiedene Formeln einzufügen, liefert die Fragebogenvariante nicht nur den Mittelwert, sondern auch die Varianz der Beurteilungen. Die Varianz ist ein Maß für die Abweichung der verschiedenen Werte vom Mittelwert. Der Blick auf die Varianz ist mindestens genauso interessant wie der Blick auf den Mittelwert.

Ob mit Fragebogen oder intuitiv, wenn eine Gemeinschaft mit dem Gemeinschaftskompass auf ihr Projekt schaut und anfängt, sich darüber auszutauschen, wo sie die Stärken und Schwächen sieht, kommt etwas in Gang: Bereits in der individuellen Beschäftigung mit dem eigenen Projekt wird ein Metablick eingenommen, eine Perspektive, die anders als der Alltagsblick von einer übergeordneten Position auf das Projekt schaut.

In der Phase, in der die Ergebnisse zusammengetragen werden, ist Verschiedenes interessant:

1.) Die Punkte, in denen es eine große Übereinstimmung gibt, machen eine eindeutige Aussage über das Projekt. Hier ist die Chance groß, dass es tatsächlich »die Realität« des Projektes ist. Manchmal ist es aber auch nur eine durch kollektive Subjektivität, zum Beispiel eine durch einen gerade aktuellen Konflikt der Gemeinschaft gefärbte Beurteilung. Die Übereinstimmung bedeutet also nicht: »Die Gemeinschaft ist in diesem Punkt besonders stark oder schwach!«, sondern lediglich: »Die Gemeinschaft stuft sich in diesem Punkt als stark oder schwach ein.« Wenn diese Aussage dem Außenblick widerspricht, ist das ein Feld, das weiter erforscht werden sollte. Ansonsten können gemeinsame positive Beurteilungen gefeiert werden und gemeinsame schwache Beurteilungen als ein Punkt, an dem noch gemeinsam gearbeitet werden sollte, identifiziert werden.

2.) Jene Punkte, in denen es sehr unterschiedliche Sichtweisen gibt (= große Varianz), sind für die Weiterarbeit mit einem Projekt vielleicht sogar die interessantesten. Hier gilt es, die Gründe für die unterschiedlichen Beurteilungen herauszufinden. Diese Forschung kann uns viel spezifischere Informationen über das Miteinander der Individuen in Gemeinschaft geben als die eigentlichen Fragebogenergebnisse selbst. Gibt es unterschiedliche Gruppierungen oder eine klare Untergruppe, die das Projekt in allen Aspekten schlechter bewertet als der Rest der Gruppe? Teilweise entsprechen die unterschiedlichen Fragebogenergebnisse sicher einfach persönlichen Tendenzen, mit einem eher positiven oder einem eher skeptischen Blick durchs Leben zu gehen. Gewisse auch systematische Unterschiede in den Bewertungen der Einzelnen sind ganz normal. Wenn jedoch eine Person oder eine Untergruppe ein Projekt deutlich anders bewertet als die meisten anderen, dann sind das die Punkte, die genauer betrachtet werden sollten.

Was führt dazu, dass Menschen das gleiche Projekt so unterschiedlich wahrnehmen? Womit hat das zu tun? Mit Unterschieden zwischen der Charakterstruktur der Menschen (zum Beispiel Optimisten vs. Pessimisten)? Mit verschiedenen Wahrnehmungen in Untergruppen der Gemeinschaft (zum Beispiel Junge vs. Ältere)? Mit unterschiedlichen Intentionen der verschiedenen Menschen (zum Beispiel Hardcore-Ökos vs. »Bürgerliche«)? Mit unterschiedlichen strukturellen Positionen (zum Beispiel Menschen in Entscheidungspositionen vs. Menschen, die eher am Rand des Projektes engagiert sind)? Mit unterschiedlichen Praxisfeldern, in denen die Menschen arbeiten (zum Beispiel im Garten Arbeitende vs. im Büro Arbeitende)? Haben die Menschen unterschiedlich Anteil an der Ernte im Projekt (Seminarleitende, die viel Wertschätzung ihrer Teilnehmenden bekommen, vs. diejenigen, die fürs Putzen der Toiletten zuständig sind und Kritik abbekommen, wenn etwas nicht läuft)?

Haben die Antworten etwas damit zu tun, mit welchen Beispielen in der Welt sich die Antwortenden vergleichen?

Gewisse Unterschiede sind normal. Manche Menschen sind Seismografen und erkennen Spannungen/Schwierigkeiten sehr schnell. Andere tragen eher eine rosarote Brille und klammern sich so lange an die Illusion, dass alles gut ist, bis wirklich alles in Scherben liegt. Welcher Schatz liegt in den kritischen Wahrnehmungen? Und welcher Schatz in den optimistischen, die Kraft aus dem ziehen, was gut im Projekt läuft? Beide Sichtweisen sind wichtig für das Projekt.

Eines darf nicht vergessen werden: Menschen, die ihr eigenes Projekt auch in den Punkten negativ beurteilen, in dem andere es positiv sehen, sind oft auch mit ihrem Leben dort unglücklich. Was kann sie darin unterstützen, auch die positiven Seiten wahrzunehmen? Oder ist die Beurteilung einfach ein Ausdruck dessen, dass die Erwartungen dieser Person und das Projekt nicht zusammenpassen und es vielleicht sinnvoller wäre, ein Projekt zu suchen, das besser zu dieser Person passt?

METHODE

Intuitive Diagnose oder Fragebogen – Was ist besser?

Der **Fragebogen »Standortbestimmung mit dem Gemeinschaftskompass«** führt durch die Fragen zu den verschiedenen Aspekten auch die Aspekte des Gemeinschaftskompasses ein. Daher ist er auf jeden Fall zu empfehlen, wenn die Gruppen noch nichts vom Gemeinschaftskompass wissen und wenig Zeit für eine Einführung ist, denn dann ist eine intuitive Beurteilung nicht möglich. Sie empfiehlt sich auch für Gruppen, die gewohnt sind, mit Zahlen zu arbeiten, und die »quantifizierbare« Ergebnisse« lieben. Außerdem weist der Fragebogen auf Punkte hin, die mir als besonders wesentlich im Gemeinschaftskompass am Herzen liegen. So ersetzt die intensive Beschäftigung mit dem Fragebogen eine kurze Einführung in den Gemeinschaftskompass.

Um sich einen Überblick über die vielen Zahlen zu verschaffen, ist etwas Zeit nötig. Manche Menschen empfinden dies als lästig, für andere ist es eine ganz besondere Beruhigung.

In der konkreten Arbeit mit Gruppen bin ich inzwischen dazu übergegangen, eher den **intuitiven Diagnoseweg** zu wählen. Ich führe in den Gemeinschaftskompass ein, visualisiere den Kompass auf dem Boden des Seminarraums und verteile dann Zettel, auf denen der Gemeinschaftskompass dargestellt ist, und Stifte. Nun gebe ich der Gruppe 15 Minuten Zeit, durch den auf dem Boden ausgelegten Kompass zu laufen und über ihr Projekt im Spiegel des Gemeinschaftskompasses zu reflektieren, ihr Projekt für jeden Aspekt mit einer Note zwischen 1 und 5 zu bewerten und Punkte aufzuschreiben, in denen sie besondere Stärken oder besondere Schwächen ihres Projektes sehen. Über diesen Weg ist es möglich, »auf die Gemeinschaft angepasstere« Ergebnisse zu erzielen und schneller auf die Themen zu stoßen, die wirklich drängend für die Gemeinschaft sind.

Beide Vorgehensweisen haben ihre Berechtigung. Für Buchleser:innen, die neugierig geworden sind und ihr Projekt mit der Brille des Gemeinschaftskompasses betrachten wollen, ist beides zu empfehlen. Zunächst wird einfach mit dem Modell auf das eigene Projekt geschaut, über Stärken und Schwächen nachgedacht, und es werden Punkte dazu aufgeschrieben. Gern kann der eigenen Gemeinschaft zu diesem Aspekt abschließend eine »Note« von 1 bis 5 gegeben werden.

In einem zweiten Schritt könnten der Fragebogen ausgefüllt und dann die Ergebnisse zwischen den beiden Diagnosen verglichen werden.

Aus den Unterschieden zwischen diesen beiden Arten von Diagnose kann viel Interessantes über das Projekt, das eigene Verständnis der verschiedenen Aspekte und vermutlich auch über die Schwachstellen des Fragebogens gelernt werden. Ich freue mich über Hinweise, wenn das Beurteilen eines Projektes über beide Methoden zu einem Verbesserungsvorschlag für den Fragebogen führt. Hinweise bitte an: *eva.stuetzel@gemeinschaftskompass.de.*

Die Beschäftigung mit den Erkenntnissen, welche die Projektdiagnose mit dem Gemeinschaftskompass liefert, kann in vielerlei Richtungen gehen.

Es empfiehlt sich, so eine Diagnose zum Auftakt einer längeren Gemeinschaftszeit durchzuführen. Idealerweise ist sie Auftakt für Klausurtage, in denen die Gruppe sich mehrere Tage für einen Blick auf ihre Gemeinschaft genommen hat, oder als Auftakt für eine Supervision oder eine Reihe von Treffen, in denen die Prozesse der Gemeinschaft tiefgehender betrachtet werden wollen.

Ich rate davon ab, die Projektdiagnose mit der ganzen Gruppe durchzuführen, ohne in absehbarer Zeit danach Zeit und Raum vorzusehen, die Themen anzugehen, die daraus resultieren. Die Mindestverabredung einer Gemeinschaft, die aktiv als Gruppe eine Projektdiagnose mit dem Gemeinschaftskompass durchführt, sollte sein: »Und danach überlegen wir gemeinsam, wie wir welche Themen, die sich daraus ergeben, angehen!« Am Ende des Treffens der Projektdiagnose sollte eine Identifikation von projektrelevanten Entwicklungsthemen stehen, eine Beurteilung der Dringlichkeit, mit der sie anzugehen sind, und vielleicht auch schon eine Idee, was der nächste Schritt dazu ist.

10.2 Projektplanung mit dem Gemeinschaftskompass

10.2.1 Projektgründung

In diesem Kapitel werde ich idealtypisch aufzeigen, wie der Gemeinschaftskompass als Richtschnur für Projektgründungen verwendet werden kann. Grob gesagt, gilt für eine Projektgründung, sich nacheinander und immer wieder bewusst durch alle Handlungsebenen und alle Entwicklungsquadranten zu bewegen.

1. Klärung der eigenen Intention

Zunächst wächst im Individuum der Wunsch, eine Gemeinschaft zu gründen oder in eine Gemeinschaft zu ziehen. Hier ist wichtig, sich selbst ehrlich zu fragen, was die Gründe für diese Entscheidung sind.

Will ich ein Gemeinschaftsprojekt gründen, weil ich mich einsam fühle? Weil ich mit meinen Kindern überfordert bin und denke, in Gemeinschaft wird es besser? Weil wir denken, dass unsere Ehe in einem gemeinschaftlichen Umfeld mehr Chancen hat? Weil ich Menschen suche, die mich im Alter versorgen? All das sind häufige Gründe für Gemeinschaftsinitiativen. Es ist wichtig, diese Gründe sich selbst gegenüber ehrlich zuzugeben und gleichzeitig kritisch zu betrachten. Wenn die Intention zu stark aus einem Mangel resultiert, ist die Chance sehr groß, auf dem Weg Frustrationen zu erleben und zu scheitern.

Gemeinschaftsgründung braucht Idealismus, Freude am Projektentwickeln und an zwischenmenschlichen Prozessen, Lust auf neue Herausforderungen und – viel Durchhaltevermögen! Wenn die Motivation zur Gemeinschaftsgründung in erster Linie ein Mangelgefühl und die Suche nach Unterstützung ist, dann sind die Menschen besser beraten, sich andere Zusammenhänge zu suchen, die weniger Arbeit beinhalten. Denn insbesondere in der Gründungsphase ist ein Gemeinschaftsprojekt zunächst vor allem eine Fülle von neuen Herausforderungen und keine Erleichterung.

Im gemeinsamen Alltag ergeben sich weitere Herausforderungen – selbstverständlich ergeben sich auch Erleichterungen, aber die sind oft kombiniert mit unerwarteten Schwierigkeiten.

2. Etablieren einer ersten Kerngruppe

Es hat sich bewährt, als erste Gruppe, die gemeinsam den Traum teilt, eine Gruppengröße von drei bis acht Personen zu wählen. (Wenn Paare dabei sind, sollten es mindestens vier Personen sein – die Kombination von einem Paar und einer Einzelperson hat sich oft als konfliktbeladen erwiesen.) In einer derartigen Gruppengröße ist es möglich, noch zu einem tiefen Konsens über die gemeinsame Ausrichtung zu kommen und doch ausreichend Heterogenität zu finden, um ein gesundes Gruppenwachstum zu ermöglichen.

Wie komme ich zu dieser Gruppe? Oft genug findet sie sich im Freundeskreis in der Food-Coop oder Ähnlichem. Gezielt Menschen anzusprechen, mit denen wir uns die Realisierung des Traumes vorstellen können, hat oft Erfolg. Wichtig ist, Menschen anzusprechen, von denen angenommen wird, dass sie die Grundwerte teilen, die den Gründer:innen für das

Projekt vorschweben. Eine genaue Formulierung dieser Grundwerte vonseiten der Initiator:innen ist dabei hilfreich. Ideal ist es, solche Menschen für die Initiativgruppe zu kontaktieren, die zwar eine ähnliche Ausrichtung, aber dennoch genügend Diversität und unterschiedliche Kompetenzen mitbringen.

Um ein Projekt zu realisieren, brauchen wir verschiedene Kompetenzen: Menschen, die einen visionären Blick haben, solche mit einer Stärke für Strukturen, Menschen, die Erfahrung im Umgang mit Geld, in Finanzakquise und Ähnlichem mitbringen, Menschen, deren Stärken im konkreten Tun liegen, und Menschen, die Erfahrung mit Gemeinschaftsprozessen und sozialen Tools in die Gruppe einbringen können.

Sind in unserer Anfangsgruppe auch Menschen dabei, die Impulse für die persönliche Ebene geben können? Menschen, denen es ein inneres Bedürfnis ist, die Gemeinschaft zu pflegen? Menschen mit starker Sachorientierung, die das Projekt im Äußeren an vorderste Stelle stellen werden, und Menschen, die eine Verbindung zur Gesellschaft, zu den Autoritäten darstellen? Eine ideale Startgruppe vereinigt all diese Qualitäten. In der Realität wird das selten der Fall sein. Wichtig ist dann, sich der Tatsache bewusst zu sein, dass diese Qualitäten noch ausbaufähig sind, und entweder durch Entwicklung der Einzelnen, durch Training der Gesamtgruppe, durch Einkauf von Expertise oder durch Integration neuer Menschen diese Qualität mit in das Projekt zu bringen.

3. Gemeinsame Intention formulieren

Der nächste Schritt zur Realisierung des Projektes ist, den gemeinsamen Traum zu formulieren. Hier ist zunächst ein Traumkreis sinnvoll, der die Basis für die Formulierung des Visionspapiers, der Eckpunkte und der Essenz des Projektes bietet (siehe Kapitel »Intention«).

Für diese Phase lohnt es sich Zeit zu nehmen. Der gemeinsame Austausch über Werte und persönliche Erfahrungen, Gespräche darüber, was die Einzelnen mit welchen Werten verbinden, schaffen eine Basis, auf der die Gruppe langfristig aufbauen kann.

In dieser gemeinsamen Arbeit an Grundwerten, Visionspapier und Eckpunkten des Projektes entscheidet sich dann wirklich, wer die gleiche Ausrichtung realisieren möchte und miteinander ein Gemeinschaftsprojekt auf die Beine stellen will. Zu diesem Zeitpunkt sollten die Grenzen der Gruppe klar werden.

4. Grenzen der Gruppe definieren

Während in der Traumphase oft noch unterschiedliche Menschen dabei sind, kristallisiert sich während der gemeinsamen Festlegung von Eckpunkten häufig heraus, wer wirklich in eine gemeinsame Richtung gehen will. Das Ergebnis sollte dann bewusst definiert werden: »Wir sind es, die dieses Projekt gemeinsam starten!« Es sollte klar sein, wer dazugehört, was dies bedeutet und wie neue Menschen in diese Gruppe aufgenommen werden können.

5. Entscheidungsmodus festlegen

Die Entscheidungsstrukturen werden im Laufe der Projektentwicklung, des Projektwachstums in der Regel immer wieder angepasst, doch die Grundsätze, wie entschieden werden soll, sollten in dieser ersten Phase festgelegt werden. Auf welche Art werden Entscheidungen getroffen? Welche Prinzipien sind uns wichtig? Wie wird mit Einwänden umgegangen?

6. Grundlagen für Kommunikationskultur legen

Die Pflege des Aspektes »Individuen in Gemeinschaft« ist zentral für die Projektentwicklung. Daher sollte sich jede Gruppe in einem für sie angemessenen Rahmen Zeit nehmen, dieses Miteinander zu pflegen. Die soziale Kultur der Gründungsgruppe prägt maßgeblich die soziale Kultur des späteren Projektes. Es ist ein grober Fehler anzunehmen, dass Gemeinschaft nach dem Einzug in ein Projekt entsteht – sie entsteht in dem Prozess der Vorbereitung. Wenn bereits im Vorbereitungsprozess keine Gemeinschaft entsteht, ist es sehr unwahrscheinlich, dass sie danach entsteht. Noch stärker als in anderen Bereichen gilt hier: Der Weg ist das Ziel!

So ist es sinnvoll, zu allen Zeiten der Projektentwicklung einen Fokus auf Individuen und Gemeinschaft zu legen und den Aufbau einer bewussten Kommunikationskultur zu pflegen. Sich als Gruppe Tage oder Wochenenden Zeit zu nehmen, um in tieferen Kontakt miteinander zu kommen, sich als ganze Menschen mit Licht- und Schattenseiten zu zeigen und wahrzunehmen, einen Raum zu schaffen, in dem Gefühle sein dürfen und nicht nur die Masken gezeigt werden, ist für die Entstehung von tieferer Gemeinschaft unerlässlich.

Funktionierendes Miteinander kann Schwächen in den anderen Themenfeldern gelegentlich kompensieren – während Schwäche im Miteinander ein Projekt immer nachhaltig schwächt und auf Dauer in der Regel zum Scheitern führt. **Der größte Schatz jedes Gemeinschaftsprojektes ist es, wenn alle Individuen einen guten Platz in der Gemeinschaft haben.** Daher sollte dieser Schatz gehegt und gepflegt werden! Die Pflege des Gemeinschaftswesens sollte der Gruppe wert sein, dafür bewusst Zeit und eventuell auch Geld für Supervision und Prozessbegleitung zu investieren.

7. Die richtigen Menschen an die richtigen Positionen bringen

Was sind die Kompetenzen der Gemeinschaftsmitglieder? Wofür brennt ihr Feuer? Diese Überlegungen sind eine wichtige Grundlage für die nächste Strukturaufgabe. Wenn Menschen Aufgaben haben, die zu ihnen passen, an denen sie sich ausleben können und an denen sie wachsen können, kann sich Gemeinschaft konstruktiv entfalten.

Manche Menschen fühlen sich am wohlsten, wenn sie vorhandene Kompetenz, die sie jahrzehntelang erworben haben, in ein Projekt einbringen können. Andere suchen bewusst neue Herausforderungen und hätten vielleicht Kompetenzen, die das Projekt braucht, die sie aber nicht mehr hauptverantwortlich einbringen wollen, weil sie müde davon sind und einmal etwas ganz anderes machen wollen. Nichtsdestotrotz sind sie mit diesen Kompetenzen wesentliche Ressourcen für das Projekt. Oft können sie das Projekt unterstützen, indem sie andere Menschen in diese Bereiche einarbeiten.

All dies herauszufinden und die Aufgaben entsprechend zu verteilen, sich wirklich Zeit dafür zu nehmen, ist wesentlich für den Erfolg eines Projektes.

Für die Aufgabenverteilung kann es hilfreich sein, Hüter:innen für die sieben verschiedenen Aspekte einzuführen.

Mögliche Aufgaben der Hüter:innen der Bereiche:

- Gemeinschaft: Moderation von Gruppengesprächen, Achten auf die Energie, auf angenehmes Gesprächsklima, Anregen von Supervision, Mediation bei Konflikten etc.
- Intention: darauf achten, dass die formulierte Intention im Alltag nicht vergessen wird, Vorstellen der gemeinsamen Ausrichtung für Neue, Anpassen der formulierten Intention an die Realität.
- Struktur: Achten auf das Einhalten der Strukturen und auf Anpassungsnotwendigkeiten, Tagesordnung, Protokollführung, Verantwortung für die Rechtsträger.
- Praxis: Organisation von gemeinschaftlichen Arbeitsaktionen, Finanzverantwortung, Fördermittelakquise.
- Ernte: darauf achten, dass Zwischenerfolge gesehen und gefeiert werden, dass Projekte ausgewertet werden, dass Wertschätzung gegeben wird.
- Welt: Netzwerken; Außendarstellung; Lobbyarbeit; Erkennen, welche Aufgaben die Welt an uns heranträgt.
- Individuen: Fokus auf persönliche Entwicklung der Einzelnen.

8. Rechtsform gründen

Eine essenzielle Frage, die sich vor der Realisierung eines Gemeinschaftsprojektes immer stellt, ist die nach der genauen ökonomischen und rechtlichen Organisation. Dazu gehört primär die Rechtsform des Projektes, aber auch die Frage, wie diese ausgestaltet ist (Satzungsformulierungen), wie untereinander mit Geld umgegangen wird und wie die Verträge mit den Teilnehmenden vereinbart werden. Welt, Struktur und Praxis treffen im Rahmen der Rechtsform aufeinander.

Die Wahl der Rechtsform und Satzungsgestaltung ist keine langweilige Formalie. Grundlegende Voraussetzung, um die passende Form zu finden, ist eine bewusste Beschäftigung mit folgenden Zielen: Wie soll mit Geld umgegangen werden? Wie stark sollen Individualinteressen das Projekt beeinflussen können? Wie fest soll die Ursprungsintention festgelegt werden?

Folgende Fragen sollte eine Gruppe sich zwecks Entscheidung für eine Rechtsform, Satzung und Vertragsgestaltung stellen:

- Wie viel Privateigentum im Projekt ist erwünscht?
- Wie viel privates Verfügungs- und Entscheidungsrecht über den Wohnraum ist gewünscht?
- Sollen Immobilien von Einzelnen vererbt oder verkauft werden können?
- Sollen die Ziele im Projekt so dauerhaft festgelegt werden, dass die Gruppe sie nicht mehr verändern kann?
- Soll ein Ausgleich zwischen Menschen mit mehr und mit weniger Geld geschehen?
- Wie werden Ausgaben für Kinder finanziert?
- Wie wollen wir entscheiden?
- Welche Entscheidungen sollen von welchem Gremium getroffen werden?
- Wie sind die Austrittsregelungen? (Wie) bekommen Austretende ihr Geld zurück?
- Wie wollen wir wirtschaften? Wo kommt das Kapital her? Wovon zahlen wir aufgenommene Kredite/Anteile zurück?

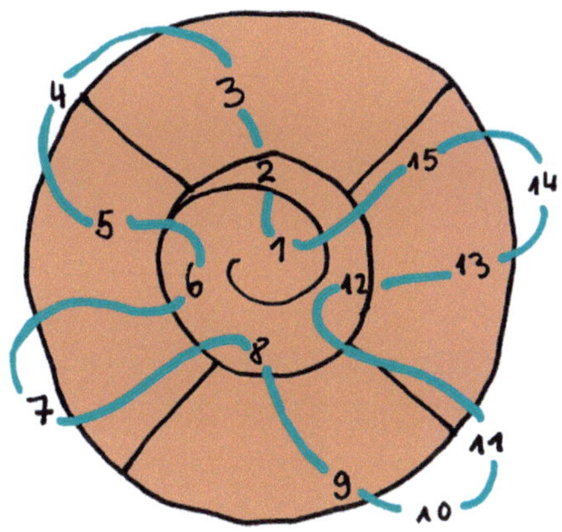

Projektgründung:
eine Wanderung durch die verschiedenen Bereiche des Kompasses.

Im Bereich der Rechtsform werden leider immer wieder Fehler gemacht, wenn zum Beispiel idealistische Gruppen davon ausgehen, dass es möglich ist, »pro forma« Privateigentum an Immobilien zu haben, man aber »eigentlich« doch gemeinsam Eigentümer ist. Viele scheuen vor der Gründung einer Rechtsform (Verein, Genossenschaft oder Ähnliches) als Immobilieneigentümerin zurück und kaufen dann mit einer oder mehreren Privatpersonen.

Immobilienbesitz durch ein oder wenige Mitglieder der Gruppe ist langfristig immer dann ein Fehler, wenn man eine Gemeinschaft von gleichberechtigten Mitgliedern aufbauen will. Eigentümer:innen und Mietende sind nie gleichberechtigt, denn sie tragen sehr unterschiedliche Verantwortung. Es kann ein paar Monate, ein paar Jahre oder vielleicht sogar ein paar Jahrzehnte gut gehen – spätestens beim Tod der Eigentümer, oft aber früher wird die Inkongruenz von formalem und gefühltem Eigentum Probleme bereiten. In solchen Fällen ist es Erfolg versprechender, sich bewusst zu machen, dass die Rollen verteilt sind – dass es Eigentümer:innen und Mietende gibt. Mit klar verteilten Macht- und Verantwortungsverhältnissen kann ein gutes Miteinander entstehen. Um aber ein wirkliches Miteinander auf Augenhöhe zu erreichen, ist die Gründung einer gemeinschaftlichen Rechtsform für das Immobilieneigentum unerlässlich.

Die Eigentumsfrage sollte unbedingt vor Kauf einer Immobilie geklärt werden! Jede Veränderung in den Eigentümerstrukturen erfordert sonst einen neuen Kaufvertrag und damit Notars- und Grunderwerbssteuerkosten. Je nach Grundstückskosten sind das leicht Zehntausende Euro. Daher lohnt es sich unbedingt, diese Frage vorher mit kompetenter Beratung zu durchdenken. Für viele Fälle ist eine Genossenschaft eine sinnvolle Lösung. Auf *www.genossenschaftsgruendung.de* gibt es wertvolle Hilfe.

Die Wahl und Gründung der Rechtsform ist ein entscheidender Schritt zur Realisierung eines Projektes. Die Erfahrung zeigt, dass Projekte mit einer Rechtsform, die von Personen unabhängig ist (also Genossenschaft, Verein, Stiftung, GmbH), in der Regel länger bestehen als Projekte, die an

Personen gebunden sind, da ein Wechsel der Personen hierbei viel einfacher ist. Denn auch in florierenden gemeinschaftlichen Projekten ändern sich die Lebensperspektiven und Bedürfnisse – eine gewisse Fluktuation ist daher vollkommen normal und zu erwarten.

9. Finanzen der Gruppe klären

Wie viel Geld können die Gruppenmitglieder aufbringen? Und wie sollen die finanziellen Verantwortungen verteilt sein? Hierüber hat die Gruppe bei der Beschäftigung mit der Intention in der Regel schon theoretisch gesprochen. An diesem Punkt geht es in die Praxis. Wer kann wirklich wie viel Geld beitragen? Und wie kann damit ein gemeinsames Projekt realisiert werden? Dies ist stets eine heiße und gemeinschaftsbildende (oder auch gemeinschaftsfordernde) Phase, denn jetzt geht es um verbindliche Verabredungen, nicht mehr um lockere Versprechungen.

Es tut gut, sich in diesem Zusammenhang auch darüber auszutauschen, was die finanziellen Unterschiede, die es mit Sicherheit in der Gruppe gibt, für die Einzelnen bedeuten. »Bei Geld hört die Freundschaft auf!«, sagt ein altes deutsches Sprichwort. Es kann auch anders sein. Könnte sich nicht gerade bei Geld die Freundschaft beweisen? Im tiefen Austausch über unsere Erfahrungen zum Umgang mit Geld und Finanzen kann Gemeinschaft wachsen. Und in gelebter Solidarität kann erfahren werden, wie ein anderer Umgang mit Geld aussehen könnte.

10. Objekt suchen

Wenn die Ausrichtung und die Gruppe feststehen und ein erster Überblick über die Finanzen vorhanden ist, kann die konkrete Objektsuche beginnen. An den konkreten Objekten wird oft deutlich, über welche Punkte noch nicht gesprochen wurde. Oder umgekehrt wird an einem attraktiven Standort erkannt, dass gewisse Dinge vielleicht doch weniger wichtig sind.

Das gemeinsame Besichtigen von Standorten und das Träumen, was dort geschehen könnte, sind wichtige Schritte. Sehr oft wird im Laufe der Suche deutlich, dass es den idealen Standort, der alle Bedingungen erfüllt, die eine Gruppe auf ihrer Kriterienliste hat, nicht gibt. Nur sehr wenige

Gruppen haben die Entscheidung für einen Standort mit 100-prozentiger Zustimmung aller Mitglieder getroffen. Es gibt viele Gruppen, die an der Standortfrage gescheitert sind, weil es keinen Ort gab, auf den sich die ganze Gruppe einigen konnte.

Ich ermutige an dieser Stelle, den Schritt zu wagen, sich auch dann für einen Standort zu entscheiden, wenn nicht alle Gruppenmitglieder diesen Standort favorisieren. Denn aus einer Initiativgruppe können so mehrere Projekte entstehen, und dies ist kein Scheitern, sondern kann auch eine Vervielfältigung eines Projektes sein.

11. Reale Kosten, Fördermittel, Darlehen, Privatdarlehen, Investoren

Am konkreten Objekt wird dann natürlich auch die Finanzierung noch einmal konkreter gerechnet. Jetzt kann begonnen werden, mit einem Architekten die Kosten bis zur Fertigstellung abzuschätzen und sich konkret um die Finanzierung von außerhalb des Projektes zu kümmern. Antragstellung für Bankdarlehen und Fördermittel sowie Kontaktaufnahme zu potenziellen Unterstützer:innen stehen nun auf der Tagesordnung.

12. Gemeinschaftspflege nicht vergessen

Die Phase der Verhandlungen um ein Objekt ist meist eine Phase, in der vieles gleichzeitig zu tun ist. Oft wird vor lauter wichtigen Aktivitäten vergessen, dass es auch in dieser Phase wichtig ist, auf die Gemeinschaft zu achten. Momente der Begegnung und des Austausches darüber, wie es den Menschen in dieser entscheidenden Phase des Projektes geht, in die Treffen einzubauen, ist gerade in dieser Phase wichtig. Hier bewährt es sich besonders, wenn es zur Kultur der Arbeitsgruppentreffen gehört, persönlich von sich zu erzählen. Denn in dieser Phase werden Arbeitsgruppen sich häufig treffen, und es ist eher selten Gelegenheit zum emotionalen Austausch in der gesamten Gruppe.

13. Feiern nicht vergessen!

Der Tag des Notartermins ist ein besonderer Tag. Er sollte gewürdigt werden. Das könnte zum Beispiel dadurch geschehen, dass die Gruppe sich an dem Abend dieses Tages oder am Wochenende danach trifft und feiert, dass der Traum Realität werden wird. Dazu gehört auch zu würdigen, wer was dazu beigetragen hat. Ein Hinweis zur Würdigung: Wenn eine Person versucht, eine Liste von allen Beiträgen zu machen, werden fast immer welche vergessen. Es ist empfehlenswerter, eher zwanglos gemeinsam zu sammeln, wer welchen Beitrag geleistet hat, und sich dabei umzuschauen, den Blick über die Gruppe schweifen zu lassen und sich zu fragen: Wurde jemand nicht erwähnt, dessen Beitrag vielleicht weniger sichtbar war? Die Ehepartner:innen, die den Menschen, die die Verhandlungen geführt haben, den Rücken freigehalten haben? Die Person, die zwar selten bei den Sitzungen war, aber den Internetauftritt erstellt hat? Auch diese Rollen sollten erwähnt werden.

14. Der Welt davon erzählen

Der Notartermin ist stets auch ein guter Anlass, eine Pressemitteilung herauszugeben und zu überlegen, wann die Gruppe erstmalig mit den zukünftigen Nachbarn Kontakt aufnimmt, sollte dies nicht schon geschehen sein. Jetzt ist klar, dass das Projekt an diesem Ort Gestalt annehmen wird, jetzt beginnt auch die Nachbarschaftspflege.

15. Träume und Pläne anpassen

Am konkreten Objekt werden die Pläne spezifiziert und angepasst: Was waren unsere Prioritäten? Wie lassen sich diese Prioritäten hier umsetzen? Was muss angepasst werden? Anschließend wird konkret geplant und umgesetzt.

10.2.2 Gemeinschaftskompass und Projektentwicklung

Ich habe oben skizziert, wie der Gemeinschaftskompass als Leitschnur für die Schritte der Projektgründung angewendet werden kann. Doch nicht nur für diese Phase kann der Gemeinschaftskompass durch seine Strukturierung ein sinnvoller »roter Faden« sein. Er kann in jeder Projektphase eine gute Grundlage sein, um eine ganzheitliche Projektplanung zu entwickeln und wichtige Aufgaben nicht zu vergessen. Ganzheitliche Projektplanung mit dem Gemeinschaftskompass bedeutet, zu

jedem Thema Aufgaben zu identifizieren, die insgesamt alle Handlungsebenen und alle Entwicklungsquadranten bedenken.

Die individuelle Ebene spielt hier eine gewisse Sonderrolle – sie ist selten konkreter Teil der Projektplanung. Dennoch ist es wichtig, sich während der Projektplanung immer wieder die Frage zu stellen: Wie geht es den Menschen damit? Was macht das, was wir planen, mit den Individuen? Eine aktivistische Projektplanung, die zwar zum materiellen Erfolg führt, aber lauter ausgebrannte Projektmitglieder zurücklässt, ist kein Erfolg.

Im Eifer des Gefechts konzentrieren sich Arbeitsgruppen in ihrer Projektplanung gern auf die Punkte, die zum Struktur- oder zum Praxisquadranten gehören, und vernachlässigen die Quadranten »Intention« und »Ernte«. Manchmal wird auch nur auf die Arbeiten in der Handlungsebene »Projekt« geschaut und vergessen, dass auch die anderen Ebenen nötig sind. Eine Projektplanung, die vom Gemeinschaftskompass geleitet wird, sichert ab, dass alle wesentliche Aspekte bedacht werden.

Ab der Handlungsebene »Gemeinschaft« sollte für jeden Themenstrang mindestens eine Aufgabe pro Handlungsebene und pro Entwicklungsquadrant identifiziert werden, die ich in dieser Skizze mit den Ziffern 1–12 gekennzeichnet habe.

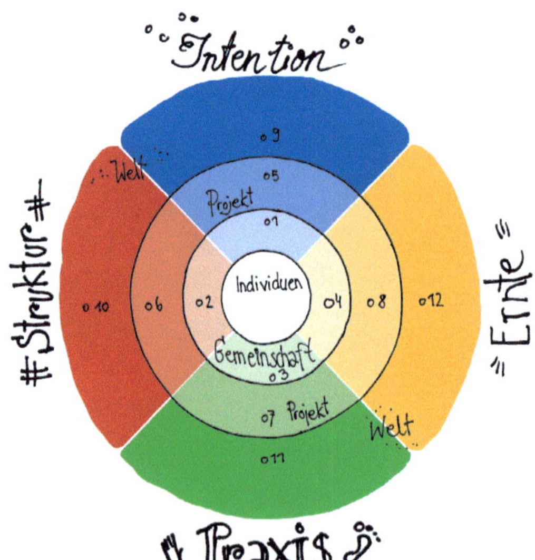

Manchmal lassen sich die Handlungsebenen nicht genau voneinander trennen. Je nach Thema oder Definition kann zum Beispiel die Ebene »Projekt« zum einen mit »Gemeinschaft« oder zum anderen mit »Welt« zusammenfallen.

Beispiel: Thema »Finanzen«

1. Intention/Gemeinschaft: Welche Werte haben wir zum Umgang mit Geld für unser Projekt?
2. Struktur/Gemeinschaft: Wie wollen wir konkret mit ökonomischen Fragen umgehen?
3. Praxis/Gemeinschaft: Was bedeutet das in der Praxis für wen?
4. Ernte/Gemeinschaft: Feiern, wie viel Geld wir gemeinsam haben!
5. Intention/Projekt: Eckpunkte zum Umgang mit Geld formulieren.
6. Struktur/Projekt: Rechtsformen abwägen.
7. Praxis/Projekt: Verträge entwerfen, unterschreiben und Geld überweisen.
8. Ernte/Projekt: Nach festgelegtem Zeitraum Zwischenbilanz ziehen.
9. Intention/Welt: Finanzielle Organisation öffentlich machen.
10. Struktur/Welt: Rechtsform gründen.
11. Praxis/Welt: Verhandlungen mit Banken, Fördermittelgebenden u. a. Unterstützenden.
12. Ernte/Welt: Großes Dankesfest für alle Unterstützenden!

Das Zentrum »Individuen« erinnert uns daran, aus verschiedenen Perspektiven auf uns selbst zu schauen und unsere persönliche Entwicklung und Gemeinschaftsfähigkeit aktiv voranzubringen. Zudem legt der Aspekt »Individuen« die Aufmerksamkeit auf die Frage, wie es allen in der Gruppe geht. Sind wirklich alle dabei?

Auch wenn die Punkte hier in numerischer Reihenfolge stehen, werden sie nicht genau in der Reihenfolge abgearbeitet, sie dienen lediglich dem Wiederfinden in der Skizze. In der Regel können Projektgruppen sich grob an der Reihenfolge Intention – Struktur – Praxis – Ernte orientieren, wobei die verschiedenen Handlungsebenen oft parallel ablaufen.

Oft kann es sinnvoll sein, vor Formulierung der Intention bereits eine erste Erntephase einzubauen: Wo stehen wir gerade? Was hat uns hierhergeführt? Was haben wir auf dem Weg gelernt? Dies wären dann wichtige Fragen, die oft vor der Formulierung der Intention stehen.

10.3 Verständnis von Gruppendynamik und Konflikten

Im letzten Kapitel wurde der Kompass als Modell insbesondere in seiner Funktion als Leitlinie für Projektentwicklung und -diagnose vorgestellt. Jedoch kann das Kompassmodell auch dazu beitragen, Gruppendynamiken zu verstehen und Konflikte in einem anderen Licht zu sehen.

Jede Gemeinschaft besteht aus Individuen, und jede Gemeinschaft ist dann erfolgreich, wenn die Individuen an den Plätzen sein dürfen, an denen sie ihr persönliches Potenzial entfalten und weiter wachsen können.

Um ein Projekt erfolgreich zu realisieren, braucht es Menschen mit Qualitäten in allen verschiedenen Aspekten – und gerade diese Menschen in ihrer Unterschiedlichkeit reiben sich gern an diesen Unterschiedlichkeiten.

Es gibt die Menschen, die gern anpacken und der Meinung sind, die Gruppe halte sich viel zu oft mit Rederunden auf, anstatt wirklich zu arbeiten. Sie sind genervt und fordern lautstark, die Dinge endlich anzugehen. Diese Praktiker:innen sind sehr wichtig für die Gruppe, denn sie sind die Ersten, die vor Ort loslegen, das Gelände entrümpeln, den Garten anlegen etc. Wenn sie gezwungen werden, über ihre eigene Toleranzschwelle in Rederunden zu bleiben, wird die Gruppe diese wichtige Qualität verlieren.

Auf der anderen Seite gibt es die Menschen, die vor allem dann aufblühen, wenn Feiern zu organisieren sind. Sie lassen gern fünfe gerade sein und haben viele Ideen, beschäftigen sich aber selten länger mit einem Thema. Aber sie sind diejenigen, die bei einer Arbeitsaktion die Kinder integrieren und dafür sorgen, dass es stets genügend Kuchen gibt.

Dann gibt es die Menschen, die penibel darauf achten, dass die Struktur eingehalten wird. Es kann gewaltig nerven, wenn Menschen sich an jedem Buchstaben der gemeinsam gewählten Regeln festhalten und nicht das kleinste bisschen Flexibilität zeigen. Das sind die Menschen, die gewissenhaft jedem Cent hinterherlaufen, der in einer Abrechnung nicht stimmt. Doch jedes Projekt braucht seine Buchhalter:innen, Menschen, welche die Beschlüsse im Wortlaut kennen und auf Einhaltung oder Anpassung bestehen. Nur durch sie wird sich die Gruppe ihrer Strukturen immer wieder bewusst, so bleiben die Strukturen lebendig.

Diese Menschen reiben sich gern mit den genial-weitsichtigen Visionär:innen, die ein Bild von dem haben, wie das Ganze in zehn Jahren aussehen kann, vor lauter Weitsicht aber die Kaffeetasse vor den eigenen Augen nicht sehen und stehen oder gar fallen lassen. Diese Visionär:innen können jedoch andere für die Vision begeistern und sind oft gut im Kontakt mit der Welt. Auch sie haben ihre wichtige Rolle im Projekt.

Die Visionär:innen haben die Zielvorstellung des Projekts sehr genau vor Augen, vergessen aber manchmal, dass die Menschen im Projekt vielleicht gerade ganz andere Sorgen haben. Da tut es gut, dass es auch die Menschen gibt, die weniger den Blick für das große Ziel haben, dafür aber stets ein offenes Ohr und Auge für die Einzelnen, denen es im Augenblick nicht so gut geht. Für diese Menschen haben Fragen der Gemeinschaftspflege Priorität. Sie betonen, dass der Weg das Ziel sei und dass eine Gruppe ihr Tempo stets nach dem schwächsten Glied richten sollte.

Dies wiederum ist den schnellen Denkern und Pragmatikern, denen es darum geht, Dinge möglichst bald zu realisieren, oft viel zu langsam. Und auch sie haben recht: Gruppen verlieren Energie, wenn sie sich zu sehr von Einzelnen und ihren Bedenken lähmen lassen. Dann verlieren sie Menschen am anderen Ende des Spektrums, die genauso wichtig sind. Die Gemeinschaftspfleger:innen versuchen, alle unterschiedlichen Sichtweisen zu verbinden, indem sie Treffen mit intensiver Begegnung und Kommunikation organisieren. Dies ist sehr wichtig! Und manchmal löst ein guter Kompromiss auf der Sachebene oder eine Delegation des Themas an Expert:innen ein Problem viel leichter. Die Gruppe kann sich dann anderen Themen zuwenden als einem Sachthema, um das sich viele Konflikte ranken.

Fast jede Gruppe erkennt in diesen Beschreibungen Rollen und Konflikte wieder, die schmerzhaft durchlitten wurden. Wenn wir uns bewusst machen, dass nur die verschiedenen Qualitäten zusammen ein Orchester ergeben, das die Symphonie des Gemeinschaftsprojektes zu spielen vermag, kann dies eine andere Sichtweise auf die Konflikte und die Unterschiedlichkeiten eröffnen und damit die Gruppendynamik in einem anderen Licht erscheinen lassen.

Es braucht genau den konstruktiven Umgang mit all diesen Konflikten. Um das Projekt langfristig zum Blühen zu bringen, ist es notwendig, dass Menschen mit verschiedenen Stärken diese Positionen einbringen. Keine Sichtweise ist wichtiger oder richtiger als die andere. Jede Sichtweise gehört dazu, und nur im konstruktiven Zusammenspiel ergibt sich ein blühendes Gemeinschaftsprojekt. Es ist normal, dass es gelegentlich zwischen den Positionen knirscht. Die Kernfrage für eine konstruktive Entwicklung eines gemeinschaftlichen Projektes ist: Wie schaffen wir es, trotz dieser Reibereien in Kontakt zu bleiben und gute Lösungen zu finden? Der Kompass will dazu beitragen, deutlich zu machen, dass Durststrecken und Konflikte dazugehören.

Im konstruktiven Umgang mit diesen Konflikten liegt der Schlüssel, das Projekt erfolgreich zu machen. Dies zu wissen trägt dazu bei, die Kraft zu entwickeln, die nötig ist, um Konflikte zu überwinden.

10.4 Ausblick

Der Gemeinschaftskompass bündelt und systematisiert die Erfahrungen, die bei Aufbau und Weiterentwicklung von Lebensgemeinschaften und Wohnprojekten gesammelt wurden. Projekte, in denen Menschen zusammen leben und arbeiten, in denen sich viele Lebensbereiche vermischen, sind wie Brenngläser für zwischenmenschliche Themen. Hier wird die Intensität besonders deutlich. Daher formuliere ich für Menschen in

Lebensgemeinschaften als eine Grundvoraussetzung die Bereitschaft, an sich zu arbeiten und durch Konflikte zu lernen. Ich setze in meiner Arbeit mit Gemeinschaftsprojekten ein gewisses Maß an konstruktiver Eigenarbeit und Bereitschaft zur Selbstreflexion voraus.

Dieses Buch richtet sich an diese Zielgruppe: Menschen, die sich bewusst auf ein intensives menschliches Miteinander einlassen. Bewusst sind alle Beispiele aus diesem Bereich gewählt und viele Tipps ganz direkt auf die Praxis von gemeinschaftlichen Wohnprojekten zugeschnitten.

Ich bin jedoch davon überzeugt, dass der Gemeinschaftskompass in seiner Essenz nicht nur für die Zielgruppe der Lebensgemeinschaften und des gemeinschaftlichen Wohnens anwendbar ist. Die Grundprinzipien, die wir aus der Realität der Gemeinschaftsprojekte identifiziert und entwickelt haben, lassen sich auf alle Projekte anwenden, in denen Menschen gemeinschaftlich etwas umsetzen wollen.

So wird der Gemeinschaftskompass auch in Dorfentwicklungsinitiativen, Bürgerenergiegenossenschaften, Bürgerinitiativen, Transition-Town-Bewegungen und Vereinen mit Erfolg angewendet. Das Feedback dieser Gruppen zeigt mir, dass der Gemeinschaftskompass auch für diese Initiativen nützlich sein kann.

Anhang

Literaturhinweise

Buck, John; Villines, Sharon (2. Auflage, 2017): We, the People. Consenting to a Deeper Democracy. Washington, DC: Sociocracy.info.

Diamond, Julie (2016): Power: A User's Guide. Santa Fe: Belly Song Press.

Dittmar, Vivian (2014): Gefühle und Emotionen. Eine Gebrauchsanweisung. Wie emotionale Intelligenz entsteht. Edition Est.

Dittmar, Vivian (2019): Das innere Navi. Wie du mit den fünf Disziplinen des Denkens Klarheit findest. Edition Est.

Gicquel, Audrey (2020): Les clés de l'habitat participatif. Mes expériences du vivre-ensemble. Gap: Editions Yves Michel.

Leafe Christian, Diana (2003): Creating a Life Together, Practical Tools to grow Ecovillages and Intentional Communities. Gabriola Island: New Society Publishers.

Mindell, Arnold (1995): Sitting in the Fire: Large Group Transformation Using Conflict and Diversity. San Francisco: Deep Democracy Exchange.

Mindell, Arnold (1997): Der Weg durch den Sturm. Weltarbeit im Konfliktfeld der Zeitgeister. Petersberg: Verlag Via Nova.

Peck, Scott (2007): Gemeinschaftsbildung. Der Weg zu authentischer Gemeinschaft. Eurotopia-Verlag.

Rosenberg, Marshall (2016): Gewaltfreie Kommunikation. Eine Sprache des Lebens. Paderborn: Junfermann-Verlag.

Strauch, Barbara , Reijmer, Annewiek (2018): Soziokratie. Kreisstrukturen als Organisationsprinzip zur Stärkung der Mitverantwortung des Einzelnen. Verlag Vahlen.

Wichtige Internetseiten mit Informationen

www.gemeinschaftskompass.de

Die Website des Gemeinschaftskompasses. Hier ist die Anmeldung für den Newsletter möglich, um regelmäßig Inspirationen zum Gemeinschaftskompass zu erhalten.

www.gen-deutschland.de

Die Website des Netzwerkes der größeren deutschsprachigen Gemeinschaftsprojekte.

www.gen-europe.org

Die Website des Global Ecovillage Network Europe, in dem sich Gemeinschaftsprojekte aus ganz Europa zusammengeschlossen haben.

www.clips.gen-europe.org

Die Website des Netzwerkprojektes CLIPS, das vom Gemeinschaftskompass inspiriert wurde und den Gemeinschaftskompass inspiriert.

www.wohnprojekte-portal.de

Das Nachschlagewerk für Wohnprojekte von der stiftung trias. Wie gründe ich ein Wohnprojekt? Gibt es bereits ähnliche Projekte wie meines? Gibt es Mitmacher*innen, Projekte im Aufbau oder eine gerade leer gewordene Wohnung in meiner Nähe? Wo kann ich mich erkundigen? Wer hilft mir?

www.stiftung-trias.de

Die Website der Stiftung trias, deren Grundausrichtung es ist, dass Boden keine Ware sein sollte, sondern dem Gemeingut dienen sollte. Daher bietet sich trias als Grundeigentümer für Gemeinschaftsprojekte an.

https://verein.fgw-ev.de/

Die Website des Forums für gemeinschaftliches Wohnen, der Vernetzungsstelle für Wohnprojekte.

www.syndikat.org

Die Website des Mietshäusersyndikats, ein Netzwerk von selbstorganisierten Projekten mit der Ausrichtung »Die Häuser denen, die drin wohnen!«

www.genossenschaftsgruendung.de

Die Website für alle, die eine Genossenschaft gründen wollen.

www.foerderdatenbank.de

Die Website gibt Hinweise auf mögliche Fördermittel für ein Projekt.

Schlichtungsvertrag – Beispiel

SCHLICHTUNGSVERTRAG

Mit meinem Beitritt zu ______________________________ erkenne ich folgende Verabredung zum Umgang mit Konflikten an:

1. Ich bin gewillt, Konflikte mit meinen Mitbewohner:innen stets auf konstruktive Art zu klären.
2. Im Falle eines tief greifenden Konfliktes, in dem eine klärende Kommunikation zwischen mir und der/dem Konfliktpartner:in nicht mehr möglich ist, bin ich bereit, an mindestens **einem begleiteten Konfliktklärungsgespräch (Mediation)** teilzunehmen. Dieses Konfliktklärungsgespräch muss von einer Person begleitet werden, der beide Konfliktparteien zustimmen.

Auswahl der Mediator:in: Wenn sich die Konfliktparteien auf keine Mediator:in einigen können, so stimme ich schon jetzt zu, dass eine externe Person, die professionell Mediation und/oder Gemeinschaftsberatung anbietet, vom Vorstand unserer Genossenschaft (falls der Konflikt den Vorstand betrifft: vom Aufsichtsrat unserer Genossenschaft; falls dieser mitbetroffen ist: von dem Lenkungskreis von GEN Deutschland) für diese Rolle ausgewählt wird und von mir und der anderen Konfliktpartei für diese Arbeit bezahlt wird, wenn nicht die Genossenschaft zugesagt hat, die Kosten zu übernehmen.

Nach der ersten Mediation entscheiden wir gemeinsam, ob es sinnvoll ist, weiter eine Mediation durchzuführen. **Wenn eine Lösung durch die Mediation nicht abzusehen ist, stimme ich zu, dass der Konflikt durch einen Schlichtungsausschuss gelöst wird.**

3. **Schlichtung durch Schlichtungsausschuss**

3.1 Der Schlichtungsausschuss besteht aus drei Personen. Jede der beiden streitenden Parteien bestimmt dafür eine Vertrauensperson. Die Vertrauenspersonen einigen sich auf eine dritte Person, welche die Sitzung leiten und die Beschlüsse protokollieren soll. Die Ernennung gilt jeweils für eine Schlichtungsangelegenheit.

3.2 Der Schlichtungsausschuss bemüht sich, in Rücksprache mit den streitenden Parteien innerhalb von vier Wochen eine Lösung zu erarbeiten.

3.3 Im Übrigen gelten die gesetzlichen Vorschriften der Zivilprozessordnung für das schiedsrichterliche Verfahren.

______________________________, den ____________________

Ort | Datum

______________________________ ______________________________

Gemeinschaftsmitglied | Vorstand der Genossenschaft

Vorsicht, Falle! Kleinanlegerschutzgesetz, Prospektpflicht und unerlaubtes Bankgeschäft

Hinweis: Diese Zusammenstellung ersetzt auf keinen Fall eine fundierte Rechtsberatung durch einen Rechtsanwalt oder eine Rechtsanwältin oder der Bundesaufsicht für Finanzdienstleistungen (BAFin). Trotz größter Sorgfalt beim Zusammentragen der Informationen kann nicht davon ausgegangen werden, dass alle Inhalte dieser Darstellung korrekt sind und dass die skizzierten Lösungen im konkreten Fall auch so funktionieren, da die Sachlage sehr vielschichtig ist und jeder Einzelfall betrachtet werden muss. Insbesondere soll diese Darstellung das Bewusstsein dafür stärken, nicht unbedarft mit Privatdarlehen und anderen Geldern von Unterstützer:innen zu arbeiten.

Wie ist die Rechtslage?

Es gibt mehrere Perspektiven, aus denen der Gesetzgeber das Einlegen von fremden Geldern schwierig macht:

1. Unerlaubtes Bankgeschäft

Jegliches Arbeiten mit fremden Geldern ist für die BAFin ein »Bankgeschäft«. In den Augen der BAFin ist jede Arbeit mit fremden Geldern, »Einlagengeschäft« genannt, etwas, was von der Bankaufsicht kontrolliert wird. Die Bankaufsicht achtet darauf, dass Menschen eine reale Chance haben, ihre Einlagen nicht zu verlieren. Unerlaubte Bankgeschäfte sind grundsätzlich verboten.

Wesentliche Paragrafen:

- KWG, §1, Abs. 1, Satz 2:
  Bankgeschäfte sind,
  1. Die Annahme fremder Gelder als Einlagen oder anderer nicht unbedingt rückzahlbarer Gelder des Publikums, ... ohne Rücksicht darauf, ob Zinsen vergütet werden ...

- KWG, §32, Abs. 1:
  Wer im Inland gewerbsmäßig oder in einem Umfang, der einen in kaufmännischer Weise eingerichteten Geschäftsbetrieb erfordert, Bankgeschäfte betreiben ... will, bedarf der schriftlichen Erlaubnis der Bundesanstalt [für Finanzdienstleistungsaufsicht].
- KWG, §54. Abs. 1:
  Wer ... ohne Erlaubnis nach §32 ... Bankgeschäfte betreibt oder Finanzdienstleistungen erbringt, wird mit Freiheitsstrafen bis zu fünf Jahren oder mit Geldstrafe bestraft.

2. Prospektpflicht

Wer – auch mit Erlaubnis der BAFin – Einlagen annimmt, muss dennoch vielfältige Auflagen erfüllen. Insbesondere muss diese Person einen »Prospekt« oder in Ausnahmefällen ein Vermögensanlageinvestitionsblatt über diese Geldanlage erstellen.

Der Hintergrund dieser Prospektpflicht ist ein ehrenwerter: In der Vergangenheit sind zu viele Anleger von unseriösen Menschen, die Geldanlagen mit unzureichenden Informationen angeboten haben, ausgenommen worden und haben viel Geld verloren.

Es gibt eine »Prospektpflicht für im Inland öffentlich angebotene Anteile [auch Darlehen!], die nicht in Wertpapieren ... bestehen«.

Zu den »Anteilen« gehören GmbH-Anteile, Stille Beteiligungen und Darlehen. Genossenschaftsanteile sind davon ausgenommen.

Die Prospektpflicht beinhaltet eine lange Liste von Angaben, die in der Ausschreibung gemacht werden müssen, die Liste muss mindestens 132 Punkte enthalten. Dieser Prospekt muss dann dem BAFin vorgelegt und genehmigt werden, erst dann darf er veröffentlicht werden. Ihn zu erstellen kostet bereits mehrere Zehntausend Euro. Aufgrund dieses Aufwandes ist diese Variante erst bei Projekten überlegenswert, bei denen weit über 500.000 Euro, eher 1 Million, geworben werden sollen. Vorher empfiehlt es sich, sich andere Lösungen zu überlegen. Eine Alternative ist, mit dem Vermögensanlageinvestitionsblatt zu arbeiten. Dieses ist eine Ausnahme, die für Werbung von »sozialen Initiativen« gilt, sie bedeutet deutlich weniger Aufwand, braucht aber dennoch professionelle Beratung.

3. Kleinanlegerschutzgesetz

Im Kleinanlegerschutzgesetz sind weitere Schwierigkeiten für Privatfinanzierungen enthalten.

Welche praktikablen Auswege gibt es?

Zum Glück gibt es aufgrund von starker Lobbyarbeit für gemeinnützige Vereine, Genossenschaften, soziale Initiativen und kleinere Crowdfunding-Aktionen Ausnahmen. Auf diese sollten sich kleinere zivilgesellschaftliche Initiativen konzentrieren.

Ausnahmen von der Prospektpflicht

Hier geht es um die Frage, wie die Beteiligungsmöglichkeiten beworben werden.

- Anteile an einer Erwerbs- oder Wirtschaftsgenossenschaft im Sinne des §1 des Gesetzes betreffend die Erwerbs- und Wirtschaftsgenossenschaften (also alle eingetragenen Genossenschaften). Diese Ausnahme verfällt, wenn die Anteile durch jemanden, der Provisionen dafür bekommt, eingeworben werden.

- Angebote, bei denen für ein Vorhaben (Bagatellgrenze) der Verkaufspreis der angebotenen Anteile insgesamt 100.000 Euro nicht übersteigt und nicht mehr als 20 Anleger gesucht werden, dürfen öffentlich beworben werden.

- Privatplatzierung: wenn nur persönlich Menschen angesprochen werden, ob sie das Projekt mit ihrem Kapital unterstützen. Die Privatplatzierung wird sehr streng ausgelegt: Es genügt nicht, alle Vereinsmitglieder mit Namen anzuschreiben, sondern die Leute müssen wirklich ganz persönlich ausgewählt sein.

Ist jemand gefunden, der investieren möchte, muss darauf geachtet werden, in welcher Form die Beteiligung erfolgt. Treten dabei Fehler auf, begeben wir uns in den Bereich des unerlaubten Bankgeschäftes.

Ausnahmen aus dem unerlaubten Bankgeschäft

Finanzierung von genossenschaftlichen Projekten

Unproblematisch sind Genossenschaftsanteile: Sie sind ganz klar kein unerlaubtes Bankgeschäft. Zudem können Genossenschaften von ihren Mitgliedern ohne einen Prospekt zusätzlich Mitgliederdarlehen aufnehmen. Allerdings muss die Genossenschaft den Mitgliedern vor Vertragsschluss die wesentlichen Informationen über die Vermögensanlage zur Verfügung stellen.

Bagatellgrenze

Nichtmitgliederdarlehen bleiben im Rahmen der Bagatellgrenze für alle Genossenschaften weiterhin möglich. Das betrifft Nichtmitgliederdarlehen in Höhe von insgesamt 100.000 Euro pro Jahr oder (bei Überschreitung dieser Grenze) maximal 20 einzelne Mitgliederdarlehen.

Grenzen für Darlehensverträge

Jedoch wäre ein normaler Darlehensvertrag mit Nichtmitgliedern trotzdem ein unerlaubtes Bankgeschäft. Organisationen, die keine Banken sind, müssen bei Darlehensverträgen Verschiedenes beachten:
Sie dürfen nur

- Darlehen unterhalb der Bagatellgrenze von 12.500 Euro oder
- Darlehen von maximal fünf Geldgebern oder
- Nachrangdarlehen oder
- zweckbestimmte Mitgliederdarlehen oder
- bankmäßig gesicherte Darlehen aufnehmen.

Nachrangdarlehen

Nachrangdarlehen sind Darlehen, die von der BAFin vorgegebene Formulierungen enthalten, aus denen deutlich wird, dass die Kreditgeber:innen damit rechnen müssen, im Insolvenzfall ihr Geld nicht zurückzuerhalten.

Folgende Formulierungen müssen im Vertrag enthalten sein:

- Es handelt sich um ein nachrangiges Darlehen. Die Rückzahlung des Darlehens kann insofern vom Darlehensgeber nicht garantiert werden, das heißt, es handelt sich nicht um einen unbedingten Rückzahlungsanspruch.

- Der Gläubiger tritt im Falle der Eröffnung eines Insolvenzverfahrens gegenüber allen anderen nicht nachrangigen Gläubigern hinter die Forderungen aller anderen Gläubiger zurück.
- Darüber hinaus ist die Geltendmachung des Anspruches auf Rückzahlung und auf Zinszahlungen so lange und so weit ausgeschlossen, wie die Zahlung einen Grund für die Eröffnung eines Insolvenzverfahrens herbeiführen würde.

Diese Formulierungen werden immer wieder angepasst und verschärft. **Es sollte auf jeden Fall vor Formulierung des Vertrages nach den aktuellen Vorgaben der BAFin gefragt werden**, welche Formulierung klarstellt, dass es sich um ein Nachrangdarlehen handelt, und diese dann verwendet werden.

Nachrangdarlehen brauchen eine nach oben gedeckelte Rendite. Der vereinbarte jährliche Sollzinssatz darf nicht über dem höheren der beiden folgenden Werte liegen:

- 1,5 Prozent oder
- marktübliche Emissionsrendite für Anlagen am Kapitalmarkt in Hypothekenpfandbriefen mit gleicher Laufzeit.

Es dürfen auch nicht mehr als 2,5 Millionen Euro vom gleichen Projekt eingeworben werden.

Jede Werbung zu diesen Finanzierungsinstrumenten muss einen Warnhinweis nach §12 II und III des VermAnlG beinhalten, es darf keine Sicherheit der Vermögensanlage suggeriert werden.

Wenn Nachrangdarlehen von mehr als 250.000 Euro in Anspruch genommen wurden, muss ein Jahresabschluss veröffentlicht werden.

Bankmäßig gesicherte Darlehen

Bankmäßig gesicherte Darlehen sind für größere Einzelfälle eine sinnvolle Alternative. Der/die Darlehensnehmer:in stellt der/dem Darlehensgeber:in eine bankmäßige Sicherheit zur Verfügung. In der Regel ist das eine Grundschuld, auch eine Bankbürgschaft ist möglich. Dabei muss jedem/r einzelnen Geldgeber:in einzeln ein direkter Zugang zu diesen Sicherheiten verschafft werden.

Crowdfunding über Crowdfunding-Plattformen

Um das neue Finanzierungsinstrument Crowdfunding nicht auszuhebeln, wurden für offizielle Internet-Crowdfunding-Plattformen ebenfalls Sonderregelungen eingeführt.

Für Gelder, die über diese Plattformen eingeworben werden, gilt, dass darüber »partiarische Darlehen, Nachrangdarlehen und vergleichbare Anlagen im Sinne des [3]1 II Nr. 7 VermAnlG« angenommen werden dürfen, wenn die anlegende Person

- maximal 1.000 Euro pro Unternehmen investiert oder
- maximal 10.000 Euro pro Unternehmen investiert und nachweist, dass sie über ein freies Vermögen von mindestens 100.000 Euro verfügt oder nicht mehr als das Zweifache seines monatlichen Nettoeinkommens investiert.

Auch hier ist eine Reihe von Auflagen zu beachten. (Vermögensinformationsblatt, Warnhinweise, Veröffentlichung des Jahresabschlusses).

Weitere Informationen

Wenn Projektmitglieder Geld von Externen einwerben, sollten sie sich auf jeden Fall selbst von den entsprechenden Stellen beraten lassen und rechtsverbindliche Klärung einfordern.

Rechtsverbindliche Klärung ist bei der BAFin und bei der Bundesbank möglich: *www.bafin.de.*

Das aktuelle Merkblatt ist mit dem Suchbegriff Merkblatt und Einlagengeschäft zu finden.

Danke!

Dieses Buch trägt zwar meinen Namen als Autorin, und doch ist es ein Gemeinschaftswerk. Viele Menschen und Gruppen haben dazu beigetragen, das Modell des Gemeinschaftskompasses zu entwickeln, weiterzuentwickeln und später das Buch zu verbessern.

Ich kann sie nicht alle namentlich nennen und möchte dennoch möglichst viele von ihnen in chronologischer Reihenfolge würdigen.

Ich danke meinen Eltern, Wolfgang und Maren Stützel, dafür, dass sie mir den Glauben daran, dass ich es schaffen kann, meine Träume umzusetzen, und mir Liebe, ein positives Weltbild und den Glauben an mich selber mitgaben.

In der Jugendarbeit beim Verband Christlicher Pfadfinderinnen und Pfadfinder lernte ich, wie gemeinsame Erlebnisse und gemeinsames Arbeiten tiefe, lebenslange Verbundenheit erzeugen können.

Meiner WG aus Studienzeiten in der »K6« danke ich für die ersten wesentlichen Erfahrungen im gemeinschaftlichen Leben, die die Grundlage für alles Weitere legten.

Wesentliche Geburtshelfer:innen dieses Buches sind auch all diejenigen, mit denen ich in den letzten 28 Jahren einen kurzen oder längeren Weg gemeinsam gegangen bin, um das Ökodorf Sieben Linden mit aufzubauen. Ihnen allen möchte ich für die inspirierende Zusammenarbeit danken und auch für viele der Reibungspunkte! Ich habe so viel daran gelernt!

John Croft inspirierte mich mit seinem Ansatz vom »Dragon Dreaming«, der den Gemeinschaftskompass stark beeinflusst hat. Durch ihn begriff ich, dass unser Projekt gerade wegen der Reibungspunkte und des konstruktiven Umgangs mit den Unterschiedlichkeiten ein Erfolg werden konnte.

Einen ganz besonderen Beitrag leistete Martin Stengel, der mir seit 1997 ein wichtiger Partner in Sachen Gemeinschaftsaufbau und bei einigen Projekten war. Einen Winter lang saßen wir immer wieder zusammen und diskutierten, analysierten und ordneten unsere Erfahrungen und setzten sie in Bezug zu Modellen, die wir kannten. Das Ergebnis war der

»Kompass für gemeinschaftliche Projektentwicklung«, die erste Version des Gemeinschaftskompasses. Wir wollten ursprünglich gemeinsam dieses Werk in die Welt bringen, aber dann orientierte sich Martin beruflich in eine andere Richtung. Seitdem ist der Gemeinschaftskompass »mein Baby«, und seitdem entwickele ich ihn mit anderen weiter.

Die erste Version »Kompass für gemeinschaftliche Projektentwicklung« wurde dann inspiriert von der Arbeit am »Community Learning Incubator Program for Sustainability« (gefördert durch Erasmus+), in dem ich im Erfahrungsaustausch mit vielen internationalen Kolleg:innen, insbesondere Lucilla Borio (Italien), Camilla Nielsen-Englyst (Dänemark), Mauge Canada (Spanien) und Genny Carraro (Italien), vieles weiterentwickelte und ausformulierte. Der Austausch mit diesen Kolleg:innen brachte viele neue Impulse und gab dem Gemeinschaftskompass seine endgültige Form und auch den kürzeren Titel »Gemeinschaftskompass«. Außerdem lernte ich durch dieses Netzwerk die Prozessarbeit kennen. Die Fortbildungen bei Max und Ellen Schupach vom Deep Democracy Institute und bei Kirsten Wassermann und Peter Ammann vom Institut für Prozessarbeit Deutschland gaben dem Gemeinschaftskompass noch eine neue Tiefe.

In jedem der Seminare, an denen ich teilnahm und die ich gab, bei jeder Prozessbegleitung lernte ich Neues. So haben viele meiner Seminarteilnehmer:innen und alle Projekte, mit denen ich je gearbeitet habe, auch zur Ausdifferenzierung des Gemeinschaftskompasses in seiner heutigen Form beigetragen.

Den wirklich wesentlichen Anstoß zum Schreiben dieses Buches gaben die vielen Seminarteilnehmer:innen, die mich am Seminarende baten, meine Erfahrungen schriftlich zu teilen. Ohne ihre Nachfrage und mehrere explizite Aufforderungen »Schreib doch mal ein Buch darüber!« hätte ich mir nie zugetraut, ein Buch zu schreiben. Danke für diese Ermutigung!

Ich danke Oliver Victor dafür, dass er mir mit seinem »Erlebnisbahnhof Schmilau« einen Rückzugsort zum Schreiben anbot, an dem ich mich ungestört von den Themen meiner eigenen Gemeinschaft ganz dem Gemeinschaftskompass widmen konnte und so der Erstentwurf des Manuskriptes in nur drei Wochen in die Tasten fließen konnte.

Max Junginger, Barbara Stützel, Dirk Frenzel, Uta Schmidt und Gerriet Schwen waren meine ersten »Probeleser:innen« und gaben wichtiges Feedback für eine Verbesserung des Textes.

Die Selbach-Umwelt-Stiftung und die Stiftung trias machten es möglich, dass dieses Buch fachkundig lektoriert wurde und farbig und mit Grafiken illustriert erscheinen kann, indem sie einen Teil der Mehrkosten dafür übernahmen – ganz herzlichen Dank dafür!

Alix Einfeldt möchte ich sehr herzlich für die Illustrationen danken. Sie bringen noch einmal eine andere Dimension in das Buch – ich bewundere Menschen, die Inhalte zeichnerisch darstellen können!

Meiner Lektorin Elena Bruns ein großes Dankeschön für das konstruktive Lektorat. Erst durch ihre Hinweise wurde mir deutlich, wie häufig ich »Projekte« oder »Gemeinschaften« personifiziere und als handelnde Subjekte darstelle – dabei sind es doch die Menschen, die handeln! Wieder was gelernt!

Clemens Herrmann vom oekom verlag danke ich für die unkomplizierte Zusammenarbeit und dass dieses Buch im oekom verlag erscheinen darf.

Eva Stützel
Sieben Linden im Januar 2021

Fragebogen »Standortbestimmung mit dem Gemeinschaftskompass«

Bitte in die rechte Spalte jeweils eine Bewertung Deines Projektes eintragen.
1 = voll erfüllt (sehr gut), 5 = gar nicht erfüllt.

INDIVIDUEN		
Selbstverantwortung	Die Gruppe besteht aus Menschen, die bereit sind, Verantwortung für ihren Anteil an Konflikten zu übernehmen.	
	Die Gemeinschaft ermutigt die Mitglieder, Verantwortung zu übernehmen.	
Leben als Lernweg	Die Gruppe besteht aus Menschen, für die persönliches Wachstum an dem, was ihnen begegnet, wichtig ist.	
	Die Gruppe hat Werkzeuge/Treffen, um Menschen in ihrem persönlichen Wachstum zu unterstützen.	
Persönlicher Hintergrund	Die Menschen sind sich bewusst, dass sie ihre ganz persönlichen Prägungen mit ins Projekt bringen.	
	Die Gruppe hat Wege entwickelt, damit die Mitglieder von der Geschichte der anderen erfahren, um größeres Verständnis füreinander zu erlangen.	
Persönliche Bedürfnisse	Die Gruppenmitglieder sind sich ihrer eigenen Bedürfnisse bewusst und übernehmen dafür Verantwortung.	
	Die Gruppe respektiert die verschiedenen Bedürfnisse verschiedener Personen.	
	Gesamtsumme Individuen	
GEMEINSCHAFT		
Kommunikationskultur	Die Gruppe bildet sich aktiv weiter, um eine konstruktive und tiefe Kommunikationskultur zu entwickeln.	
	Es gibt in der Gemeinschaft anerkannte Wege, Menschen bei der Bewältigung schwerwiegender Konflikte zu unterstützen (Mediation, begleitete Gespräche oder Ähnliches).	
Intimität	Es gibt Treffen, an denen Raum ist, sich als ganzen Menschen auch mit den eigenen Schwächen zu zeigen.	
	Es gibt das Vertrauen, auch über intime Themen in der Gruppe zu sprechen.	

Aktivitäten	Es gibt gemeinsame (Alltags-)Rituale, verschiedene Formen, gemeinsam schöne Erlebnisse zu haben.	
Macht und Rang	Alle Menschen sind damit zufrieden, welche Teilhabe sie an den Entscheidungen der Gemeinschaft haben.	
	Es wird bewusst damit umgegangen, dass unterschiedliche Rollen in der Gemeinschaft unterschiedliche Entscheidungskompetenzen haben.	
	Kompetenz und Gestaltungswille darf sich entfalten, ist aber von der Gemeinschaft kontrollierbar.	
	Gesamtsumme Gemeinschaft	
INTENTION		
Ziel	Alle Projektmitglieder würden ungefähr das Gleiche sagen, wenn sie nach dem Hauptziel des Projektes gefragt werden.	
	Das Hauptziel ist kurz und knackig formuliert und an geeigneter Stelle visualisiert.	
Werte	Es gibt eine bewusste, geteilte Wertebasis.	
	Über diese Wertebasis tauscht sich die Gruppe immer wieder bewusst aus.	
Details	Es gibt klare Vorstellungen von Teilprojekten, die in dem Projekt entstehen sollen.	
	Ein Teil dieser Teilprojekte ist bereits realisiert oder wird gerade angegangen.	
Eckpunkte	Die wesentlichen Erwartungen an und »Einschränkungen« für die Gruppenmitglieder sind klar formuliert.	
	Diese Eckpunkte sind alle von der ganzen Gruppe akzeptiert und werden nicht heimlich unterlaufen.	
	Gesamtsumme Intention	
STRUKTUR		
Grenzen der Gruppe	Es ist allen Mitgliedern klar, wer Teil der Gruppe ist und wer nicht.	
	Es gibt klare Prozedere zur Aufnahme in die Gruppe und auch zum Ausstieg.	
Entscheidungsfindung	Es gibt klare Festlegungen, wer oder welche Gruppe welche Entscheidungen nach welchen Regeln treffen darf.	
	Die Individuen sind zufrieden mit den Regeln und dem Weg zur Entscheidungsfindung.	

Informa-tionsfluss	Alle wesentlichen Informationen im Projekt sind transparent und für alle Mitglieder zugänglich. Es gibt von allen Entscheidungstreffen öffentliche Protokolle.	
Struktur der Treffen	Alle Treffen sind so gestaltet, dass sie für alle angenehm verlaufen und auch gemeinschaftsbildende Elemente beinhalten.	
Rechtsform und Eigentum	Immobilien sind in gemeinschaftlichem Eigentum.	
	Die langfristigen Verpflichtungen sind in klaren, rechtsverbindlichen Verträgen festgelegt.	
	Gesamtsumme Struktur	

Praxis: Welches sind die wesentlichen Praxisfelder des Projektes? Liste maximal 8 Felder auf – wenn ein Feld einen großen Teil der Arbeit einnimmt, nenne es mehrfach! Beurteile dann die Kompetenzen, die in diesem Bereich vorhanden sind, mit Punkten zwischen »1« = sehr gute Expertise und ausreichend Ausführende vorhanden bis »5« = absolute Anfänger		
Praxisfeld 1	Z. B. Bauen	
Praxisfeld 2	Z. B. Verwaltung	
Praxisfeld 3	Z. B. Öffentlichkeitsarbeit	
Praxisfeld 4	Z. B. Finanzakquise	
Praxisfeld 5	Z. B. Energie	
Praxisfeld 6	Z. B. Küche	
Praxisfeld 7		
Praxisfeld 8		

ERNTE		
Evaluation	Es wird nach allen größeren Schritten evaluiert, wie die Arbeit läuft und was verbessert werden kann.	
	Es gibt eine Kultur, dass offenes Feedback gegeben wird und Fehler konstruktiv angesprochen werden.	
Wert-schätzung	Es gibt eine Kultur, dass Menschen sich spontan bedanken oder Wertschätzung für das ausdrücken, was andere tun.	
	Es gehört zur Kultur des Projektes, Räume für Wertschätzung zu schaffen.	

Lernen	Die Gruppe sieht sich bewusst als eine lernende Organisation, die aus den Erfahrungen lernt.	
	Die Einzelnen sind bereit, Feedback anzunehmen und aus Erfahrungen zu lernen.	
Feiern	Erledigte Projekte oder besondere Erfolgsmomente werden mit besonderen Momenten oder einer kleinen Feier gewürdigt.	
	Die Gruppe hat eigene Rituale und Feiern entwickelt, und diese gehören zum Alltag des Projektes.	
	Gesamtsumme Ernte	
	WELT	
Netzwerke	Das Projekt ist eingebunden in Netzwerke von ähnlich orientierten Projekten, die sich austauschen und voneinander lernen.	
	Das Projekt ist eingebunden in lokale Netzwerke, in denen sehr unterschiedliche Menschen mit unterschiedlichen Ausrichtungen aktiv sind.	
Öffentliche Verwaltung	Das Projekt kennt die Zuständigen in Politik und Verwaltung.	
	Das Projekt hat eine gute Zusammenarbeit mit (manchen aus) Politik und Verwaltung entwickelt.	
Partner	Das Projekt hat Partner, mit denen manche Projekte gemeinsam angegangen werden.	
	Die Zusammenarbeit mit diesen Partnern ist von gegenseitigem Vertrauen geprägt.	
Nachbarn	Das Projekt ist in der Nahumgebung akzeptiert.	
	Es wird aktiv auf die Nachbarn zugegangen, um die Integration und Kooperation zu fördern.	
	Gesamtsumme Welt	
	Ergebnis der Standortbestimmung	
	Individuen	
	Gemeinschaft	
	Intention	
	Struktur	
	Praxis	
	Ernte	
	Welt	